이색옵션 트레이딩

이색옵션 트레이딩

홍성관 옮김

서울경제경영

역자 서문

리먼브라더스(Lehman Brothers)가 파산신청을 한 지 2년이 되어간다. 전 세계는 신용위기라는 전대미문의 경제혼란을 겪었고, 그 전까지는 다소 생소하게만 여겨졌던 '파생상품'이 그 경제위기의 주범으로 몰렸다. 심지어 한동안 금융업계에서는 '파생'이라는 말이 금기시되기도 했었다.

이 책의 키워드는 '파생(derivatives)'이다. 이색옵션 트레이딩(Exotic Options Trading)이란 결국 파생상품 트레이딩을 말하는 것이다.

파생상품에는 한국거래소와 같은 거래소에서 정형화된 구조로 거래가 되는 장내 파생상품이 있고, 구조 등에 구속 받지 않고 거래 당사자간에 체결하는 장외 파생상품이 있다. 이색옵션들은 특히 장외시장을 일컫는 OTC(Over The Counter) 시장에서 거래되는 옵션들이다.

이 책은 거래소에서 거래되는 정규 옵션의 기본적인 속성에서부터 수십 가지에 이르는 다양한 이색옵션들의 구조를 파생상품에 관심이 있는 어떤 사람들에게도 유용한 사용설명서 수준에서 다루고 있다.

파생은 무한의 영역이다. 파생(派生)이라는 말 그 자체는 어떤 근원적인 것으로부터 갈라져 나온 것을 뜻하는데, 다르게 해석하면, 근원적인 것들을 기초로 하여 무한하게 가공된 상품들을 만들 수 있다는 것이다. 좀 더 구체적으로 파생상품을 정의하자면, 기초가 되는 자산의 가치 변동에 의해 가치, 또는 권한 및 의무가 결정되는 일종의 계약이라고 할 수 있다.

오늘날 거래되고 있는 복잡한 종류의 파생상품이 등장한 것은 그리 오래된 것은 아니다. 하지만 간단한 종류의 파생상품의 역사는 기원전으로까지 올라간다. 또 오늘날 여러분이 접하는 많은 종류의 금융상품들은 본질적으로 파생상품이 내재되어 있다.

파생상품 투자의 목적을 크게 두 가지로 구분하면, 하나는 자신이 가지고 있는 리스크를 헤지하기 위함이고, 다른 하나는 자신이 예측하는 바에 따라 매매하고자 함이다. 어떤 상품을 수출하고 그 대금으로 달러를 받기로 한 기업이 있다고 하자. 이 기업은 달러가치가 하락할 경우에 원화로 환산한 대금이 줄어드는 리스크에 노출되어 있다. 이 리스크를 줄이거나 없애기 위해 이 기업은 원 달러 환 선물을 매도하거나 달러가치가 하락하면 수익이 나는 구조의 옵션을 매수할 수 있다. 한편 우리나라의 경제지표들을 봤을 때 당분간 달러가치가 상승할 것으로 예측하는 트레이더가 있을 수 있다. 이 트레이더는 환 선물을 매수하거나 달러가치가 상승하면 수익이 나는 구조의 옵션을 매수할 수 있다. 이런 두 가지 목적을 가진 이들이 공존해야만 파생상품 시장(그것이 장내이든, 장외이든)이 형성되는 것이다.

글로벌 위기를 파생의 탓으로 돌리는 사람들 중 일부는 파생상품 시장이 리스크 헤지를 위한 목적보다는 매매의 목적이 주를 이루고 있기 때문에 잘못되었다고 지적한다. 아주 일리가 없는 말은 아니다. 몇몇 기업들이 자신들의 FX 포지션보다 과도하게 키코(KIKO)에 가입한 것은 매매의 목적이었고, 그로 인한 기업들의 피해는 막대했다. 또 부실 채권들을 담은 신용파생상품에 과도하게 투자하여 손실을 입은 금융기관들 역시 매매의 목적이었다.

하지만 그렇다고 해서 파생상품이 가지고 있는 여전히 많은 장점들과 순기능들을 무시하는 것은 바람직하지 않다. 화재가 발생했다고 해서 불의 사용을 금지했다면, 오늘날의 인류가 존재할 수 없었을 것이다. 파생상품은 도구이며, 결국 이 도구를 어떻게 올바르게 사용할 것이냐가 관건인 것이다. 그리고 그것은 투자자, 금융회사, 정부 당국 모두의 몫이다.

파생상품이라는 도구를 올바르게 사용하기 위한 첫걸음은 무엇보다 파생상품을 올바르게 이해하는 것이다. 이 책을 번역함에 있어 가장 큰 바람이 있었다면, 바로 그것이다. 번역자의 부족함으로 인해 충실한 길잡이 역할을 하지는 못하더라도, 파생상품에 대한 관심을 환기시키는 밑

거름이 되기를 희망해본다.

한 권의 책을 번역하여 출판한다는 것이 이렇게 어려운 일인줄 몰랐다. 이 책을 번역할 수 있는 기회를 열어주신 서울경제경영의 김은중 대표님과 편집진 여러분께 감사의 말씀을 드린다. 일과 병행하려다 보니, 생각보다 많이 늦어지고 졸역이 되어 송구스러울 따름이다.

파생시장에서 무엇을 할 것인가 늘 고민을 던져주시는 최고의 트레이더 김재홍 상무님께 감사의 뜻을 전한다. 또 새로운 아이디어에 대해 아낌없는 조언과 지원을 주시는 신동성 팀장님과 석진이 형, 그리고 우리 장외파생마케팅 팀원들에게 감사의 정을 표한다. 이것 저것 요구하는 것도 많은 역자에게 좋은 가격과 구조로 응하주시는 장외파생운용팀과 금융공학팀에도 고맙다는 말을 전하고 싶다.

한 분 한 분 언급은 다 못하지만, 장외파생시장에서 이만큼 성장할 수 있게 길을 열어주신 많은 선배, 동료, 후배님들께 감사의 마음을 전한다.

평생 자식들 뒷바라지에만 힘쓰시느라 고생 많으셨던 아버지, 어머니에게 사랑한다고 말하고 싶다. 또 하나뿐인 동생 지영이게도 오빠의 사랑을 전한다. 이쁘고 착한 딸을 주신 장모님께도 사랑한다는 말씀을 드리고 싶다. 처남, 처형, 처남댁, 동서에게도 늘 감사드린다. 조카 소정아, 민재야, 건강하게 자라다오.

어느덧 십년지기도 더 된 지훈, 중후를 비롯한 우리 인연들. 고민의 끈을 놓지 말자던 약속 끝까지 함께 지킬 수 있기를 바란다.

언제나 곁에서 무한한 힘이 되어주는 아내 선홍, 사랑한다.

끝으로 큰 인내심으로 졸역을 읽어주실 독자들에게 깊은 감사의 말씀을 올린다.

2010년 6월

홍성관

저자 서문

이 책은 실전에서의 이색옵션[1]을 충분히 이해하고 싶은 사람들과, 이색옵션들의 가격[2]을 실제로 산출하는 방식에 관심 있는 사람들에게 적합하다. 이색옵션을 다룰 때 그것에 연관된 리스크(risk)를 계량화하고 그릭스(Greeks)의[3] 신호가 바뀌는 주식 가격이나 이자율 수준을 알아내는 것은 매우 중요한 일이다. 구체적으로 말하자면, 이색옵션의 그릭스가 정규 옵션의 그릭스에 비해 훨씬 불규칙적으로 움직이는 것이 일반적이다. 그릭스의 이런 불안정성 때문에 트레이더들은 표준화된 옵션 모델의 설명과는 다른 헤지(hedge)[4] 전략을 선택하게 된다. 따라서 이색옵션의 리스크 관리를 위해서는 그저 모델을 따르는 것 이상이 요구되는데, 이는 역으로 이색옵션의 가격에 영향을 준다. 이색옵션의 비표준적인 리스크 관리라 함은 이색옵션의 가격을 산출할 때, 여러분이 먼저 헤지 전략과 그로 인한 특정 이색옵션의 가격 변화에 영향을 주는 리스크가 어디에 있는지를 이해할 필요가 있다는 것을 뜻한다. 리스크가

1) 역주: 전문용어들을 어디까지 우리말로 바꿔 표현해야 하는지 고민이 많았다. 파생금융이 소개된 지 얼마 지나지 않았던 시기에 'option and future'라는 제목을 '선택과 미래'라고 번역을 했다는 웃지 못할 사례도 있다. 그 제대로 된 표현은 '옵션과 선물' 정도일 것이다. 어떤 단어들은 우리말로 바뀌어 금융 전문가들의 일상에 쓰이기도 하고, 어떤 단어들은 원문 그대로 쓰이기도 한다. 따라서 역자는 그때 그때 혼용하기로 하였다. 여기에서 이색옵션은 콜옵션과 풋옵션의 정규옵션을 제외한 모든 유형의 옵션을 뜻한다고 해석하면 된다.

2) 역주: 앞으로 가격(price)이라는 말을 끊임없이 들을 것이다. 옵션의 가격은 옵션의 가치(value)와 동등한 의미로 해석할 수 있다.

3) 역주: Greeks는 사전적으로 그리스인, 그리스어를 뜻하는데, 흔히 옵션의 민감도를 델타, 감마, 베가 등 그리스 알파벳을 사용하여 표현하기 때문에 Greeks라고 한다. 실전에서는 Greeks라는 표현을 귀에 박히게 듣는다.

4) 역주: 가격변동 등에 따라 발생하는 리스크를 회피하거나 분산시키기 위해 취하는 포지션 또는 그 거래를 뜻한다.

측정되고, 헤지 전략이 결정되고 나면, 실제 가격 산출은 몬테카를로 과정(Monte Carlo process)이 전부라 해도 과언이 아니다. 게다가 리스크를 알고 있을 때, 이색옵션의 가격산출은 간혹 표준화된 옵션들의 조합으로 복제할 수도 있다. 바꿔 말해, 이색옵션의 가격 산출을 위한 출발점은 리스크에 대한 총체적인 인지이며, 그 인지의 정도가 결국 이색옵션의 가격이 정확하게 산출되었는지를 가늠하는 척도가 된다.

이 책의 목표는 옵션을 실제 다루는 전문가들과 경제학을 공부하는 학생들, 또는 개인적으로 관심을 갖고 있는 이들에게 이색옵션의 이해를 위해 필요한 수단을 알려주고, 독자들이 가장 대중적이면서도 복잡한 이색옵션들의 가격을 산출하고 리스크를 관리할 수 있도록 안내해 주는 것이다. 이를 달성하기 위해서는 각 그릭스 간의 상호작용과 그것이 헤지 과정에서 어떻게 이색옵션의 실현이익으로 전환되는지를 이해하는 것이 필수적이다. 그런 이유로 이 책은 모든 이색옵션에 대하여 실용적인 함축성들을 설명하고 그것들이 어떻게 가격에 영향을 주는지에 대해 쓰고 있다. 이를 위해, 독자들로 하여금 각 이색옵션의 모든 관점들을 충분히 이해할 수 있도록 필수적인 수학적 유도와 방법들을 설명해 놓았다. 직관적 이해와 수학적 방법의 균형은 놀랍도록 강력하며, 이색옵션을 둘러싼 신비감을 지우고 실전에서 이색옵션을 다루기에 유용한 툴(tool)을 제공할 것이다.

이 책은 각 이색옵션을 네 가지의 다른 각도에서 논의하고 있다. 첫째, 특정 이색옵션에 대한 투자자의 수요가 왜 존재하는지를 짚어본다. 둘째, 리스크가 각 옵션의 어느 곳에 내재되어 있는지와 이것이 실제적인 가격 산출에 어떤 영향을 주는지를 설명한다. 셋째, 이색옵션에 내재된 베가(vega) 또는 감마(gamma) 리스크 노출(exposure)[5]에 대해 최선의 헤지 방안이 무엇인지 보여준다. 그리고 마지막으로 각 이색옵션에 대한 스큐(skew) 리스크 노출에 대해 따로 논의하고 있다. 이는 일반적으로 스큐

5) 역주: Exposure는 리스크 노출 정도를 의미한다.

리스크 노출이 계량화하기는 어려우면서도, 거의 모든 이색옵션에 막대한 영향을 주기 때문이다. 이런 이유로 이 책은 제5장에서 별도로 스큐를 다루고, 그렇게 스큐에 비중을 두는 까닭을 상세히 설명하고 있다.

감사의 말

이 책은 필자가 Barclays Capital의 트레이더로 일하면서 얻은 지식들에 기반을 두고 있다. 그러므로 필자가 옵션의 이론과 실전을 익히는 데 도움을 준 Barclays Capital의 동료들에게 감사의 말을 전하고 싶다. 필자가 옵션 트레이딩을 습득하기 위한 기회를 제공해 준 Faisal Khan과 Thierry Lucas, 그리고 필자가 옵션에 관한 지식을 쌓는 데 있어 없어서는 안 될 공헌을 해준 Stuart Barton, Karan Sood, Arturo Bignardi에게 고마움을 표하고 싶다. Arturo Bignardi는 필자의 작업을 검토하면서 많은 제안을 주었고, 정정해 주기도 하였다. Alex Boer는 그의 수학적 통찰력으로 도움을 주었다. 매우 철저하게 필자의 작업을 검토해 주고, 많은 제안을 해주었던 Neil Schofield에게도 특히 고마움의 뜻을 전한다. 많은 지지와 동기부여를 해준 나의 훌륭한 친구들에게도 감사함을 표한다. 필자의 인생에 걸쳐 강한 동기가 되어준 필자의 부모님과 훌륭하게 자라주고 있는 두 딸에게도 특별히 고맙다는 말을 하고 싶다. 또한 이 책을 검토하면서, 그 복잡한 주제를 이해하고, 오류들을 지적해 주신 아버지께 감사의 말씀을 드린다.

Petra, 내 인생의 빛이여. 마침내 우리 함께 빛날 수 있게 되었소!

차례

chapter 01

서론

Exotic Options Trading

이색옵션들은 만기 수익구조가 표준 옵션들로 복제될 수 없는 옵션들이다. 이는 사실 매우 광범위한 정의이며, 이색옵션의 전체 범주나 복잡한 성격에 대한 적절한 평가는 아니다.

일반적으로, 이색옵션들은 상관관계의 구성요소를 갖고 있다. 이는 이색옵션들의 가격이 두 개 혹은 그 이상의 자산들(assets) 사이의 상관관계(correlation)에 의존하고 있다는 뜻이다.

이색옵션들을 이해하기 위해 여러분은 특정 이색옵션의 리스크가 어디에 있는지를 모두 알아야 할 필요가 있다. 즉 현물 가격(spot price)이 얼마일 때 감마(gamma)와 베가(vega)가 커지고, 옵션이 어느 시점에서 가장 큰 그릭스를 갖게 되는지 등을 알아야 한다. 이는 여러분이 시간의 경과에 따라 리스크가 어떻게 변화하는지 알아야 하며, 또한 주식 혹은 바스켓(basket)[6] 가격의 변화에 따라 리스크가 어떻게 움직이는지를 알 필요가 있다는 것을 뜻한다. 실제 가격산출을 하기 전에 여러분이 이색옵션의 리스크를 이해해야 하는 이유는 간단하다. **바로 리스크가 이색옵션의 가격산출을 어떤 방식으로 해야 할지를 결정하기 때문이다**.

어디에 리스크가 있는지 알게 되고, 그에 따라 옵션의 가격산출 방법을 결정하고 나면, 여러분은 실제 가격산출이 대부분 몬테카를로 과정에 지나지 않는다는 것을 발견할 것이다. 다르게 표현하면, 이색옵션의 가격은 일반적으로 경로(path)의 큰 묶음을 생성하고, 이어서 각 경로에서 발생하는 수익구조(payoff)의 합을 생성된 경로의 총 수로 나눠준 값이다.

대부분의 이색옵션들은 다른 유형의 이색옵션들을 이용해 가격산출을 할 수 있고, 그에 따라 상당한 시간을 절약할 수 있다는 점에서 이색옵션의 가격 산출 방법은 매우 중요하다고 할 수 있다. 또 가끔은 표준화된 옵션들을 합하는 방식에 의한 가격 추정이 특정 이색옵션의 가격산출을 위한 최선의 방법이 될 수도 있다. 이것은 표준화된 옵션들을 합하는 방식에 의한 가격 추정이 그 이색옵션에 내재된 리스크를 포착하는 데 더

6) 역주: 기초자산이 하나가 아닌 여러 개인 경우를 말한다.

유용한 방법이기 때문이다. 디지털 옵션(digital option)이 좋은 예인데, 이는 9장에서 다루게 될 것이다.

이색옵션들에 대해 논의하기 전에, 감마와 세타(theta) 사이의 상호작용을 충분히 이해하는 것이 필요하다. 이 책은 각 그릭스와 그들이 어떻게 상호작용 하는지에 대해 이해하고 있음을 전제하고 있지만, 뒤의 두 장에서 그릭스에 대한 간단한 요약과 옵션의 이익이 어떻게 그릭스 중 하나인 감마에 의존하는지를 다룰 것이다. 그릭스와 관련된 이익에 대한 좀 더 상세한 논의는 본 저자의 또 다른 저서인 「*An Introduction to Options Trading*」에서 찾아볼 수 있다.

chapter 02

전통적인 옵션, 선도거래와 그릭스

이 장에서는 옵션에 대한 모든 중요한 관점들을 간단하게 짚어보고, 정규 옵션들에 관하여 충분한 이론적 기초지식을 제공하고자 한다. 이 기초지식은 독자들로 하여금 이색옵션의 보다 복잡한 세계로 진입할 수 있게 도와줄 것이다. 이미 전통적인 옵션, 그릭스나 선도거래에 대한 실용적인 지식을 갖춘 독자들은 이 장을 생략해도 무방하다. 그럼에도 불구하고, 경험이 많은 옵션 전문가들에게도 이 장은 그릭스뿐 아니라 보다 기초적인 옵션 특성들의 공식을 찾아보기 위한 유용한 길잡이 노릇을 할 것이다.

2.1 콜옵션과 풋옵션, 그리고 선도거래

주식에 대한 콜옵션(call option)과 풋옵션(put option)은 1973년 이래 거래소들을 통해 거래되어 오고 있다. 그러나 '옵션'은 하나 혹은 그 이상의 형태로 훨씬 그 이전부터 거래되어 왔다.

가장 흔한 옵션의 형태는 콜옵션과 풋옵션이다. 주식에 대한 콜옵션은 매수자(buyer)에게 미리 정해놓은 날짜 혹은 그 이전에, 역시 미리 정해놓은 가격으로 해당 주식을 살 수 있는 권리(right)를 부여한다. 이때, 매수자는 주식을 사야 할 **의무(obligation)를 지는 것은 아니다**. 반대로 풋옵션은 매수자에게 미리 정해놓은 날짜 혹은 그 이전에, 역시 미리 정해놓은 가격으로 해당 주식을 팔 수 있는 권리를 부여하며, 이때도 매수자는 주식을 팔아야 할 **의무는 없다.**

옵션의 매수자가 주식을 살 수 있거나(콜옵션의 경우), 주식을 팔 수 있도록(풋옵션의 경우) 미리 정해놓은 가격을 **행사가격(*strike price*)**이라고 한다. 매수자가 기초자산(underlying share)을 살 수 있는 권리(콜옵션의 경우)나 팔 수 있는 권리(풋옵션의 경우)를 사용하고자 할 때, 우리는 '매수자가 옵션을 **행사한다(*exercise*)**'고 표현한다. 그리고 매수자가 특정일 또는 그 특정일 이전까지 그의 옵션을 행사하도록 정해진 날짜를 만기일(maturity date or expiration date)이라고 부른다.

옵션을 행사하기 위한 권리 시점과 관련하여 두 가지 다른 유형이 있다. 첫 번째 유형은 **오직** 만기일에만 옵션을 행사할 수 있는 **유럽형(*European*)** 옵션이고, 두 번째 유형은 **미국형(*American*)** 옵션으로 이 옵션은 만기일을 포함하여 그 이전에 언제든지 행사할 수 있다.

유럽형 옵션의 매수자는 반드시 기초자산의 가격이 행사가격보다 높을 때에만 그 주식을 살 수 있는 권리를 행사할 것이다. 이 경우, 매수자는 콜옵션을 행사함으로써 미리 정해놓은 행사가격으로 주식을 옵션 매도자(seller)로부터 살 수 있고, 이어서 그것을 시장에 팔 수 있다. 이때 시장에서 팔린 가격이 행사가격보다 비싼만큼 이윤을 남길 수 있다. 콜옵션의 수익구조는 그림 2.1과 같다.

유럽형 풋옵션의 매수자는 만기일에 기초자산의 가격이 행사가격보다 낮을 경우에만 그의 권리를 행사할 것이라는 점에서 콜옵션의 매수자와는 반대로 행동한다. 이 경우 옵션의 매수자는 먼저 시장에서 거래되는

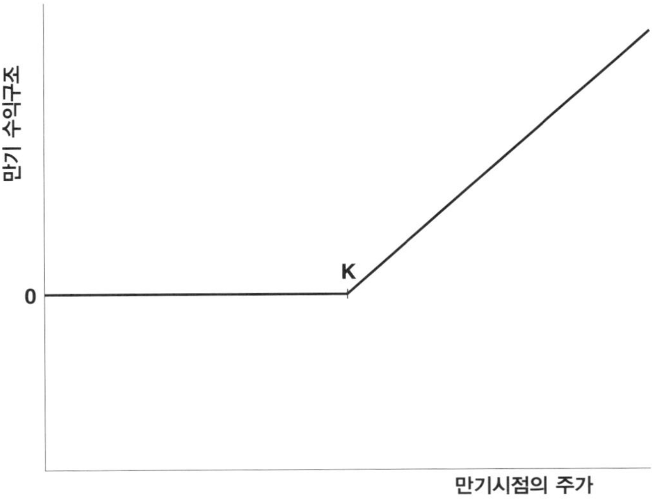

그림 2.1 • 행사가격이 K인 콜옵션의 만기 수익구조

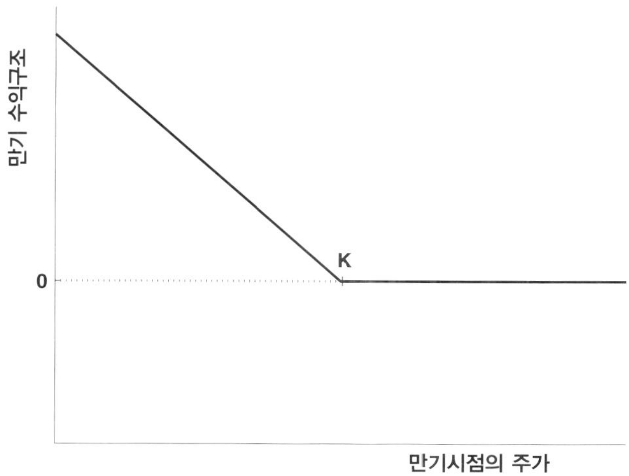

그림 2.2 • 행사가격이 K인 풋옵션의 만기 수익구조

가격으로 주식을 매수하고, 그 풋옵션의 권리를 행사함으로써, 행사가격으로 옵션 매도자에게 팔 수 있다. 이때 역시 그 차이만큼 수익이 난다. 그림 2.2는 풋옵션의 만기 수익구조를 보여주고 있다.

선도거래(forward)는 선도거래의 매수자가 미리 정해놓은 가격과 미래의 어느 시점에 반드시 주식을 사야 할 의무를 가진다는 점에서 옵션과 차이가 난다. 사전에 정해진 선도거래의 가격은 그것이 계약시점에서는 '0' 이라는 개념을 바탕으로 결정된다. 그러므로 특정 만기일에 대해 주식의 기대되는 공정가치(expected fair value)를 대개 특정 만기에 대한 주식의 '선도가치(forward value)' 라고 부른다. 그림 2.3은 선도 계약의 만기 수익구조를 보여주고 있다. 그림 2.3을 통해 선도거래의 매수 포지션이 원금손실의 가능성도 내포하고 있음을 알 수 있다.

반면 옵션 매수자의 만기수익은 항상 0 이상이며, 따라서 옵션 매수자의 최대손실은 옵션을 위해 지불한 프리미엄(premium)이 전부다. 선도거래의 최대손실은 선도거래의 행사가격과 일치하며, 이는 주식가격이 0까지 떨어질 때 발생한다. 선도거래의 개념상 선도계약의 시작시점 가치

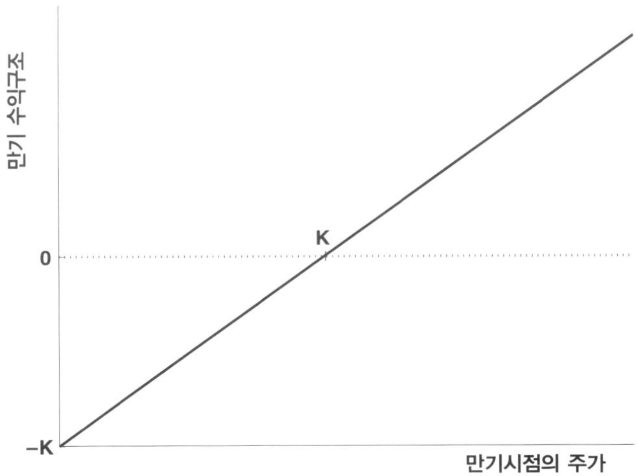

그림 2.3 • 공정선도가치와 동등한 행사가격이 K인 선도계약의 만기 수익구조

가 0이기 때문에, 선도거래의 행사가격은 선도가치와 같다. 그 상세한 내용을 2.4절에서 논의할 것이다.

2.2 콜옵션과 풋옵션 가격 산출

1973년에 블랙(Black)과 숄즈(Scholes)는 그 유명한 블랙-숄즈(Black-Scholes) 공식을 소개했다. 블랙-숄즈 공식은 아래의 정보들을 이용해 콜옵션과 풋옵션의 가격 산출을 가능하게 한다.

- 기초자산(underlying share)의 가격, S_t
- 행사가격, K
- 만기까지의 잔존기간, $T-t$
- 옵션의 특정기간에 대한 무위험 이자율, r
- 옵션 기간 동안의 배당수익, d
- 옵션 기간 동안의 기초자산 변동성, σ

블랙과 숄즈가 옵션의 가격을 산출하는 특정 공식을 얻는 이면에 있던 아이디어는 천재적이면서도 사실 간단한 것이었다. 기본적인 방법론은 여러분이 가격을 내고 싶은 옵션으로 구성된 위험중립적인 포트폴리오를 만들어 내는 것이다. 이 포트폴리오의 위험중립성 때문에 포트폴리오의 가치는 무위험 이자율과 동등해야 한다. 여러분이 가격을 내고 싶은 옵션을 포함하는 위험중립적인 포트폴리오를 만드는 것은 한층 더 천재적이지만 간단한 것이다. 즉 콜옵션의 가격이 c_t이고, 기초자산의 가격이 S_t일 때의 위험중립적인 포트폴리오는

$$c_t - \frac{\partial c_t}{\partial S_t} \cdot S_t \tag{2.1}$$

이고 풋옵션의 가격이 P_t일 때의 위험중립적인 포트폴리오는 아래와 같다.

$$p_t - \frac{\partial p_t}{\partial S_t} \cdot S_t \tag{2.2}$$

여기서 $\frac{\partial c_t}{\partial S_t}$와 $\frac{\partial p_t}{\partial S_t}$는 기초자산의 가격에 대한 콜옵션 가격의 미분계수와 풋옵션 가격의 미분계수이다. 다시 말해, 언제든지 하나의 콜옵션에 대응하여 $\frac{\partial c_t}{\partial S_t}$수만큼의 주식을 보유하고 있다면, 주어진 주가의 움직임에 따라 콜옵션의 가격이 변하는 속도는 정확히 $\frac{\partial c_t}{\partial S_t}$에 이 주가의 움직임을 곱한 값이기 때문에, 이 포트폴리오는 주가의 움직임으로부터 영향을 받지 않는다. 풋옵션에 대해서도 마찬가지이다. 두 포트폴리오들이 주가의 움직임으로부터 영향을 받지 않으므로, 여러분이 다른 모든 변수들이 고정되어 있다고 가정한다면, 두 포트폴리오는 정확히 무위험 이자율을 산출할 수 있어야 한다. 블랙과 숄즈는 이 위험중립적인 포트폴리오를 가지고 콜옵션과 풋옵션의 가격공식을 도출할 수 있었다. 이 가격공식을 얻기 위한 분석과 확률론은 제법 중량감이 있다. 실제의 가격공식 결정을 도출하는 내용으로 별도의 책 한 권을 만들 수도 있을 것이다.

수학적으로 유명한 두 가지 이론들이 가격공식의 유도를 위해 상당히 중요한 역할을 하는데, 이름하여 *Girsanov's theorem*과 *Ito's lemma*이

다. 수학적인 부분을 파고 들어가는 것은 이 책의 범위를 넘어선 일이다. 관심이 있는 독자들은 Lamberton & Lapeyre(1996년)[7]을 참조하기 바란다. 콜옵션과 풋옵션의 가격을 유도하는 것은 실전에 있어 유용하지는 않지만, 실제 가격공식을 모르는 것보다는 훨씬 유익할 것이다.

행사가격이 K이고, 만기까지의 잔존시간이 $T-t$이며, 주가가 S_t, 이자율이 r, 변동성이 σ일 때, t 시점에서의 유럽형 콜옵션과 유럽형 풋옵션의 가격은 다음과 같은 공식으로 주어진다.[8]

$$c_t = S_t N(d_1) - Ke^{-r(T-t)}N(d_2) \tag{2.3}$$

$$p_t = Ke^{-r(T-t)}N(-d_2) - S_t N(-d_1) \tag{2.4}$$

여기서 $N(x)$는 표준정규분포(standard normal distribution)를 말하며, d_1, d_2는 다시 아래와 같이 정의된다.

$$d_1 = \frac{\ln\left(\frac{S_t}{K}\right) + \left(r + \frac{1}{2}\sigma^2\right)(T-t)}{\sigma\sqrt{T-t}} \tag{2.5}$$

$$d_2 = d_1 - \sigma\sqrt{T-t} \tag{2.6}$$

식 (2.3)과 (2.4)는 공식을 구성하는 모든 변수들 중 변동성(volatility)을 제외한 나머지에 대해 이미 알고 있거나, 혹은 알고 있는 것으로 취급할 수 있다는 점에서 강점을 갖고 있다.

옵션 기간 동안 이자율이 어떻게 달라질 것인지를 현 시점에서 알 수는 없지만, 그것을 제법 쉽게 추정해 볼 수 있고, 게다가 이자율 시장은 매우 유동적이다. 그래서 이자율 수준은 이미 알고 있는 것으로 취급한다. 이렇게 해서 옵션 가격의 산출에 있어 하나 남은 불확실한 변수는 변동성이다. 옵션의 기간에 걸친 변동성이 정해지지 않았다는 사실은 어쩌면 옵션의 정확한 가격 측정이 애당초 불가능하다는 것을 의미할 수도

---

7) *Introduction to Stochastic Calculus Applied to Finance*, Chapman & Hall.

8) 여기에서 배당수익은 0이라고 가정되었다.

있지만, 또 다른 측면에서는 이 변수에 대해 배팅을 하거나, 트레이딩 할 수 있는 기회를 제공한다고 볼 수도 있을 것이다.

2.3 내재변동성

내재변동성(implied volatility)은 옵션을 트레이딩하는 데 있어 매우 중요한 개념 중 하나다. 내재변동성의 원칙은 어렵게 보일지도 모른다. 하지만 사실 내재변동성은 직관적으로 이해하기 쉽고 간단한 것이다. 내재변동성은 시장에 의해 내재된 변동성이다. 시장에서 거래되는 옵션의 가격이 존재하는 한, 여러분은 블랙-숄즈 공식과 옵션의 시장가격이 등치되는 방정식을 만들고, 그 방정식의 해를 구함으로써 시장에서 거래되는 가격에 내재된 변동성을 도출해 낼 수 있다.

변동성만 제외하면, 블랙-숄즈 공식 안의 모든 변수들의 값은 알고 있거나, 이미 알고 있는 것처럼 취급할 수 있다. 그러므로 블랙-숄즈 공식을 시장에서 거래되는 옵션의 특정가격과 등치시키면 변동성만이 미지수가 된다. 이 방정식의 해를 구하여 나온 변동성을 내재변동성이라고 부른다. 비록 한 개의 미지수만 있는 방정식이지만, 이를 구하기 위해 여러분은 해석적 해보다는 수치적 해법을 써야 할 것이다.

2.4 선도거래의 행사가격 결정하기

선도거래는 사전에 지불이 오가지 않고, 미래시점에서 주식을 사거나 팔기 위한 계약이다. 옵션과 달리, 선도거래의 매수자는 만기시점에서 선택권이 없다. 예를 들어, Royal Dutch/Shell[9]의 6개월짜리 선도거래의 매수자는 선도거래 계약에 의해 미리 정해진 가격에 Royal Dutch/Shell의 주식을 사겠다고 약속하는 것이다.

9) 역주: 대중적으로는 Shell이라고 알려져 있는 다국적 석유회사이다.

여기에서 여러분은 자연스럽게 '미리 정해진 가격'이라는 것이 대체 어떤 수준이어야 하는지가 궁금해질 것이다. 옵션의 가격을 내기 위한 블랙-숄즈처럼, 미리 정해진 가격의 수준은 선도거래의 포지션(position)을 헤지하는 데 드는 비용에 달려 있다.

이를 살펴보기 위해, 다음의 예를 생각해 보자. 어느 투자은행(investment bank)이 한 투자자에게 2년 만기의 Royal Dutch/Shell 선도거래를 매도했다고 하자. 이 주식이 40유로에 거래되고 있고, 이자율은 연 5%이며, 1년 뒤에 Royal Dutch/Shell이 1유로의 배당금을 지급할 것이라고 가정하자. 그 투자은행이 선도거래를 매도했다는 것은 2년 뒤에 이 투자은행이 투자자에게 Royal Dutch/Shell 주식을 팔겠다고 약속한 것이다. 그 투자은행은 오늘 Royal Dutch/Shell 주식을 매수함으로써 선도거래 매도에 대한 헤지를 할 것이다. Royal Dutch/Shell 주식을 사기 위해 투자은행은 40유로를 빌려야 하고, 빌린 40유로에 대해 앞으로 2년 동안 이자를 지급해야 한다.[10] 한편 투자은행이 Royal Dutch/Shell 주식을 들고 있는 한, 1년 뒤에 투자은행은 Royal Dutch/Shell로부터 1유로의 배당금을 받을 것이다. 첫해 그 투자은행은 40유로에 대해 이자를 지불해야 하며, 두 번째 해에는 39유로(40유로에서 배당금 1유로를 제외한 값)에 대해서 이자를 지불해야 한다. 이것은 선도가격이 아래와 같아야 함을 의미한다.

$$F = 40 + 40 \times 0.05 + 39 \times 0.05 - 1 = 42.95 \qquad (2.7)$$

좀 더 일반화된 선도가격의 공식은 다음과 같다.

$$F = \text{기초자산의 가격} + \text{보유비용} \qquad (2.8)$$

앞의 예에서 보유비용(cost of carry)은 투자은행이 주식을 보유하기 위해 지급해야 하는 이자에서 주식 보유의 결과로 받을 배당수익을 뺀 값이다.

10) 역주: 주식의 가격인 40유로를 2년 기한으로 연 5%의 이자에 차입했다고 가정한 것이다.

2.5 배당수익을 포함한 스톡옵션의 가격 산출

특정시점에 얼마만큼의 배당금을 지급하겠다는 것이 미리 정해져 있으면, 정확한 옵션가격의 산출을 위해 블랙-숄즈 공식을 조정하기란 쉬운 일이다. 여러분이 바꿔야 하는 것은 주식의 가격뿐이다. 그 이유는 주식의 가격이 배당받는 금액만큼 하락할 것이기 때문이다. 그러므로 정확한 옵션가격을 얻기 위해, 여러분은 현재의 주식 가격에서 옵션 기간 동안 지급된 배당금의 현재가치를 빼줘야 한다. 그런 다음, 그 조정된 주식 가격을 블랙-숄즈 공식에 대입하면 된다(식 2.3과 2.4 참조). 일례로, 행사가격이 40유로인 1년짜리 BMW 콜옵션을 가정해 보자. BMW의 주식이 현재 40유로에 거래되고 있고, 이자율은 5%이며, 주식의 변동성은 연 20%라고 하자. 또 BMW는 이듬해까지 두 번의 배당금을 지급할 예정인데, 2달 뒤에 1유로, 8달 뒤에 0.5유로를 지급할 것이다. 이제 배당금의 현재가치를 계산하는 것이 가능해졌고, 그것을 주식의 현재 가격에서 빼도록 하자.

$$\text{배당금의 현재가치}(PV) = e^{\{-\frac{2}{12}\times 0.05\}} \times 1 + e^{\{-\frac{8}{12}\times 0.05\}} \times 0.5 \\ = 1.4753 \tag{2.9}$$

이제 옵션의 가격은 블랙-숄즈 공식(식 2.3 참조)에 주식가격 $S_t = 40 - 1.4753 = 38.5247$, $K = 40$, $r = 0.05$, $\sigma = 0.2$ 그리고 $T - t = 1$을 대입해서 구할 수 있다.

$$d_1 = \frac{\ln\left(\frac{38.5247}{40}\right) + \left(0.05 + \frac{1}{2} \times 0.2^2\right) \times 1}{0.2 \times \sqrt{1}} = 0.1621 \tag{2.10}$$

$$d_2 = d_1 - 0.2 \times \sqrt{1} = -0.0379 \tag{2.11}$$

이렇게 해서 구해진 콜옵션의 가격은 아래와 같을 것이다.

$$c_t = 38.5247 \times N(0.1621) - 40 \times e^{-0.05} N(-0.0379) \\ = 3.2934 \tag{2.12}$$

2.6 선도거래의 개념으로 옵션가격 산출하기

주식의 현재가격, 이자율, 기대 배당 등으로 옵션가격을 표현하는 것 대신에 그 요소들을 모두 포함하는 선도거래로 옵션가격을 산출하는 것은 직관적으로 이해하기가 좀 더 쉽다. 선도거래에 의한 블랙-숄즈 공식을 다시 쓰는 가장 쉬운 방법은 어떤 한 시점에 지급되는 배당금이 아닌 구간에 걸친 배당수익률을 가정하는 것이다. 이는 연속적인 배당 지급을 가정했다는 의미다. 실제로 일어나는 일은 아니지만, d를 배당수익률이라고 할 때, 배당금액의 현재가치가 $S_t \times \left(e^{d(T-t)} - 1\right)$과 일치한다는 방식을 통해 배당수익률을 계산할 수 있을 것이다. 그렇게 해서 만약 배당수익률이 d라고 하고, 이자율이 r일 때, t시점에서의 선도거래를 다음과 같이 표기할 수 있다.

$$\begin{aligned} F_t &= S_t \times e^{\{r(T-t)\}} \times e^{\{-d(T-t)\}} \\ &= S_t \times e^{\{(r-d)(T-t)\}} \end{aligned} \tag{2.13}$$

위 식에서 배당은 선도거래의 가격을 낮추고, 반대로 이자율은 선도거래의 가격을 높인다는 것을 알 수 있다. 앞 절에서 봤듯이, 여러분은 $S_t \times e^{\{-d(T-t)\}}$의 주식가격을 블랙-숄즈 공식으로 치환함에 따라 옵션의 가격을 계산할 수 있다. 이렇게 함으로써 여러분은 선도거래로 옵션의 가격을 산출하는 표현식을 위해 블랙-숄즈 공식을 재조정할 수 있다.

$$\begin{aligned} c_t &= S_t e^{-d(T-t)} N(d_1) - K e^{-r(T-t)} N(d_2) \\ &= e^{-r(T-t)} F_t N(d_1) - K e^{-r(T-t)} N(d_2) \end{aligned} \tag{2.14}$$

같은 방식으로 풋옵션 역시 아래와 같이 표기될 수 있다.

$$p_t = K e^{-r(T-t)} N(-d_2) - e^{-r(T-t)} F_t N(-d_1) \tag{2.15}$$

여기서 d_1과 d_2는 다음과 같다.

$$
\begin{aligned}
d_1 &= \frac{\ln\left(\frac{S_t e^{-d(T-t)}}{K}\right) + \left(r + \frac{1}{2}\sigma^2\right)(T-t)}{\sigma\sqrt{T-t}} \\
&= \frac{\ln\left(\frac{e^{-r(T-t)}F_t}{K}\right) + \left(r + \frac{1}{2}\sigma^2\right)(T-t)}{\sigma\sqrt{T-t}} \qquad (2.16)
\end{aligned}
$$

$$d_2 = d_1 - \sigma\sqrt{T-t} \qquad (2.17)$$

2.7 풋-콜 패리티[11]

풋-콜 패리티(put-call parity)는 매우 중요한 공식이며, 동일한 만기와 동일한 행사가격을 가진 **유럽형** 콜과 풋 가격 사이의 관계를 보여준다. 공식은 다음과 같다.

$$c_t - p_t = S_t e^{-d(T-t)} - K e^{-r(T-t)} \qquad (2.18)$$

여기서 d는 기초자산의 배당수익률이고, r은 무위험 이자율이다. 여러분은 이 풋-콜 패리티가 존재하지 않는다고 할 경우, 만기에 무위험 수익을 가져올 수 있는 포트폴리오를 만들 수 있다는 것을 보여줌으로써 역으로 풋-콜 패리티를 증명할 수 있다. 예를 들어, 아래와 같이 가정해 보자.

$$c_t - p_t > S_t e^{-d(T-t)} - K e^{-r(T-t)} \qquad (2.19)$$

여러분은 다음의 포트폴리오가 만기시점에 주가가 어디에 있든지 간에 무위험 수익을 낳는다는 것을 증명할 수 있다.

- 행사가격 K, 만기가 $T - t$인 콜옵션 한 개 매도(여기에서의 소득은 c_t가 됨)
- 행사가격 K, 만기가 $T - t$인 풋옵션 한 거 매수(여기에서의 소득은 $-p_t$가 됨)

11) 역주: 여기에서 parity는 균형관계 정도로 해석하면 된다.

- 주식 한 주 매수(여기에서의 소득은 $-S_t e^{-d(T-t)}$가 됨)

만기에 $S_T > K$이면 콜옵션이 행사될 것이고, 따라서 포트폴리오 내의 주식은 K 유로에 매도되고, 풋옵션은 가치가 없어질 것이다. 만기에 순 포지션은 0이 되지만, 자금조달을 포함하여 생성된 소득에 K 유로를 더한 값이 0보다 크기 때문에 이 전략은 무위험 수익을 만드는 것이다. 게다가, 식 (2.19)를 다시 쓰면,

$$\left[c_t - p_t - S_t e^{-d(T-t)}\right] e^{r(T-t)} + K > 0 \qquad (2.20)$$

같은 방법으로 $S_T < K$인 경우에도 위의 포트폴리오가 무위험 수익을 만든다는 것을 증명할 수 있다.

여러분이 아래와 같이 가정한다고 하자.

$$c_t - p_t < S_t e^{-d(T-t)} - K e^{-r(T-t)} \qquad (2.21)$$

그러면 만기에 역시 주가가 얼마이든 간에 무위험 수익을 만드는 포트폴리오를 만들 수 있다고 증명할 수 있다.

- 행사가격 K, 만기가 $T - t$인 콜옵션 한 개 매수(여기에서의 소득은 $-c_t$가 됨)
- 행사가격 K, 만기가 $T - t$인 풋옵션 한 개 매도(여기에서의 소득은 p_t가 됨)
- 주식 한 주 매도(여기에서의 소득은 $S_t e^{-d(T-t)}$가 됨)

풋-콜 패리티는 콜과 풋의 행사가격이 같은 가치를 가진다는 것을 보여준다. 여러분이 예상할 수 있듯이, 풋과 콜의 가치를 일치시키는 행사가격은 그 주식의 선도 가치와 같다. 식 (2.13)은 선도거래가 아래와 같다는 것을 보여준다.

$$F_t = S_t \times e^{\{r(T-t)\}} \times e^{\{-d(T-t)\}} \qquad (2.22)$$

그러므로, $K = F_t$이면, 식 (2.18)은 콜이 풋과 같은 가치를 가짐을 나타낸다.

2.8 델타

델타(delta)는 그릭스 중에서도 중요한 것 중 하나이며, 블랙–숄즈로 옵션가격을 유도하는 데 도움을 준다(2.2절 참조). 델타는 주식가격에 대한 옵션가격의 민감도를 측정하는 것이다. 수학적으로, 델타(δ)는 주식가격에 대한 옵션가격의 미분값이다. 식 (2.3)과 (2.4)의 실제 미분식에 따라, 무배당 주식에 대한 유럽형 콜옵션과 유럽형 풋옵션의 델타는 아래와 같다. 이때, 콜옵션의 가격을 c_t, 풋옵션의 가격을 p_t, 그리고 주식가격을 S_t라고 하면

$$\delta_{\text{call, European}} = \frac{\partial c_t}{\partial S_t} = N(d_1) > 0 \qquad (2.23)$$

$$\delta_{\text{put, European}} = \frac{\partial p_t}{\partial S_t} = -N(-d_1) < 0 \qquad (2.24)$$

식 (2.23)은 콜옵션의 델타가 0과 1 사이에 있으며, 풋옵션의 델타는 −1과 0 사이에 있다는 것을 보여준다. 표 2.1은 주식 가격에 따른 극단적인 델타를 보여준다.

주식가격 대비 콜옵션과 풋옵션(행사가격이 K)의 델타는 그림 2.4와 2.5에 나와 있다.

2.9 다이내믹 헤지

블랙과 숄즈는 하나의 옵션과 음(−)의 델타단큼의 주식의 포트폴리오가

표 2.1 • 극단적인 델타가치

옵션의 유형	델타(δ)
심한 ITM 콜옵션	1
심한 OTM 콜옵션	0
심한 ITM 풋옵션	−1
심한 OTM 풋옵션	0

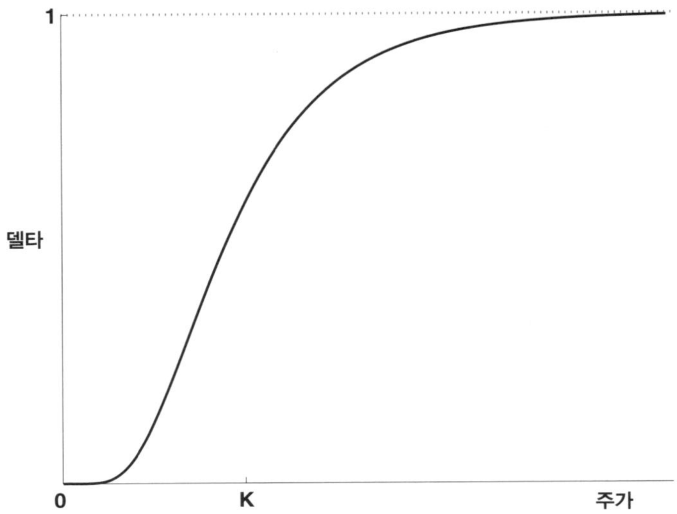

그림 2.4 • 콜옵션의 주가에 따른 델타의 변화

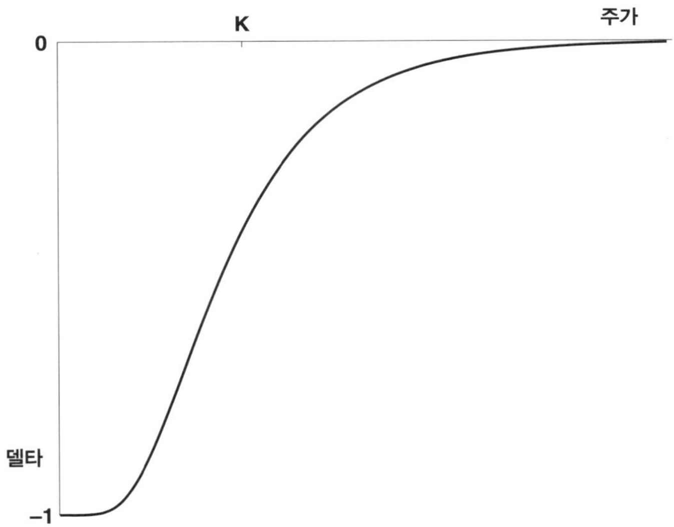

그림 2.5 • 풋옵션의 주가에 따른 델타의 변화

어느 때든지 위험 중립적이며, 이것이 무위험 수익을 산출할 수 있어야 한다는 것을 보여주었다. 롱(long)[12] 콜옵션일 때, 델타 헤지는 주식을 매도하는 것을 뜻하며, 롱 풋옵션일 때, 음(−)의 델타만큼의 주식은 풋옵션의 델타가 음(−)이므로, 사실상 주식을 사는 것을 의미한다. 하나의 옵션에 대해 음(−)의 델타만큼의 주식을 사는 것을 델타 헤지라고 한다.[13]

실전에서는 옵션에 대해 언제든지 정확하게 음의 델타만큼의 주식을 보유하는 것은 불가능하다. 그건 주식 수를 끊임없이 조정한다는 것인데, 현실적으로 가능하지 않다. 그러므로 실전에서는 옵션이 이산적으로 델타 헤지되며, 이것을 다이내믹 헤지(dynamic hedge)라고 부른다. 이 부분이 불편하게 느껴질 수도 있지만, 다이내믹 헤지야말로 트레이더들이 변동성을 통해 수익을 낼 수 있는 이유이다. 이것은 3장에서 논의될 것이다.

2.10 감마

주식가격이 변할 때마다 델타가 변하기 때문에, 이런 관계를 포착할 수 있는 지표가 있다면 매우 유용할 것이다. 이 지표를 우리는 감마(gamma)라고 부르며, 감마는 주식가격의 작은 변화에 대한 델타의 민감도를 측정한다. 수학적으로 감마는 주식가격에 대한 델타의 미분값이다. 델타가 주식가격에 대한 옵션가격의 미분값이라는 점에서, 감마는 주식가격에 대한 옵션가격의 이차 미분값이다. 유럽형 콜과 유럽형 풋옵션에 대해, 감마는 아래의 공식을 따른다.

$$\gamma_{\text{call, European}} = \frac{\partial \delta}{\partial S_t} = \frac{\partial^2 c_t}{\partial (S_t)^2} = \frac{N'(d_1)}{S_t \sigma \sqrt{T-t}} > 0 \qquad (2.25)$$

---

12) 역주: 주식, 선물, 옵션 등을 매수해 있는 상태를 long이라 하고, 매도해 있는 상태를 short이라 한다.

13) 역주: 거래소에서 거래되고 있는 콜옵션, 풋옵션과 비슷한 성격을 가진 상품으로 리테일에 인기있는 것이 ELW(Equity Linked Warrant)이다. 콜워런트와 풋워런트는 각기 콜옵션, 풋옵션과 비슷한 수익구조를 가진다. 다만 차이가 있다면, 콜옵션이나 풋옵션은 매도가 가능하지만, 워런트는 매도가 불가능하다는 점이다. 따라서 투자자는 증권사가 발행하는 ELW를 매수만 할 수 있다. 이는 ELW의 발행사가 콜워런트와 풋워런트를 매도하는 포지션이라는 뜻이다. 콜워런트를 매도한 증권사는 델타만큼 주식을 사는 것으로 델타헤징을 하고, 풋워런트를 매도한 증권사는 델타만큼 주식을 파는 것으로 델타헤징을 한다.

$$\gamma_{\text{put, European}} = \frac{\partial \delta}{\partial S_t} = \frac{\partial^2 p_t}{\partial (S_t)^2} = \frac{N'(d_1)}{S_t \sigma \sqrt{T-t}} > 0 \tag{2.26}$$

여기서 d_1이 식 (2.5)에서 정의되었고, $N'(x)$가 아래와 같다고 하자.

$$N'(x) = \frac{1}{\sqrt{2\pi}} e^{-\frac{x^2}{2}} \tag{2.27}$$

위의 공식은 유럽형 콜옵션의 감마가 유럽형 풋옵션의 감마와 일치한다는 것을 보여준다. 그림 2.6과 2.7은 주식가격에 따른 감마의 변화와 만기까지의 잔존기간에 따른 감마의 변화를 나타낸다. 결국 주식변화에 대한 옵션의 델타 헤지가 어떻게 변하는지가 감마를 잘 설명해준다.

만약에 감마가 양(+)이라면, 주식가격이 오를 때 델타 헤지를 위해 주식을 팔아야 하며, 주식가격이 떨어질 때에는 주식을 사야 한다. 감마가 음(−)이라면 정반대다. 즉 여러분은 주식가격이 오를 때 델타 헤지를 위해 주식을 사야 하며, 주식가격이 떨어질 때 주식을 팔아야 한다.

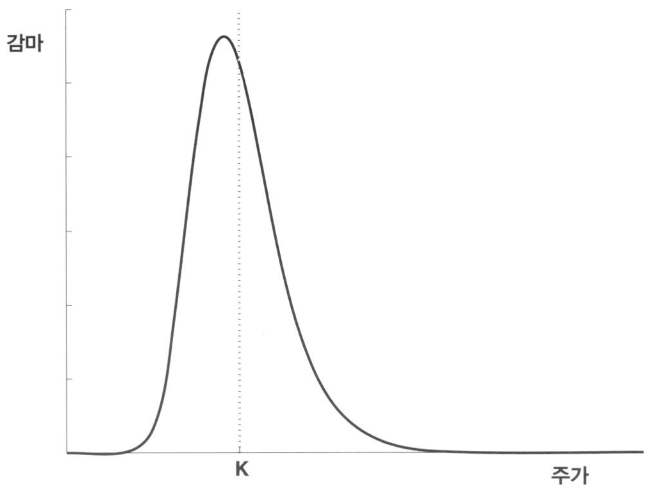

그림 2.6 • 주가에 따른 감마의 변화

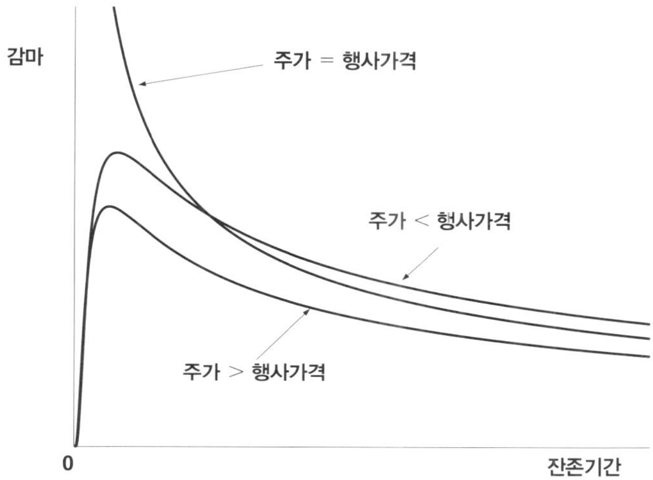

그림 2.7 ● 만기까지의 잔존기간에 따른 감마의 변화

ATM[14] 옵션이 만기에 가까워져 갈 때, 감마가 매우 커진다는 것을 볼 수 있다. 이는 주가가 조금만 변해도 이 옵션이 ITM으로 행사될 가능성에 매우 큰 영향을 주기 때문이다. 옵션이 만기에 가까워져 갈 때, $|\delta|$가 대략적으로 확률에 일치하기 때문에,[15] 주가의 조그만 변화도 δ에 크게 영향을 끼친다. 이것이 ATM 옵션이 만기에 다가갈 때 큰 감마를 갖게 되는 까닭이다.

감마는 주어진 어떠한 주가의 변화에 대해서도 트레이더가 옵션의 이윤을 창출할 수 있도록 한다는 점에서 매우 중요한 그릭스다. 이것은 3장에서 좀 더 상세하게 다뤄질 예정이다. 이색옵션에 대해서, 감마는 그것이 주식가격의 각기 다른 수준에 따라 양(+)과 음(−)의 신호를 바꾸기 때문에 독특한 특징을 가진다. 또 감마는 델타 헤지를 위해 델타를 어

---

14) 역주: ATM(At The Money, 등가격), ITM(In The Money, 내가격), OTM(Out of The Money, 외가격)이라고 한다. 주식의 가격이 옵션의 행사가격과 같으면 ATM, 주식의 가격이 행사가격보다 높거나(콜옵션의 경우) 낮으면(풋옵션의 경우) ITM, 주식의 가격이 행사가격보다 낮거나(콜옵션의 경우) 높으면(풋옵션의 경우) OTM이다.

15) 콜옵션이 ITM으로 행사될 확률은 $N(d_2)$이고, 풋옵션이 ITM으로 행사될 확률은 $N(-d_2)$이다. 이는 만기에 가까워진 콜과 풋옵션에 대해 이 확률이 $|\delta|$에 매우 근접해가는 이유를 설명한다.

떻게 조정해 가는지를 설명해 주는 지표이기 때문에 옵션을 통한 실제 수익과 긴밀하게 관련되어 있다(3장 참조). 그러므로, 어떠한 이색옵션에 대해서도 감마가 신호를 바꾸는 주가의 수준이 어디쯤인지를 인지하는 것이 매우 중요하다고 하겠다.

2.11 베가

베가(vega)는 변동성, 특히 내재변동성의 변화에 대한 옵션가격의 민감도를 나타내는 지표이다. 수학적으로, 베가는 내재변동성(σ)에 대한 옵션가격의 미분값이다. 유럽형 콜옵션과 유럽형 풋옵션의 베가(ν)는 동일하다. 그러므로 옵션거래를 통해 기초자산의 변동성을 거래하는 것은 그것이 콜옵션이거나 풋옵션이거나 상관없다. 유럽형 콜옵션과 유럽형 풋옵션의 베가는 아래 공식과 같이 표기된다.

$$\nu_{\text{call, European}} = \frac{\partial c_t}{\partial \sigma} = \frac{1}{\sqrt{2\pi}} e^{-\frac{d_1^2}{2}} S_t \sqrt{T-t} > 0 \qquad (2.28)$$

$$\nu_{\text{put, European}} = \frac{\partial p_t}{\partial \sigma} = \frac{1}{\sqrt{2\pi}} e^{-\frac{d_1^2}{2}} S_t \sqrt{T-t} > 0 \qquad (2.29)$$

일반적인 옵션의 베가는 항상 양(+)의 값을 가진다. 즉 내재변동성이 올라가면 옵션의 가치도 올라간다. 이색옵션에 대해서는 내재변동성이 올라간다고 해서 항상 옵션의 가격이 비싸지는 것은 아니다. 예를 들어, up & out call의 경우가 10.8절에서 다뤄질 것이다.

그림 2.8과 2.9는 주식가격에 따른 베가의 변화와 무배당주식에 대한 유럽형 옵션의 만기까지의 잔존기간에 따른 베가의 변화를 보여준다. 두 그림을 통해 베가는 주식이 행사가격 근처에서 거래되고 있을 때 커지며, 만기까지의 잔존기간이 길수록 베가가 크다는 것을 알 수 있다. 감마와 베가를 비교할 때 두 지표가 모두 주식가격이 행사가격 근처에 있을 때 가장 커지지만, 감마는 만기까지 잔존기간이 짧을 때 커지고, 베가는 만기까지의 잔존기간이 길 때 커진다는 것을 기억하자.

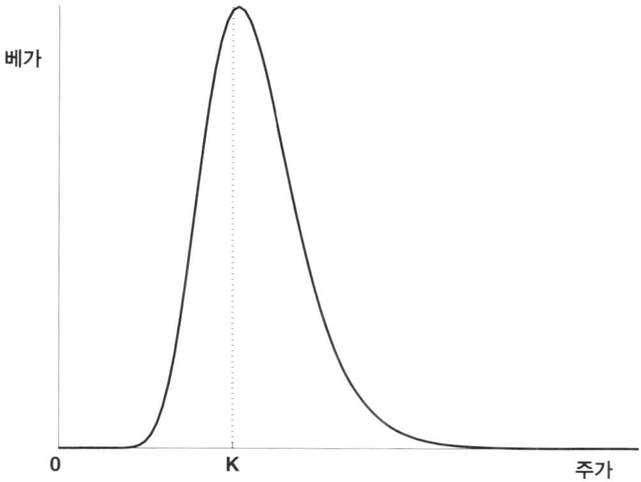

그림 2.8 ● 유럽형 콜과 풋옵션의 주가에 따른 베가의 변화

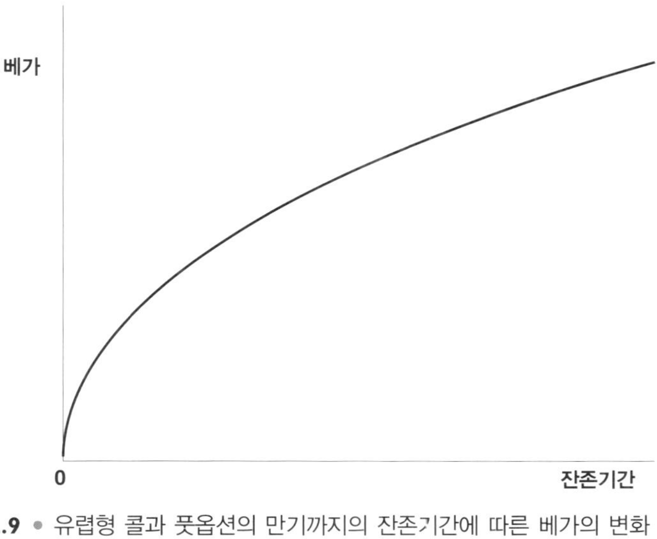

그림 2.9 ● 유럽형 콜과 풋옵션의 만기까지의 잔존기간에 따른 베가의 변화

2.12 세타

세타(theta)는 다른 변수들이 고정되어 있을 때, 시간 경과에 따른 옵션

가격의 민감도를 나타내는 지표이다. 시간에 대한 옵션가격 변화율이며, 그리스 문자 θ로 표시한다. 세타의 영향을 인지하는 것도 중요한데, 주가나 이자율 그리고 변동성과 같은 변수들이 변하지 않는다 해도, 옵션의 가격은 여전히 변하기 때문이다. 수학적으로 세타는 시간에 대한 옵션가격의 미분값이다. 유럽형 콜옵션의 세타는 항상 음(−)이며, 이는 시간이 지날수록 옵션의 가격이 감소한다는 것을 뜻한다. 유럽형 콜옵션의 주가와 세타의 관계를 그림 2.10을 통해 알아보도록 하자. 유럽형 콜옵션의 만기까지의 잔존기간에 따른 세타의 관계는 그림 2.11에서 찾을 수 있다. 유럽형 풋옵션의 세타는 대부분 음(−)이다. 양(+)의 세타를 보이는 유럽형 풋옵션의 예는 이자율이 분명하게 양(+)이라는 전제하에서의 무배당 주식에 대한 ITM 유럽형 풋옵션이다. 이는 심한 ITM 풋옵션에서 쉽게 이해할 수 있다. 상방 리스크가 묶여 있다는 사실은 심한 ITM 풋옵션에는 별 의미가 없다. 이자율 이점과 함께 이것은 시간이 지남에 따라, 심한 ITM 유럽형 풋옵션의 가치가 좀 더 올라가게 한다. 그림 2.12에서

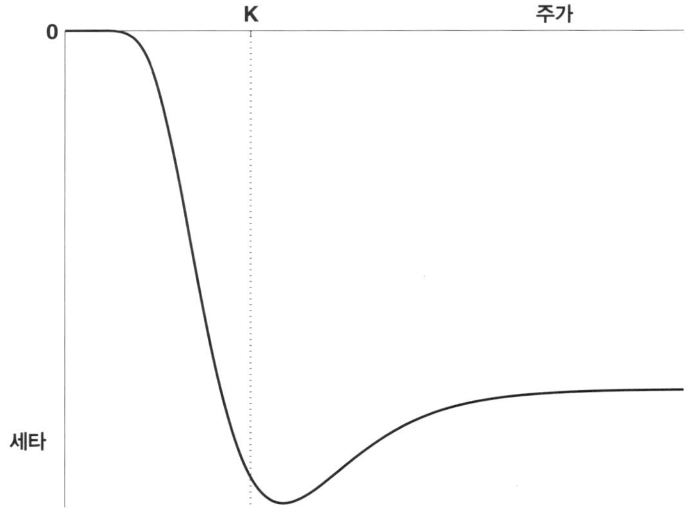

그림 2.10 • 유럽형 콜옵션의 주가에 따른 세타의 변화[단, 이자율이 분명하게 양(+)일 때]

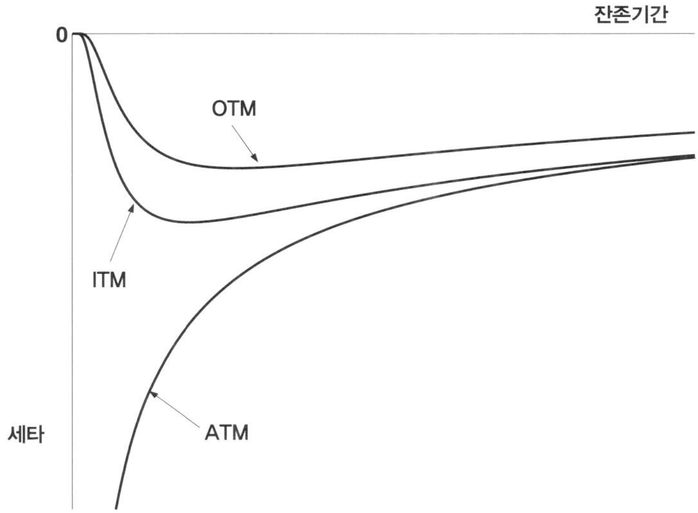

그림 2.11 • 유럽형 콜옵션의 만기까지의 잔존기간에 따른 세타의 변화

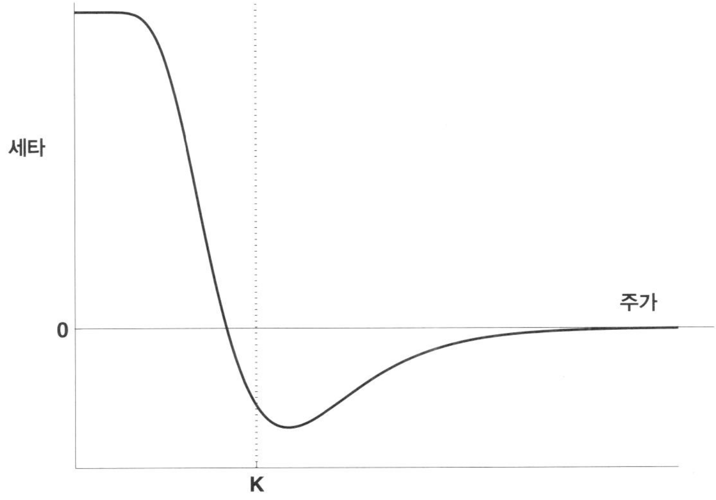

그림 2.12 • 유럽형 풋옵션의 주가에 따른 세타의 변화[단, 이자율이 분명하게 양(+)일 때]

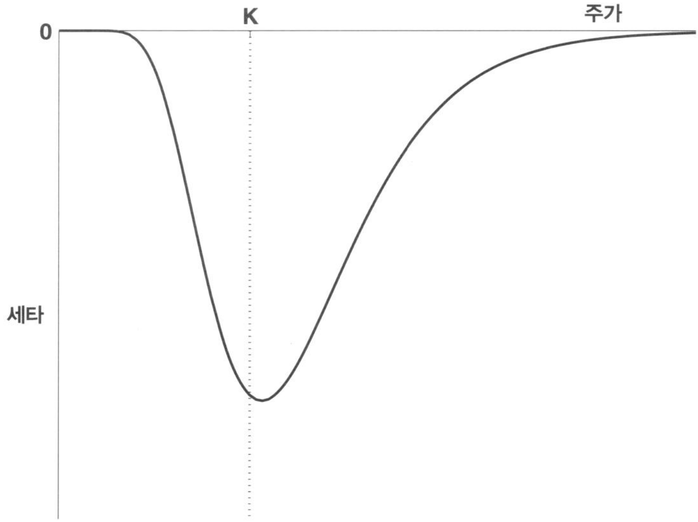

그림 2.13 • 유럽형 콜과 풋옵션의 주가에 따른 세타의 변화(단, 이자율이 0일 때)

이자율이 분명하게 양(+)일 때, 유럽형 풋옵션의 주가별 세타 움직임을 그리고 있다. 그리고 이자율이 0일 때, 유럽형 콜옵션과 풋옵션의 주가별 세타 움직임을 그림 2.13에서 보여주고 있다.

2.13 바나와 보마 같은 고차 미분

바나(vanna)는 기초자산의 움직임에 따른 베가의 민감도이며, 보마(vomma)는 내재변동성의 변화에 따른 베가의 민감도이다. 그러나 이 책에서는 두 용어 또는 다른 고차 미분의 사용은 제한할 것이다. 그 대신 실제적인 특성들을 자세히 설명할 것이다. 사실, 고차 미분은 그릭스 그 자체가 이미 부드럽지 않기 때문에, 옵션에 대해서는 거의 무의미해진다. 특히 이색옵션들은 그릭스가 폭발적으로 변하는 지점들이 존재하기 때문에, 그릭스가 전혀 부드럽지 않다. 분산스왑(Variance swap)에 대해서만 바나와 보마를 언급하는 것이 의미 있을 것이다. 하지만 대부분의 이색옵션에 대해서 고차미분은 산만한 움직임을 보이며, 이색옵션의 특성을 이해하는 데 혼란만 줄 뿐이다.

2.14 델타 헤지를 위한 자금조달 과정에서의 옵션의 금리 리스크 노출

옵션이 이자율의 변화에 노출되어 있다는 것을 기억하자. 수학적으로는 이자율에 대한 옵션가격의 미분과 다를 바 없다. 하지만 옵션이 왜 이자율에 노출되는지를 이해하는 것이 더 중요하다. 일반적인 옵션 이론에서와 마찬가지로, 그 답은 옵션이 어떻게 헤지되느냐 하는 데서 찾을 수 있다. 예를 들어, 콜옵션을 생각해 보자. 콜옵션은 $|\delta|$수만큼의 주식을 매도함으로써 델타 헤지를 한다. 주식을 팔면서 트레이더는 그가 예금에 주식의 매도가격만큼 돈을 수취하고, 거기에 이자도 붙을 것이다. 이는 이자율이 높을수록 옵션의 가격이 비싸짐을 의미한다. 풋옵션에 대해서는 정확히 그 반대다. 게다가, 풋옵션은 $|\delta|$수만큼의 주식을 매수함으로써 델타 헤지를 하게 된다. 이를 위해 트레이더는 $|\delta|$수만큼의 주식을 살 수 있는 돈을 빌려야 한다. 이런 자본조달을 일으키기 위해 트레이더는 낮은 이자율을 선호할 것이다. 옵션의 이자율에 대한 리스크를 유추하기 위해, 델타 헤지 과정에서의 자금조달 부분을 살펴보는 것이 유용하다. 또 추상적인 수학공식 대신에 실제 현금흐름(cash flow)을 관찰함으로써 옵션가격에 대해 쉽게 이해할 수 있을 것이다.

chapter 03

감마로부터의 이익과 세타와의 관계

Exotic Options Trading

어떻게 하여 옵션의 이윤이 감마와 기초자산의 움직임에 의해 결정되는지는 간단한 예를 통해 알아볼 수 있다. 필립스(Philips)의 주식이 25유로의 가치가 있다고 가정하자. 그리고 행사가격이 25유로인 3개월 만기 콜옵션의 델타가 0.50이라고 하자. 이 콜옵션 1,000개를 매수한 트레이더는 델타 헤지를 위해 500개의 주식을 팔아야 함을 추측할 수 있다. 만약 다음날 필립스의 주식가격이 27유로까지 올라가면 델타는 증가할 것인데, 가령 0.7이 되었다고 하자. 이는 델타 헤지를 위해 트레이더가 추가적으로 200주를 27유로에 팔아야 한다는 것을 의미한다. 그리고 그 다음날 필립스 주식이 25유로로 다시 떨어졌다고 하자. 자연스럽게 옵션의 델타도 0.50으로 돌아갈 것이며, 이는 200주를 되사야 한다는 것을 뜻한다. 단지 델타를 재조정(rebalancing)하는 것만으로 트레이더는 2 × 200 = 400유로를 벌었다. 이를 일반적인 공식에 대입하면, 옵션이 델타 헤지된 이후에 주식의 가격이 y만큼 움직이고, 다시 처음의 가격으로 되돌아갈 때, 이 옵션 한 개의 이윤은 다음과 같다.

$$y \times (\delta\text{의 변화})$$

만약 주식의 가격이 되돌아가지 않고 그냥 y만큼만 이동했을 때 발생하는 이윤은 아래와 같다.

$$\frac{1}{2} \cdot y \times (\delta\text{의 변화}) \tag{3.1}$$

주식가격이 y만큼 움직였다 되돌아올 때의 δ의 변화는 감마와 관련하여 다시 $y \times \gamma$라고 표기할 수 있다. 또 옵션 매수가 기초자산이 y만큼 움직인 후에 어떤 이윤을 가져오는지는 아래와 같이 쓸 수 있다.

$$\frac{1}{2} \cdot \gamma \cdot y^2 \tag{3.2}$$

분명 옵션의 매수자가 주식이 움직일 때마다 아무런 대가 없이 이윤을 남길 수 있는 것은 아니다. 옵션의 매수자가 낮은 가격에 사고, 높은 가격에 팔 수 있는 권리를 위해 지불하는 것은 세타, 즉 시간의 감쇄에 따른 옵션가격의 변화이다. 다시 말해, 옵션의 매수자는 기초자산의 움직임을 이용하여 이윤을 남겨 매일 옵션 가치가 줄어들면서 발생하는 손실을 만회할 필요가 있는 것이다. 옵션의 매도자에게는 그 반대가 적용될 것이다. 이 경우, 옵션 매도자는 세타에서 돈을 벌고, 델타를 리밸런싱하면서(즉, 높은 가격에 매수하고 낮은 가격에 매도함으로써) 손실을 본다.

감마와 세타의 관계는 이제 이해하기 쉽다. 짧은 시간 동안 기초자산의 움직임으로부터 발생하는 감마의 기대수익은 그 특정 시간의 옵션 가치의 감소분과 일치해야 한다. 기대수익은 짧은 시간 I 동안 기대되는 주식의 변화량 y가 다음과 같기 때문에 쉽게 계산할 수 있다.

$$y = \sigma S_t \tag{3.3}$$

여기서 σ는 시간의 단위 I에 대한 옵션의 내재변동성이다. 이는 아주 작은 시간단위 I에 걸친 기대수익이 아래와 같음을 의미한다.

$$\frac{1}{2}\gamma\sigma^2 S_t^2 \tag{3.4}$$

작은 시간단위 I에 대한 세타와 기대수익을 일치시킴에 따라 위의 분석은 옵션이론의 중요한 공식에 다다를 수 있다. 즉,

$$\frac{1}{2}\gamma\sigma^2 S_t^2 + \theta = 0 \tag{3.5}$$

세타와 감마에 대해 공식을 대입하여 수학적인 확인을 할 수 있는데, 이에 대한 보다 상세한 증명은 저자가 쓴 「*An Introduction to Option Trading*」의 제7장에 소개되어 있다.

chapter 04

델타캐시와 감마캐시

Exotic Options Trading

이색옵션을 논의하기 전에, 델타캐시(delta cash)와 감마캐시(gamma cash)의 용어를 이해하는 것이 중요하다. 다행히 이 두 정의는 이해하기가 쉽고 직관적으로도 접근할 수 있다. 델타와 감마 대신에 트레이더는 델타캐시와 감마캐시를 사용하는 경향이 있다. 이것은 간단하게 트레이더들이 절대적인 수치의 변화보다는 백분율로서의 변화를 고려하기 때문이다. 게다가, 델타와 감마는 모두 절대적인 단위이고, 절대적 변화를 수치화한 것이다.

델타캐시(δ_c)는 델타(δ)에 주식가격 S_t를 곱해준 값으로 정의된다. 수학적으로는 다음과 같다.

$$\delta_c = \delta \cdot S_t \tag{4.1}$$

변화율 $y\%$에 대한 델타캐시 수익은

$$\delta_c \cdot y\%$$

이다.

감마캐시(γ_c)는 기초자산의 1% 움직임에 대한 델타캐시의 변화로 정의된다. 아래와 같이 유도할 수 있을 것이다.

$$\gamma_c = \frac{\gamma \cdot S_t^2}{100} \tag{4.2}$$

게다가, 기초자산의 1% 움직임에 대한 델타의 변화는 다음과 같다.

$$\gamma \cdot \frac{S_t}{100} \tag{4.2}$$

이는 기초자산의 1% 움직임에 대한 델타캐시가 아래와 같다는 것이다.

$$\left[\delta + \gamma \frac{S_t}{100}\right] \cdot S_t \tag{4.2}$$

그러므로 기초자산의 1% 움직임에 대한 델타캐시의 변화, 즉 감마캐시는 아래와 같다.

$$\left[\delta + \gamma \frac{S_t}{100}\right] \cdot S_t - \delta S_t = \frac{\gamma \cdot S_t^2}{100} \qquad (4.2)$$

4.1 예시: 델타와 감마캐시

델타캐시와 감마캐시에 대해 직관적으로 쉽게 이해하기 위해 다음과 같은 예시를 생각해 보자. 트레이더는 행사가격이 25유로인 1년 만기 필립스 콜옵션을 100,000개 매수한다. 이 옵션의 델타가 0.5라고 하자. 옵션에 대한 델타 헤지를 위해 트레이더는 필립스 주식을 50,000주 매도할 것이다. 또 100,000개 필립스 옵션의 감마캐시가 1%당 50,000유로라고 가정해 보자. 이는 트레이더가 초기에 완벽하게 델타 헤지를 했고, 필립스 주식이 1% 떨어졌을 때, 완벽한 델타 헤지를 위해 필립스 주식을 50,000유로의 가치만큼 사야 한다는 의미이다. 게다가, 주식가격이 1% 떨어질 때, 25유로 콜옵션 100,000개와 50,000개의 주식 매도포지션을 포함하는 포트폴리오의 델타캐시는 0에서 −50,000유로가 되는데, 왜냐하면 감마캐시 때문이다.

chapter 05
스큐

Exotic Options Trading

스큐(skew)는 같은 기초자산에 대해 낮은 행사가격을 가진 옵션들이 높은 행사가격을 가진 옵션보다 더 높은 내재변동성을 보인다는 원칙이다. 스큐의 존재는 하락장에서 변동폭이 더 커지는 경향을 가지는 것에서 설명된다. 시장이 실제로 대폭락을 할 때 시장의 변동폭은 놀랍게 커진다. 물론 이때에는 행사가격에 상관없이 실현변동성이 같아짐으로써 스큐를 전부 설명해주지 못한다. 스큐의 존재는 변동성의 증가가 높은 행사가격보다는 낮은 행사가격에서 더 큰 영향을 준다는 것을 명백하게 말해준다. 델타 헤지를 위해 옵션의 델타를 재조정하는 결과로 발생하는 실현 감마 손실을 고려해볼 때 그 이유는 명확해진다. 대폭락장세에서 낮은 행사가격을 가진 옵션의 감마는 증가한다. 그것은 높은 실현변동성과 결합하여 옵션 매도자로 하여금 그의 델타를 좀 더 자주 재조정하게 만들고, 결과적으로 옵션 매도자는 더 큰 손실을 입게 된다. 이에 따라 낮은 행사가격을 가진 옵션의 매도자는 이에 대한 보상을 원하고, 낮은 행사가격 옵션에 대해 좀 더 높은 내재변동성을 부여함으로써 옵션 매수자에게 비용을 지불케 하는 것이다. 다른 말로 하면, 한 기초자산에 대한 어떤 특정 만기의 옵션이 낮은 행사가격을 가질수록 내재변동성이 커진다는 것이다. 이 원칙은 옵션이 ITM이든 OTM이든 상관없이 적용된다. 스큐의 관점에서 보면, 낮은 행사가격을 가진 ITM 콜옵션이나 낮은 행사가격을 가진 OTM 풋옵션이나 차이가 없다. 만약 둘 사이에 차이가 생긴다면 무위험 차익거래가 발생할 것이다.

5.1 하락장에서 실현변동성이 높은 이유

하락장에서 시장의 변동폭이 좀 더 커지는 경향의 원인을 쉽게 이해하기 위한 방법은 불확실성에 대한 변동성을 비교해보는 것이다. 시장은 미래에 대한 불확실성이 커질 때 하락하며, 투자자는 주식의 가치를 측정하는 것에 대해 더 확신하지 못하게 된다. PER이 12인 것은 어느 날엔 싼 것으로 여겨지다가도, 다음날이면 비싼 것으르 바뀌기도 한다. 이것은 단지 미래의 이자율에 대한 다른 가정 때문이다. 예를 들어, 고금리 사이클의 끝자락에서 중앙은행들은 이자율을 인상하여 인플레이션을 조절할 필요가 있는데, 이는 쉽게 과잉반응(overshooting)을 일으키고 이 경우 경제는 침체에 빠질 수 있다. 이 때문에 주식시장의 가치를 측정하는 것에 상당한 불확실성이 따른다. 중앙은행들이 이자율을 지나치게 많이 인상하게 되는 이유는 이전의 이자율 인상이 여러 달이 지나야 그 효과가 관찰되고, 그러므로 이자율을 계속 인상해야 할지 아니면 고금리 사이클의 끝이라고 인지해야 할지 옳고 그름이 불확실하기 때문이다.

하락장의 또 다른 특징은 하락하는 추세를 이용하려는 매도 참여자들의 수가 늘어날 것이라는 점이다. 매도 참여자들이 엄격한 손절매를 하는 경향이 있기 때문에 시장의 변동폭은 더욱 커질 것이다. 이는 숏 스퀴즈(short squeeze)[16]를 야기하는데, 이것은 상방으로 더 큰 움직임을 야기하고, 그 후에 일반적으로 시장은 다시 하락한다.

자연스럽게 상승장에 대해선 주식의 싼 가치가 변동성이 큰 장을 만들지 못하느냐 하는 의문이 들 것이다. 이 질문에 대한 답은 투자자들이 본능적으로 조심성이 있고, 그에 따라 시장이 저평가되어 있다고 판단되더라도 반등은 천천히 일어나고 변동폭도 작다는 것이다. 투자자들은 자신의 포지션을 키우기, 즉 주식을 매수하기 전에 자신의 전망을 확신할 수 있는 무언가를 원한다.

한편 미래 소득에 대해 불확실성이 큰 개별 종목들에 대해서는 상방이나 하방 모두 변동성이 클 수 있다. 그러므로 상승폭이 클 것으로 보이는 개별 주식은 스큐가 작을 수도 있고, 아니면 스큐가 역전되어 있을 수도 있다. 하지만 전체로서의 시장은 항상 스큐가 있다. 즉 지수에 대한 옵션은 스큐가 내재되어 있고, 전형적으로 주식에 대한 옵션보다 스큐가 가파르다.

상방이 아닌 하방에 대해 변동성이 더 큰 이유 중 다른 하나는 변동성

16) 역주: 주가가 상승할 때 숏매도를 했던 투자자들이 숏 포지션을 커버하기 위해 또는 숏매도의 손실을 줄이기 위해 매수를 하는 것을 일컫는다.

이 투자자들의 공포와 동반한다는 점이다. 돈을 잃을까봐 두려운 투자자들로부터 공포가 발생하고 포지션을 서둘러 청산하게 만든다. 시장 전체로는 주식매수 포지션이기 때문에, 주식시장의 하락으로 손실을 입게 되면, 전체 투자자 집단의 공포는 커지게 되며, 그 결과 공포심에 비이성적으로 행동하게 되고, 이는 더 높은 변동성을 야기한다.

5.2 시간에 대한 스큐: 스큐와 기간구조

다른 만기에 대해서 스큐는 어떻게 움직일까? 다시 말해, 긴 만기에 대한 스큐가 짧은 만기에 대한 스큐보다 클까 작을까? 이에 대한 답은 특정 주식에 대한 스큐가 짧은 만기에 대해 더 크다는 것이다.[17]

이를 이해하기 위해, 여러분은 먼저 스큐가 아래쪽에 존재하는 까닭이 트레이더들이 시장 하락에 따라 변동성이 커지는 경우를 감안하여 아래쪽의 행사가격에서 돈을 잃는 것을 꺼리기 때문이라는 것을 알아야 한다. 이는 트레이더들이 하방 옵션을 매도한 것에 대해 보상 받기를 원하는 결과라는 뜻이다. 하방 옵션의 델타는 좀 더 자주 재조정해야 하고, 그에 따라 더 큰 손실을 초래한다. 또 큰 감마는 더 촉박한 문제를 일으킨다. 단기 하방 옵션은 주식이 더 낮은 행사가격으로 떨어질 때, 더 큰 감마를 갖기 때문에, 스큐의 효과는 단기 옵션에 대해 더 크다. 스큐가 아래쪽에 존재하는 또 다른 이유는 트레이더들이 짧은 만기에 대해서는 정확하게 옵션이 하방 옵션인지 아닌지를 알고 있기 때문이다. 장기 옵션에 대해서는 트레이더가 그것이 낮은 행사가격이 될지 판단하기 어렵다. 예를 들어 2년 만기라고 할 때 트레이더가 주식이 어느 수준에서 거래될지 알 수 없다. 이는 지금의 2년 만기 하방 옵션이 시장이 하락하면 2년 뒤에는 상방 옵션이 될지도 모른다는 것을 의미한다. 지금으로부터

17) 아주 드문 경우에만 긴 만기의 스큐가 짧은 만기의 스큐보다 크다. 예를 들어, 주식이 파산할 것으로 예상되지만, 사람들이 그 파산이 바로 몇 달 후에 발생하지는 않고 6개월에서 2년 사이에 발생할 것이라고 인지하고 있는 경우가 있다.

의 2년은 정확히 이 2년 만기 옵션에 대한 스큐의 효과가 명백해질 때이다. 그러므로 장기에 대해선 스큐의 효과가 줄어든다. 스큐의 기간구조는 그림 5.1과 같다. 여기서 스큐는 행사가격이 10%씩 다를 때의 변동성 차이로 표현되어 있다. 예를 들어 그림 5.1은 1년 만기에서 행사가격이 10%씩 달라질 때 스큐가 2 변동성 포인트만큼 차이난다는 것을 보여주고 있다.

5.3 스큐와 델타에 미치는 영향

특정 주식의 스큐 곡선은 트레이더가 취하고 있는 포지션에 대하여 델타 헤지를 하는 데 큰 영향을 줄 수 있다. BMW를 기초자산으로 하는 1년 만기의 120% 콜옵션을 가진 트레이더가 있다고 하자. 1년 만기의 BMW 스큐곡선이 행사가격으로부터 10%씩 감소할 때 내재변동성을

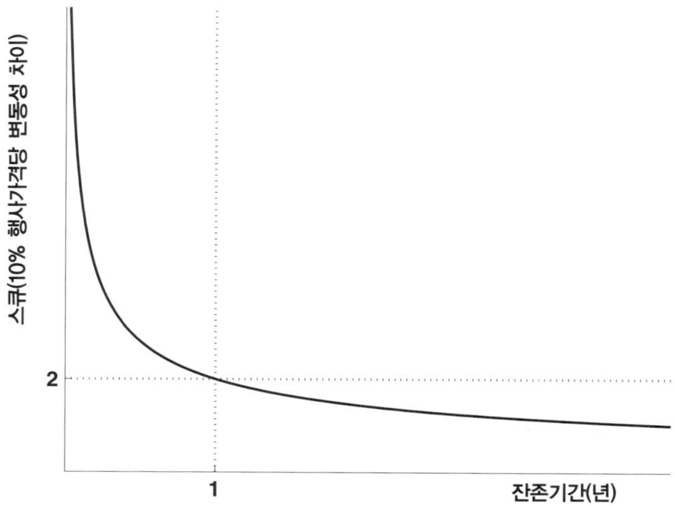

그림 5.1 • 만기까지의 잔존기간에 따른 스큐의 변화는 짧은 잔존기간이 더 가파른 스큐를 가진다는 것을 보여준다. 스큐는 행사가격이 10%씩 달라질 때의 변동성 차이로 표현되어 있다.

1.5%씩 증가시킨다고 가정하자. 이는 1년 만기의 BMW ATM 내재변동성이 20%일 때, 1년 만기 120% 행사가격의 옵션이 17%의 내재변동성을 가진다는 것이다. 이 트레이더가 120% 행사가격의 내재변동성을 21%, 즉 ATM 내재변동성보다 높게 지정하기로 결정했다고 하자. 그 결과 행사가격에 대한 내재변동성 곡선은 스마일 모양을 그린다. 트레이더가 120% 콜옵션을 17%가 아닌 21% 내재변동성으로 지정했기 때문에, 그의 델타는 원래의 델타보다 더 크고, 그는 120% 콜에 대해 더 많은 BMW 주식을 팔아야 한다. 이는 이 옵션이 만기에 ITM으로 행사될 가능성에 대한 델타를 비교해봄으로써 직관적으르 알 수 있다.[18]

스큐 그리고 트레이더가 변동성 서피스(surface)를 지정하는 방식이 트레이더의 델타 헤지에 큰 영향을 준다는 것을 봤다. 여러분은 만기에 대해 우하향하는 내재변동성 곡선이 될지, 아니면 ATM에 대하여 아래위 행사가격 모두 더 큰 내재변동성을 가지는 스마일 곡선이 될지 어떻게 예상할 수 있을까? 이에 대한 답은 그것이 자산군(asset class)에 달렸다는 것이다. 주식옵션에 대해 여러분은 만기에 따른 내재변동성이 특별한 경우를 제외하면 보통 우하향하는 기울기를 가진다고 말할 수 있을 것이다.

이는 트레이더가 상방 행사가에 대해 델타 헤지를 하는 방식과 만기에 ITM으로 행사될 가능성에 대한 델타를 비교해봄으로써 알 수 있다. 트레이더가 상방 행사가에 대해 ATM 내재변동성보다 높은 변동성을 지정했다고 가정하는 것은 그가 스큐곡선이 하방 기울기의 모양을 가질 때보다 상방 콜 매수에 대해 더 많은 주식을 팔아야 한다는 것을 의미한다. 또한 이 특정만기에 대한 ATM 내재변동성을 이 주식이 어떻게 실현될지에 대해 트레이더가 할 수 있는 최상의 추정이라고 본다면, 이 트레이더는 옵션이 ITM으로 행사될 가능성을 지나치게 높게 산정하고 있고,

---

18) 콜옵션이 ITM으로 행사될 확률이 $N(d_2)$이고, 콜옵션의 델타는 $N(d_1)$이다. 그리고 여기에서 $d_2 = d_1 - \sigma\sqrt{T-t}$ 이다. d_1 또한 σ의 함수이기 때문에 위쪽 행사가격에 대해 σ가 커질수록 d_2 역시 커지므로 ITM에서 행사될 확률이 더 높다. 이 또한 직관적으로 예상할 수 있는 것이다.

너무 많은 델타로 헤지를 하고 있는 것이다. 더 안 좋은 것은 이 트레이더는 주가가 오를수록 더 많은 주식을 팔 것이라는 점이다. 다시 말해, 높은 행사가격에 ATM 내재변동성보다 높은 내재변동성을 지정하면 트레이더는 더 많은 주식을 매도해야 하고, 특히 주식가격이 올라갈 때 트레이더는 그가 추가적으로 판 주식에서 손실만 입는 것이 아니라, 더 많은 주식을 계속 팔아야 한다는 것이다. 이것이 트레이더가 만기에 대한 스큐를 가진 변동성 서피스를 스마일보다는 하방 기울기 모양으로 지정하는 근거다.

내재변동성 서피스를 지정하는 또 하나의 파라미터가 있다. 이를 곡률(curvature)이라고 한다. 매우 높은 행사가격에 대한 내재변동성은 더 이상 감소하지 않고 평평해지는데, 이는 곡률 방식에 따라 지정될 수 있다. 동시에 이 곡률 파라미터는 매우 낮은 행사가격이 스큐 파라미터가 보여주는 것보다 매우 높은 내재변동성을 가진다는 것을 확인시켜준다. 이는 정확하게 트레이더가 원하는 것이다. 매우 낮은 행사가격은 매우 작은 프리미엄을 요구하지만, 매도자는 좀 더 적절한 보상을 원하기 때문이다.

트레이더가 매우 낮은 행사가격에 대해 지불해야 할 프리미엄은 상당히 낮을 것이며, 매도자가 좀 더 적절하게 보상받기를 원하기 때문에 스큐 파라미터는 충분하지 않고, 곡률 파라미터가 낮은 행사가격들이 좀 더 큰 내재변동성을 갖도록 보장해줄 것이다. 그림 5.2에 행사가격에 대한 내재변동성이 그려져 있다. 특정만기의 내재변동성 모양은 스큐 파라미터와 곡률 파라미터의 효과를 보여주고 있다.

주식에서도 행사가에 대한 내재변동성이 스마일 모양을 가질 수는 있다. 그러나 상방에 대해 매우 작은 프리미엄을 가진 것에 대한 이슈일 뿐이므로 무시해도 좋을 것이다. 누구도 아무런 대가 없이 옵션을 팔지는 않을 것이며, 매우 높은 행사가는 아주 간단한 이유로 매우 큰 내재변동성을 가지게 된다. 매우 작은 프리미엄 자체도 매우 큰 내재변동성으로 해석될 수 있기 때문이다.

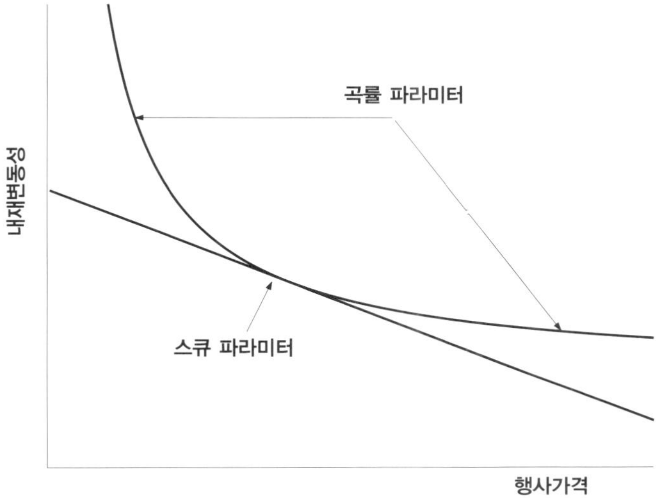

그림 5.2 • 특정만기의 행사가격에 따른 내재변동성(스큐 파라미터와 곡률 파라미터가 내재변동성 서피스가 실제 세계에 가장 잘 맞는데 어떻게 영향을 주는지를 보여줌)

5.4 스큐와 외환 vs 스큐와 주식: 스마일 대 우하향기울기

5.3절에서 행사가에 대한 내재변동성이 주식군에서는 특정만기에 대해 하방 기울기 모양을 가진다는 것을 보여준 바 있다. 외환(Foreign Exchange, FX)에서 행사가에 대한 내재변동성은 어떠한 만기에 대해서도 스마일 모양을 가진다. 다른 말로 하면, 환율에 대한 옵션의 내재변동성은 낮은 행사가격이나 높은 행사가격에서 ATM보다 모두 높다. 이것은 양쪽의 환이 어느 쪽으로든 폭락할 수 있기 때문이다. 예를 들어 EUR/USD를 보자. 현재 1달러당 0.8유로로 거래되고 있다고 하자. 환율이 0.4 EUR/USD라면 달러는 유로에 대하여 폭락한 것이고, 1.2 EUR/USD는 유로가 달러에 대해 폭락했음을 의미한다. 이 두 시나리오에서 더 큰 불확실성을 예상할 수 있

는데, 그것은 즉 더 큰 변동성이다. 이런 이유 때문에 트레이더는 0.4행사가와 1.2행사가에 대해 둘 다 높은 내재변동성을 매긴다. 그림 5.3에 EUR/USD의 행사가에 대한 내재변동성이 그려져 있다. 명확하게 스마일 모양을 그리고 있음을 알 수 있을 것이다.

방향에 대한 스큐의 면적은 대상이 되는 화폐 중 어느 것이 더 안정적인가에 달려 있다. 예를 들어 유로와 달러는 둘 다 안정적인 화폐로 고려된다. 그러므로 낮은 행사가와 높은 행사가에 대한 스큐가 둘 다 비슷하다. 그러나 안정적인 화폐와 불안정적인 화폐간의 환율에서 스큐 면적은 매우 다를 수 있다. 예를 들어 유로와 브라질의 화폐인 BRL을 보자. 현재 BRL이 1유로당 2.6에 거래되고 있다. 이 경우 유로가 BRL에 대해 폭락할 것으로 보이지는 않는다. 반면 BRL은 유로에 대해 폭락할 가능성이 있어 보인다. 달리 표현하면, 트레이더는 1유로당 3.6 BRL인 행사가격 FX옵션에 행사가격이 1.6인 옵션보다 높은 변동성을 부과한다. 그 이유는 3.6 BRL/EUR는 브라질 화폐의 큰 평가절하를 의미하고, 이는

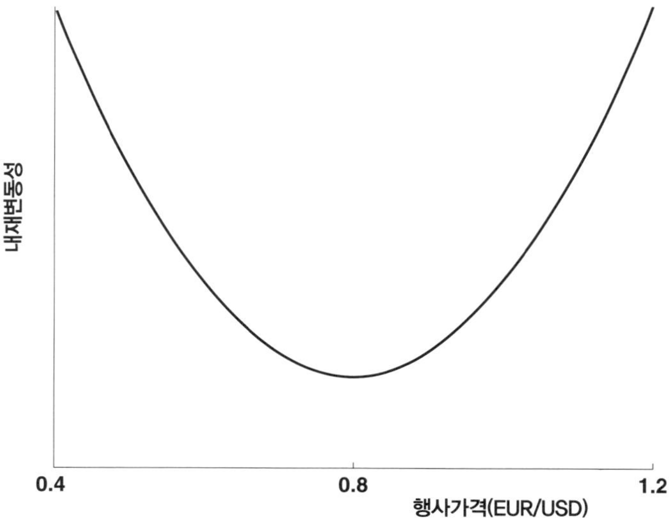

그림 5.3 • EUR/USD의 행사가격에 따른 내재변동성(FX의 변동성 서피스가 스마일 모양을 가짐을 보여줌)

큰 변동성을 동반할 것이다. 반면, 1.6 BRL/EUR는 유로의 큰 평가절하이며, 이는 변동성 감소를 동반하고, 이는 BRL이 좀 더 안정적이 된다는 것을 의미한다. 그림 5.4는 BRL/EUR 환율의 행사가격에 대한 내재변동성을 보여주고 있다. 스큐는 높은 행사가(즉 BRL의 평가절하)에 대해 압도적이다.

5.5 스큐곡선을 이용한 옵션의 가격산출

옵션의 가격을 산출할 때, 스큐곡선을 고려하는 것은 매우 중요하다. 다시 말해 옵션의 가격을 산출한다는 것은 전체 변동성 서피스를 감안하여 가격을 낸다는 것을 의미한다. 그러므로, 예를 들어 하방 옵션의 가격을 산출하려고 한다면, 우선 변동성 곡선을 살펴본 후에, 그것을 ITM 옵션보다 높은 변동성을 적용하여 가격을 산출해야 한다. 플레인 바닐라

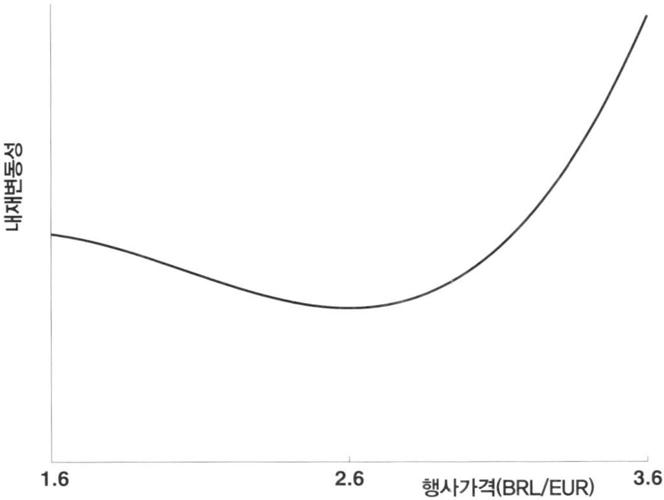

그림 5.4 • BRL/EUR의 행사가격에 따른 내재변동성(안정적인 화폐와 불안정한 화폐 사이의 내재변동성 서피스가 편향된 스마일 모양을 가진다는 것을 보여줌)

(plain vanilla)[19] 하방 옵션의 경우, 가격에 대한 스큐의 효과는 간단하다. 그러나 이색옵션에 대해서는 가격에 대한 스큐의 효과가 명확하지 않다. 그러므로 각 섹션은 다루고 있는 이색옵션의 가격에 대한 스큐의 영향을 개별적으로 논의할 것이다.

19) 역주: 특이한 구조의 상품이 아닌 간단하고 일반적인 상품을 뜻하는데, 예를 들어 보편적인 콜옵션, 풋옵션을 플레인 바닐라 콜, 플레인 바닐라 풋이라고 부른다.

chapter 06

간단한 옵션 전략

이색옵션에 대해 깊이 파고들기 전에, 간단하지만 일반적으로 통용되고 있는 옵션 전략[20]과 친해지는 것도 괜찮을 것 같다. 또한, 각기 다른 옵션 전략의 은어(jargon)를 아는 것도 사전에 필요한 일이다. 이는 특히 간단한 옵션 전략들이 자주 이색옵션의 리스크를 헤지하는 데 사용되기 때문이다.

투자자들 사이에서 가장 인기있는 옵션 전략들은 보통 단순히 옵션을 매수하거나 매도하는 것 이상이다. 이 장에서는 여러 다양한 옵션 전략들이 설명되어 있다. 왜 투자자들은 손익분기점의 관점으로부터 논의되는 이런 옵션 전략들을 수행하는 것일까? 팁을 주자면, 다음의 옵션 전략들 중 어떤 것들은 내재된 스큐 포지션을 갖고 있고, 따라서 좀 더 복잡한 스큐 포지션에 대해 쉽게 접근할 수 있게 도와준다.

6.1 콜스프레드

가장 인기있는 전략 중 하나는 콜스프레드(call spread)이다. 콜스프레드는 낮은 행사가를 가진 콜옵션과 그보다 높은 행사가를 가진 콜옵션, 이 두 개의 콜옵션과 다를 바 없다. 낮은 행사가의 콜옵션을 사고, 높은 행사가의 콜 옵션을 팔면 콜스프레드를 매수했다고 한다. 콜스프레드 매도는 낮은 행사가의 콜옵션을 팔고, 높은 행사가의 콜옵션을 사는 것이다. 콜스프레드 매수는 투자자가 기초자산의 가치가 증가할 때 수익을 얻는다고 해서 강세(bullish)전략이라고 불린다. 그러나 이 투자자의 이익은 그가 높은 행사가의 콜옵션을 팔았기 때문에 어느 선에서 더 이상 증가하지 않는다. 예를 들어 ATM(즉 행사가격이 100%)인 BMW 콜옵션을 매수한 투자자가 있다고 가정해보자. 이 투자자는 이 콜옵션을 매수하기 위한 부분적 자본조달을 위해 120%콜옵션을 매도하는 전략을 취할 수 있을 것이다. 이 경우 투자자의 수익은 BMW 주식가격이 최초 가격보다

20) 이 장의 일부내용들은 이전에 출판된 *An Introduction to Options Trading*(저자 동일)에서 가져왔다.

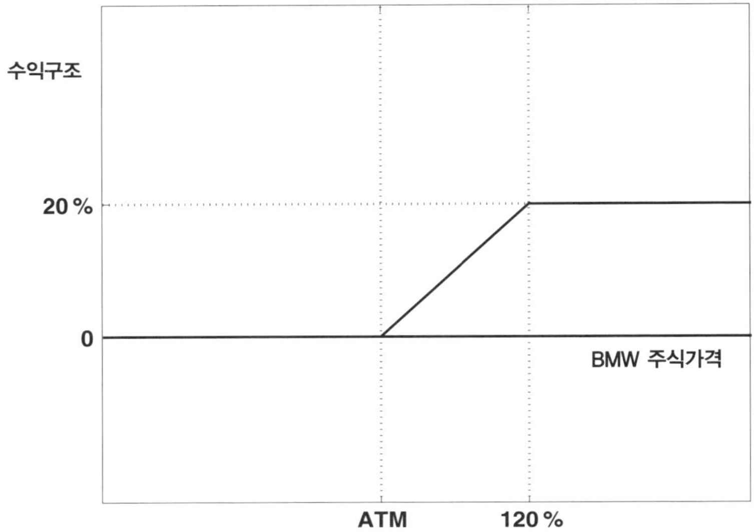

그림 6.1 • BMW에 대한 ATM/120% 콜스프레드의 만기 수익구조

120%에 도달하는 지점까지 증가하게 된다. 하지만 20%를 넘어서는 기초자산의 증가는 투자자에게 더 이상의 수익을 가져다주지 않을 것이고, 결국 투자자의 수익에는 캡(cap)이 씌워져 있는 셈이다. ATM 콜옵션 하나를 매수하고 120% 콜옵션 하나를 매도한 이 전략의 수익구조의 합은 그림 6.1과 같다.

스큐의 관점에서 보면 트레이더의 콜스프레드 매도 포지션이 흥미롭다. 100% 콜을 팔고 120% 콜을 산 트레이더는 그가 매수한 높은 행사가격의 내재변동성보다 높은 내재변동성으로 낮은 행사가격의 옵션을 팔았기 때문에 스큐 매도 포지션이다. 이 트레이더는 스큐가 하락하면 이익이 생길 것이다. 즉 스큐가 보다 얇아지면 트레이더의 이익은 증가한다. 이는 다음과 같을 때 발생한다.

- 100% 콜의 내재변동성이 하락하고 120% 콜의 내재변동성이 그 수준을 유지한다. 이렇게 되면 100% 콜과 120% 콜 사이의 내재변동성 차이가 좁혀진다. 따라서 스큐는 얇아진다.

- 120% 콜의 내재변동성은 상승하고 100% 콜의 내재변동성은 그대로 유지한다. 이렇게 되면 트레이더가 매수한 120% 콜의 내재변동성이 100% 콜의 내재변동성에 가까워진다는 뜻이다. 이는 스큐를 보다 얇게 만들고 트레이더는 결과적으로 수익이 생긴다.
- 100% 콜의 내재변동성이 하락하고 120% 콜의 내재변동성이 상승한다. 스큐는 덜 가파르게 되고 이는 트레이더에게 이익이 된다.

위에서 트레이더가 스큐의 가파름이 약해지면서 수익을 남기게 되는 가능성을 보았다. 여러분은 분명 스큐가 좀 더 얇아짐으로써 트레이더가 수익을 얻을 수 있는 시나리오들을 더 생각해낼 수도 있을 것이다. 예를 들어 100% 콜의 내재변동성과 120% 콜의 내재변동성이 둘 다 하락하지만 100% 콜의 내재변동성 하락폭이 120% 콜 내재변동성의 하락폭보다 큰 경우가 그렇다. 그러나 이 시나리오는 위의 세 가지 시나리오처럼 윤곽이 뚜렷한 것은 아니다. 예를 들어 120% 콜의 베가가 100% 콜의 베가보다 크다면, 모든 행사가에 대한 내재변동성을 아래쪽으로 평행이동시킬 때, 트레이더의 120% 콜 매수 포지션에 대한 부정적인 효과가 100% 콜 매도 포지션에 주는 긍정적인 효과보다 크다. 이것은 100% 콜의 내재변동성이 120% 콜의 내재변동성보다 더 하락한다고 해도 롱 베가 포지션의 손실 때문에 부정적인 효과를 상쇄하기에는 충분하지 않다는 것을 의미한다.[21]

6.2 풋스프레드

풋스프레드(put spread)는 콜스프레드의 반대이다. 투자자는 풋스프레드를 매수함으로써 약세전략(bearish)을 수행하게 된다. 풋스프레드 매수

21) 역주: 여기에서 트레이더는 100% 콜을 매도, 120% 콜을 매수했다. 100% 콜 매도는 숏 베가, 120% 콜 매수는 롱 베가이다. 베가는 변동성의 변화에 대한 옵션 가격의 민감도이므로, 숏 베가는 변동성이 줄어들 때 이익이 나고, 롱 베가는 변동성이 커질 때 이익이 나는 포지션이다. 만약 100% 콜의 베가가 30 bp였고, 120% 콜의 베가가 40 bp였다면, 변동성이 1% 떨어졌을 때, 100% 콜의 가치는 +30 bp이고, 120% 콜의 가치는 −40 bp가 되어 둘을 합친 전체 포지션의 가치는 −10 bp가 된다.

는 높은 행사가 풋을 사고 낮은 행사가 풋을 파는 것이다. 높은 행사가 풋이 낮은 행사가 풋보다 항상 비싸기 때문에, 투자자는 이 전략을 위해 프리미엄을 지급해야 한다.[22] 투자자가 풋스프레드를 매수할 때 그는 낮은 행사가 풋을 매도함으로써 부분적으로 자금조달을 해야 한다. 그러나 이것은 또한 그의 전략이 줄 수익에 한계선을 긋는다. 주식이 떨어져도 낮은 행사가 이상으로 떨어지면 수익이 더 이상 증가하지 않기 때문이다. 예를 들어 폭스바겐(Volkswagen)의 ATM 풋을 사고 80% 풋을 팔아서 부분적으로 자금조달을 한 투자자가 있다고 하자. 이 경우 투자자는 폭스바겐의 주식이 최초가격 대비 80%까지 하락할 때까지 이익을 얻는다. 하지만 주식이 80% 밑으로 떨어지더라도 더 이상 수익은 늘어나지 않는다. ATM 풋 매수와 80% 풋 매도가 결합된 수익구조를 그림 6.2에서 볼 수 있다. 투자자는 이 전략을 수행하기 위해 초기에 프리미엄을 지불해야 하

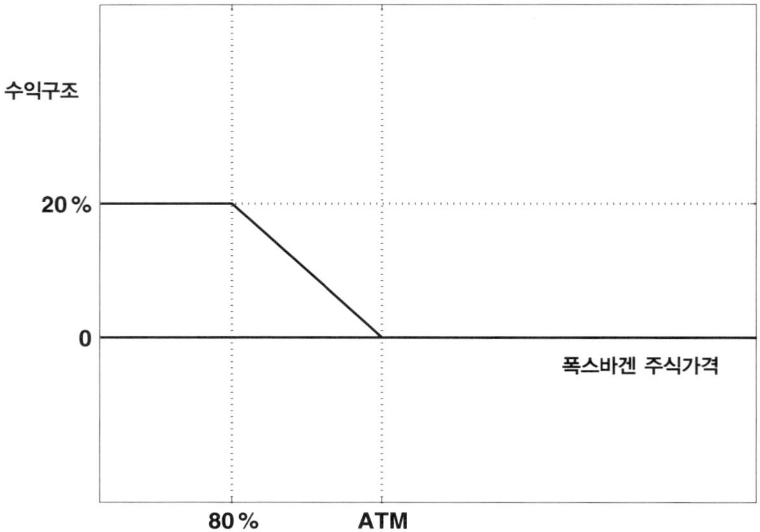

그림 6.2 • 폭스바겐에 대한 ATM/80% 풋스프레드의 만기 수익구조

22) 역주: 높은 행사가일수록 만기에 이 풋옵션이 ITM으로 행사될 확률이 높아진다. 그러므로 행사가가 높은 풋의 가격이 비쌀 수밖에 없다.

므로 그림 6.2에서의 수익구조가 투자자의 이윤을 그대로 보여주는 것은 아니다. 그래서 이 전략에 만약 2%의 비용이 부과된다면, 투자자가 수익을 내기 위해서는 주식이 98% 아래로 하락해야 할 것이다. 그러나 그가 ATM 풋을 샀기 때문에 사실상의 비용은 더욱 클 텐데, 예를 들어 5%라고 하면, 주식이 95% 아래로 하락할 때부터 비로소 투자자는 돈을 벌 수 있을 것이다. 비용이 2%일 때 투자자가 최대로 얻을 수 있는 수익은 18%가 된다.

100%/80% 풋스프레드를 매도한 트레이더가 있다고 하자. 이 경우 트레이더는 80% 풋을 매수하고 100% 풋을 매도한 것이다. 그가 낮은 행사가격의 옵션을 매수하고 높은 행사가격의 옵션을 매도했기 때문에 이 트레이더의 포지션은 스큐를 매수한 것이다. 즉 트레이더가 스큐의 가파름이 커질수록 이익을 얻게 된다는 것이다. 다르게 표현하면, 행사가격 10% 변화에 대한 내재변동성의 차이가 증가할수록, 스큐 매수인 트레이더의 이윤이 커진다.[23]

6.3 칼라

칼라(collar) 또는 리스크리버설(risk reversal)은 콜스프레드나 풋스프레드와 같이 수익의 상승잠재력을 제한하기보다는 기초자산에 대한 특정 기대치에 레버리지를 주는 데 사용된다. 칼라는 높은 행사가의 콜과 낮은 행사가의 풋이 결합된 구조이다. 만약 투자자가 한 주식의 전망이 좋다고 판단하고, 그 주식이 하락할 가능성이 제한적이라고 생각한다면 그는 상방 콜을 사고 이 전략에 대한 부분적인 자본조달을 위해 하방 풋을 팔 수 있을 것이다. 그러나 투자자는 주식이 올라갈 때 상승잠재력을 제한하지

23) 풋스프레드의 순 베가 포지션에 따르면 스큐가 항상 트레이더에게 이익을 주는 것은 아니다. 이는 6.1절에서도 논의되었다. 80% 내재변동성의 상승과 100% 내재변동성의 유지, 아니면 100% 내재변동성의 하락과 80% 내재변동성의 유지, 또는 80% 내재변동성의 상승과 100% 내재변동성의 하락의 결과에 따른 스큐의 가팔라짐은 항상 트레이더에게 이익을 준다.

않을 것이고, 주식이 하락할 때는 그 리스크에 노출되어 있다. 그래서 레버리지라는 것은 주식의 하락폭이 커짐에 따라 투자한 것보다 더 잃을 수 있다는 것을 말한다.[24] 투자자가 주식의 전망을 부정적으로 볼 때 그는 하방 풋을 사고 상방 콜을 팔아서 부분적으로 또는 전체적으로 자본조달을 할 수 있을 것이다. 콜을 팔았다는 것은 그가 주식이 상승할 때 리스크에 노출된다는 것을 의미한다. 리스크 리버설 전략에 따라 투자자가 돈을 지불하게 될지 받게 될지는 선도와 스큐에 의존한다. 그러므로 리스크 리버설을 매수한 것인지 매도한 것인지를 구분짓기가 모호하다.

BMW의 주식에 대해 매우 강세로 보고 있는 투자자가 있다고 하자. 이 투자자는 1년 만기 110% 콜을 매수하고 싶어 한다. 그는 또 주가가 떨어지더라도 1년 동안 10% 이상 빠지지는 않을 것이라고 생각한다. 따라서 이 투자자는 같은 만기의 90% 풋을 매도함으로써 110% 콜을 사기 위한 자본조달을 할 수 있을 것이다. 그림 6.3에서 110% 콜 매수와 90%

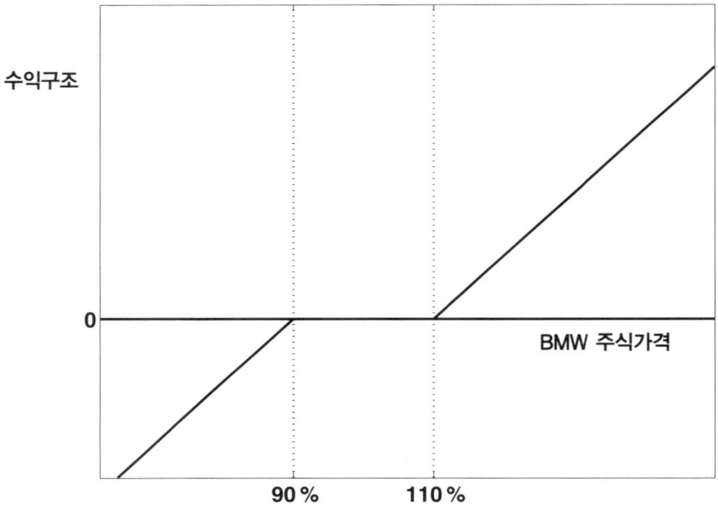

그림 6.3 • BMW에 대한 90%/110% 칼라의 만기 수익구조

24) 역주: 투자자가 이 전략을 위해 투자한 것은 콜 프리미엄에서 풋 프리미엄을 뺀 값이다. 그런데 주가가 하락하면 자신이 풋을 매도했기 때문에, 투자한 프리미엄보다 큰 손실을 입을 수 있다.

풋 매도가 결합된 수익구조를 확인할 수 있다. 다시 한번 그림 6.3이 투자자의 수익구조를 정확하게 보여주는 것이 아니라는 것을 명심하자. 수익은 투자시점에 투자자가 90%/110% 칼라로부터 돈을 받느냐 주느냐에 따라 달려있다. 만약 BMW의 배당률이 무위험이자율보다 높다면 투자자는 대부분 이 전략으로부터 돈을 받을 수 있을 것이다. 이는 만약 배당률이 무위험이자율보다 높을 경우, 1년짜리 선도가격이 최초기준가격의 100%보다 낮아서 1년 만기 90% 풋이 110% 콜보다 비싸지기 때문이다. 여기에서 스큐는 90% 풋을 보다 비싸게 하고, 110% 콜을 보다 싸게 만든다.

칼라의 또 다른 특징은 상대적으로 높은 델타를 가지고 있다는 것인데, 이는 트레이더가 풋을 살 경우, 그가 헤지를 위해 주식을 살 필요가 있고, 또 트레이더가 콜을 팔 경우, 델타 헤지를 위해 좀 더 많은 주식을 사야 하기 때문이다. 이렇게 높은 델타로 인해 칼라는 배당의 관점을 표현하는 수단으로 쓰이기도 한다. 트레이더가 BMW의 배당이 증가할 것으로 전망한다면, 그는 투자자의 반대포지션인 풋을 매수하고 콜을 매도하는 전략을 취하고 싶을 것이다. BMW가 실제 배당을 증가시키면 선도가격은 현재의 배당을 근거로 한 선도가격보다 낮을 것이고, 이에 따라 풋은 비싸지고 콜은 싸질 것이다. 트레이더는 낮은 행사가격 옵션을 매수하고 높은 행사가격 옵션을 매도함으로써 스큐의 변화에도 노출되어 있다. 즉 트레이더는 스큐 매수 포지션이며, 스큐가 상승할 때 수익이 증가한다.

6.4 스트래들

스트래들(straddle)은 기초자산의 가격이 현재의 수준보다 많이 움직일 것 같지만, 주가가 상승할지 하락할지에 대해선 확신이 없는 투자자에게 인기있는 전략이다. 스트래들은 같은 만기와 행사가격을 가진 콜옵션과 풋옵션으로 구성된다. 스트래들을 매수했다는 것은 콜옵션과 풋옵션을 모두 매수했다는 것을 의미하기 때문에 이 전략으로부터 이익을 낳기 위해서는 기초자산이 행사가격으로부터 상당히 많이 움직여야 한다.[25] 1년 만기 ATM 스트래들을 매도하는 것은 같은 이유로 기초자산의 움직임이 크지 않을 것이라고 생각하는 투자자에게 매력적인 구조이다. 이 투자자는 스트래들 매도에 따른 프리미엄을 받을 것이고, 만기에 주식이 많이 움직이지 않는다면, 약간의 지불을 해야 한다. 만기에 풋이나 콜 둘 중의 하나는 가치가 없을 것이고, 다른 하나는 아주 작은 가치를 가질 것이다.

예를 들어 TomTom[26]의 주가가 많이 움직이게 만들 내용의 공시가 곧 나오리란 걸 알고 있는 투자자가 있다고 하자. 그러나 이 투자자는 그 내용이 주식에 어떤 쪽으로 영향을 줄지는 모른다. 그래서 그는 6개월 만기의 ATM 스트래들을 매수하기로 결정했다. ATM 콜과 ATM 풋을 매수한 수익구조는 그림 6.4와 같다. TomTom을 기초자산으로 하는 ATM 스트래들 매수의 수익구조와 프리미엄을 감안한 수익구조의 차이를 보기 위해, 투자자가 ATM 스트래들의 프리미엄으로 3유로를 지불했고 현재 이 주식이 20유로에 거래되고 있다고 가정하자. 이 스트래들의 수익구조는 그림 6.5와 같다.

스트래들은 변동성 플레이를 하기에 완벽한 도구이다. 스트래들이 콜과 풋으로 구성되어 있기 때문에, 이것은 매우 큰 베가 리스크에 노출되어 있다. 대신 콜과 풋의 델타가 상쇄되기 때문에 배당에 대한 노출은 매우 작은 편이다. 그러므로 가까운 미래에 변동성이 상승할 것이라고 믿는 트레이더는 스트래들을 매수해야 하고, 이에 대한 델타 헤지를 해야 한다. 변동성이 하락할 것이라고 생각하는 트레이더는 반대로 스트래들을 매도하고 정확하게 델타 헤지를 해야 한다.

---

25) 역주: 이 전략으로부터 이익을 내기 위해 기초자산이 상당히 많이 움직여야 하는 까닭은 이 전략을 위해 투자자가 콜옵션과 풋옵션을 매수하면서 비싼 프리미엄을 지급했기 때문이다.

26) 역주: TomTom은 네덜란드의 내비게이션 솔루션업체이다.

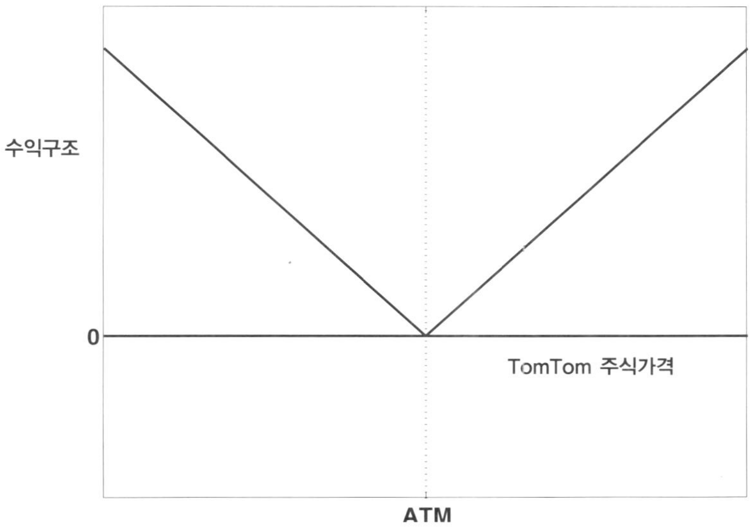

그림 6.4 • TomTom에 대한 ATM 스트래들 매수의 만기 수익구조

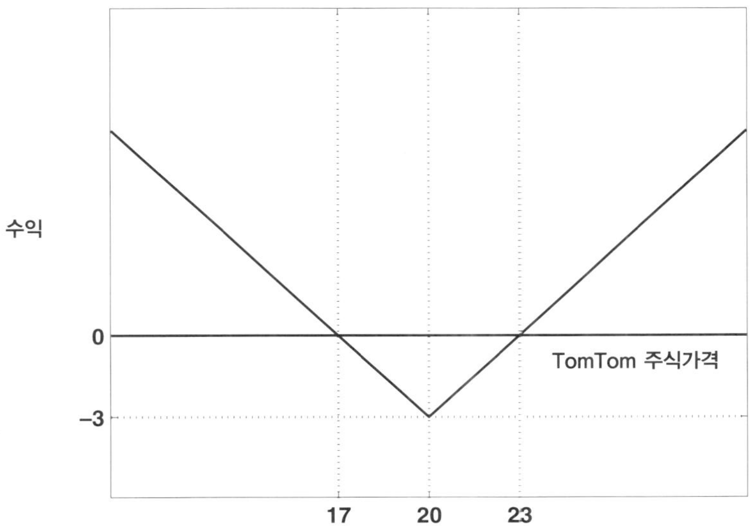

그림 6.5 • TomTom에 대한 ATM 스트래들 매수의 만기 수익구조(프리미엄 감안시)

6.5 스트랭글

스트랭글(strangle)은 콜과 풋이 다른 행사가격을 가지고 있다는 점만 빼면, 스트래들과 매우 유사하다. 그러므로 스트랭글을 구성하는 것은 높은 행사가격의 콜과 낮은 행사가격의 풋이다. 그러므로 스트래들과 같이 스트랭글은 또한 기초자산이 현재 수준으로부터 많이 움직일 것이라고 보는 투자자를 위한 것이다. 그러나 이 투자자는 주식가격이 현재로부터 10% 이상 움직일 것으로 생각하면서도, 주식가격이 전혀 움직이지 않을 경우에 발생하는 손실의 최소화를 원하기 때문에, ATM 스트래들보다는 90%/110% 스트랭글을 선호할 것이다. 스트랭글을 사용함으로써 그의 초기 투자비용은 ATM 스트래들을 매수하는 것보다 훨씬 적을 것이다. 만약 기초자산이 현재 수준으로부터 10% 이상으로 움직인다면, 그는 ATM 스트래들과 거의 비슷한 이윤을 남길 수 있다. 하지만 그는 스트래들의 경우보다 적은 지불을 했을 것이고, 이 점은 그의 전략을 덜 위험하게 만든다. 예를 들어 TomTom의 주가가 6개월 안에 현재의 20유로 수준보다 적어도 20% 이상 움직이거나, 아니면 아예 움직이지 않을 것이라고 생각하는 투자자가 있다고 하자. 이 투자자는 주식가격의 큰 움직임에 따른 만기의 큰 수익만큼 크게 초기투자금이 드는 ATM 스트래들을 매수하는 대신 6개월 만기 90%/110% 스트랭글을 매수하기로 결심한다. 그림 6.6에서 이 전략의 수익구조를 확인할 수 있다.

이 전략이 6개월 만기 ATM 스트래들을 매수하는 것보다 덜 위험하다는 것을 보려고, 스트랭글을 위해 1.5유로를 지불한 투자자가 있다고 가정하고, 그림 6.4와 같은 ATM 스트래들을 위해 3유로를 지불해야 한다고 하자. 주식가격이 20% 하락하게 되면, TomTom의 주식가격은 16유로가 된다. 그러므로 스트랭글은 0.5유로의 이익이 생긴다(90% 행사가격의 풋은 18유로이고, 이 풋에서 2유로를 만들게 된다). 그리고 스트래들은 1유로의 이익이 생긴다. 스트래들과 스트랭글의 수익구조의 차이를 그림 6.7에서 볼 수 있다. 이 그림에서 확실히 스트랭글이 덜 위험한 전략

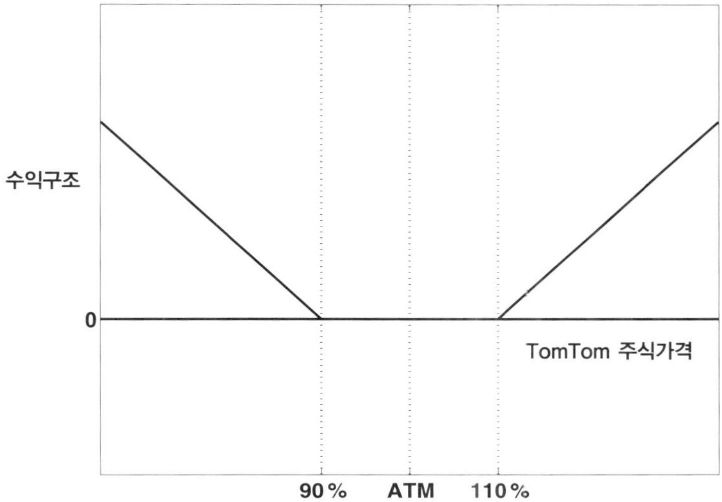

그림 6.6 • TomTom에 대한 90%/110% 스트랭글의 만기 수익구조

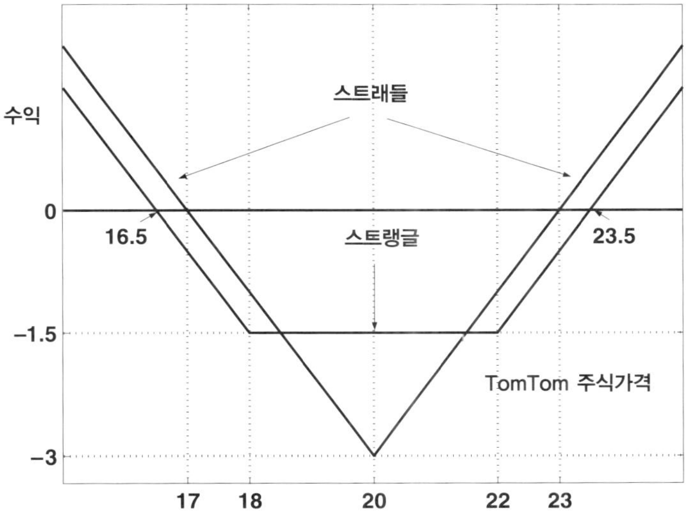

그림 6.7 • TomTom에 대한 90%/110% 스트랭글 ATM 스트래들의 만기 수익구조

이지만, 잠재수익 역시 적다는 것을 알 수 있다. 그러나 매우 큰 변동에 대해서는 백분율로 보면 스트래들과 스트랭글의 이익 차이는 매우 적다.

chapter 07

몬테카를로 과정

Exotic Options Trading

대부분의 이색옵션은 최종적으로는 몬테카를로 과정(Monte Carlo process)을 이용해 가격산출한다. 그러나 몬테카를로 과정을 사용하기 전에 여러분은 먼저 몬테카를로 과정을 위한 투입요소를 세워야 한다. 이 투입요소들은 리스크와 그릭스의 변화를 정확하게 이해할 때 결정될 수 있다. 그러므로 몬테카를로 과정을 통해 그 이색옵션을 실제로 평가하는 것보다 리스크 요소들을 인지하는 것이 더욱 중요하다고 하겠다. 그렇다 해도, 몬테카를로 과정의 기능에 대한 이해와 직감을 가지는 것 역시 중요하지 않을 수 없다. 이 장에서는 몬테카를로 과정의 경로를 생성하는 방법과 관련된 여러 수학적 모델을 논하기보다는 그것의 기능에 대한 이해를 높이는 데 주력할 것이다.

7.1 몬테카를로 과정의 원칙

몬테카를로 과정의 원칙은 많은 수의, 하지만 유한한 수의 경로(node)를 생성하고, 각 경로에 대한 옵션 수익구조를 모아 이를 합산한 다음, 생성된 경로의 수로 나눠주는 것이다. 이 경로들은 주식이나 기초자산이 움직일 것으로 예측되는 과정들을 따른다. 예를 들어 블랙-숄즈는 주식가격의 움직임이 브라운 운동(Brownian motion)과 비슷하다고 가정한다. 여기에서 각 경로들은 표준정규분포를 사용한 컴퓨터 프로그램을 이용해 생성하고, 각 시점에서의 다음 움직임은 표준정규분포(이 정규분포의 표준편차를 내재변동성이라고 함)로 분포될 것이다. 이 방대한 경로의 집합을 가지고 각각의 경로에 따른 옵션의 수익구조를 합하고 그것을 생성된 경로의 수로 나눠줌으로써 옵션의 가격을 추정할 수 있게 된다. 다르게 표현하면, ω_i를 i번째 시뮬레이션에 대한 경로라고 하고, $f(\omega_i)$를 이에 대한 옵션의 수익구조라고 할 때, 몬테카를로 시뮬레이션을 통해 얻어진 옵션의 가격은 다음과 같다.[27]

27) 역주: 실제로는 식 (7.1)에서 구해진 값의 현재가치, 즉 식 (7.1)의 값을 이자율로 할인하여 구해진 값이 보다 옵션가격에 근접한다고 하겠다. 다만 저자는 설명을 간단하게 하기 위해 이 과정을 생략한 것으로 보인다.

$$\frac{1}{N}\sum_{i=1}^{N} f(\omega_i) \tag{7.1}$$

식 (7.1)은 특정 옵션 가격의 아주 대강의 추정이지만, 중심극한정리(Central Limit Theorem)에 따르면 위의 추정에 따른 오차는 아래의 속도로 0에 수렴한다.

$$\frac{1}{\sqrt{N}} \tag{7.2}$$

이는 경로의 수가 충분히 클 때 몬테카를로 시뮬레이션으로 얻어지는 옵션의 가격이 이 옵션의 공정가치(fair value)에 근접해간다는 것을 의미한다.

7.2 이항트리 & 몬테카를로 과정

이항트리(binomial tree)는 옵션의 가격을 산출하기 위한 또 하나의 인기 있는 방법이다. 이항트리와 몬테카를로의 차이는 이항트리가 이산적인(시간적으로 연속적이지 않은) 확률 측정을 함에 따라 기초자산의 실제 움직임에 대해서 덜 정확한 추정을 하게 된다는 것이다. 반대로 관찰의 유한한 수를 가지고 있기 때문에, 각 확률의 합이 1이 됨에 따라 실제 기대값을 계산할 수 있다. 반면 몬테카를로 과정의 경우, 아주 큰 수의 경로를 만들어야만 기대값에 수렴할 수 있다. 연속적인 과정에 대해 하나의 특정 경로의 발생 확률이 0이기 때문에, 몬테카를로 과정을 이용해서는 바로 기대값을 계산하는 것은 불가능하다. 다만 충분히 큰 수의 경로에 대해서는 여러분이 특정 구간 내에 포함될 경로들의 비중이 주가 움직임의 예측 범위 안에 주가가 포함될 확률과 일치한다는 것을 예상할 수 있다. 이항트리와 몬테카를로 과정이 분명한 차이를 보여줌에도 불구하고, 이항트리에 대해 이 장에서 언급한 까닭은 몬테카를로 과정이, 예를 들어 중도 행사의 확률 역시 가격 내에서 설명될 수 있어야 하는 미국형 옵션의 가치를 어떻게 유도하는지 보여줄 수 있는 가장 쉬운 방법이기 때문이다.

7.3 이항트리 예시

BMW의 주가를 기준으로 한 그림 7.1의 이항트리를 보자. 그림 7.1은 2년 만기 이항트리로 50%의 확률로 주식가격이 다음 해에 1.1을 곱해지거나, 다른 50%의 확률로 다음 해에 1.1로 나눠진다. 여기서 약간 특이한 점을 발견할 수 있는데, 그것은 2년째에 2유로의 배당금이 있기 때문이다. 그러므로 2년째의 주식가격은 기대했던 것보다 2유로가 낮다. 그림 7.1에 있는 이항트리를 통해 보는 2년 동안의 주가 움직임을 알면 97유로가 행사가격인 2년 만기 유럽형 콜의 가격을 산출하는 것은 쉽다. 더구나 97유로 행사가의 2년 만기 유럽형 콜이 행사될 경우가 겨우 두 가지 경로만 갖고 있다.

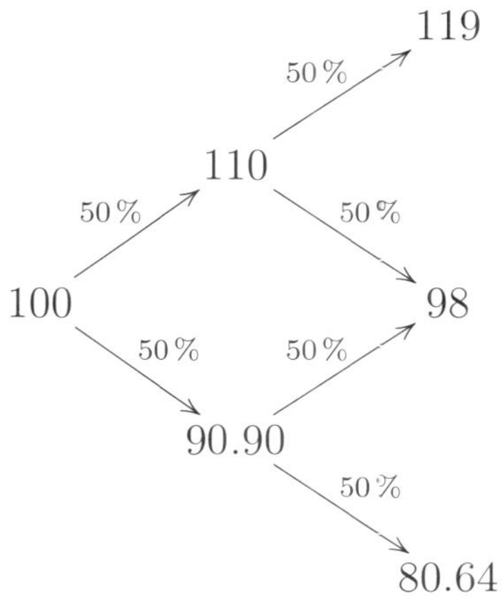

그림 7.1 • 주가가 50% 확률로 1.1배가 되고, 50% 확률로 $\frac{1}{1.1}$배가 되며, 2년째에는 2유로의 배당이 있는 이항트리

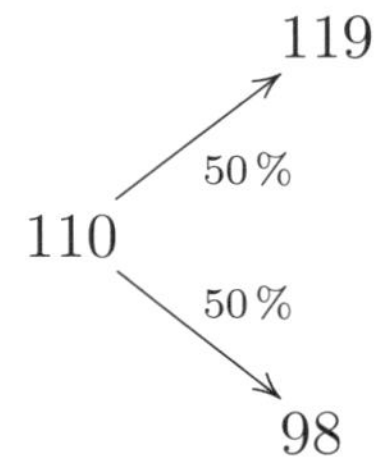

그림 7.2 • 그림 7.1에서 상승한 쪽의 2년째 이항트리

다시 말해, BMW의 주식가격이 2년 뒤 98유로일 때와 119유로일 경우이며, 둘 다 각각 50%와 25%의 발생확률을 갖고 있다. 이자율이 0%라고 가정하면, 97유로가 행사가인 2년 만기 유럽형 콜의 가격은 아래와 같다.[28]

$$0.25 \times (119 - 97) + 0.5 \times (98 - 97) = €6.0$$

97유로가 행사가격인 2년 만기 미국형 콜의 가격을 산출할 때, 여러분은 트리의 매 지점에서 미국형 콜옵션을 조기행사하는 것이 최상인지를 확인해야 한다. 그림 7.1의 트리에서 확인될 부분은 1년 뒤 110유로가 되었을 경우뿐이다.[29] 여기에서 여러분은 조기행사가 미국형 옵션의 가격에 영향을 주는지를 알기 위해 그림 7.2를 살펴볼 필요가 있다. 97유로가 행사가격인 미국형 콜의 지불금은 1년 뒤 행사된다면 13유로이다. 이자율이 0%이고 1년 뒤 BMW 주식이 110유로에 거래된다고 가정할 때 97유로 미국형 콜의 2년 뒤 기대가치에 대한 현재가치는 다음과 같다.

$$0.5 \times (119 - 97) + 0.5 \times (100 - 97) = €12.5$$

이것은 만약 BMW가 1년 뒤 110유로에 거래되고 있다면 2년 만기의 97유로 행사가격인 미국형 콜을 조기행사하는 것이 최상이라는 것을 의미

---

28) 역주: 90.90 × 1.1 − 2 = 97.99이지만, 계산의 편의를 위해 98이라고 한 것으로 보인다. 또 주가가 80.64일 때에는 97보다 작은 값이기 때문에 식에서 배재된 것이다.

29) 역주: 90.90으로 하락한 경우는 행사가격보다 낮은 경우로 조기행사할 이유가 없기 때문이다.

한다.[30] 따라서 미국형 콜의 가격은 다음과 같을 것이다.

$$0.5 \times (110 - 97) + 0.5 \times 0 = €6.5$$

7.4 몬테카를로 과정의 기능

충분히 큰 수의 경로에 대해 그 경로들이 특정 구간 안에 포함될 확률이 결국 주가가 움직일 것으로 예상되는 과정에 따라 그 구간이 발생할 확률에 수렴한다는 것을 안다면, 몬테카를로 시뮬레이션은 사실상 기대값으로 보일 수 있다. 그러므로 몬테카를로 과정을 통해 옵션의 공정가치를 결정하는 것은 이항트리로부터 옵션의 기대가치를 계산하는 것과 매우 비슷한 아이디어이다. 몬테카를로 과정에서 컴퓨터 프로그램은 무작위(random)로 경로들을 생성하고, 관련된 옵션 수익들을 합해 경로들을 시뮬레이션된 수로 나눈다. 이로써 옵션의 공정가치가 얻어진다. 반면, 이항트리는 경로의 유한한 수로 주식가격의 움직임을 줄인다. 주가 움직임의 정확성을 양보하는 대신, 기대값은 확률들의 합이 1이 됨으로써 실제적인 것이 된다. 다르게 표현하면, 몬테카를로 과정에서 경로들의 수를 증가시키는 것은 결과물이 기대가치를 좀 더 가까이 닮는다는 것을 의미하고, 따라서 몬테카를로 추정은 옵션의 공정가치에 근접해간다. 반면 이항트리의 경로의 수를 증가시키는 것은 이항트리가 실제 주식가격의 움직임에 좀 더 가까워져간다는 것을 의미하고, 옵션의 기대가치는 옵션의 공정가치에 유사해져간다.

---

30) 역주: 1년 뒤 행사할 때의 수익이 13유로이고, 2년까지 가져갔을 때의 가치가 12.5유로이므로 1년 뒤 행사하는 것이 합리적이다.

chapter 08

선택자 옵션

Exotic Options Trading

실제 이색옵션에 대한 논의를 전개하기에 앞서, 선택자 옵션(chooser option)을 논의하는 것은 흥미로운 일이다. 선택자 옵션은 가격을 산정하기가 매우 어려운 까닭에 이색옵션으로 구분지어진다. 그러나 선택자 옵션을 좀 더 면밀하게 분석해보면 실제로는 연속적인 일반 옵션들로 가격산출이 가능하다는 것을 알 수 있다.

선택자 옵션의 매수자는 특정 일자에 콜옵션이나 풋옵션으로 선택할 권리를 가진다. 풋이나 콜의 행사가격은 같지만, 반드시 같아야 하는 것은 아니다. 선택자옵션이 같은 행사가격을 가질 때 그것은 '간단한 선택자 옵션'으로 불리고, 행사가격 또는 만기가 다를 때에는 '복잡한 선택자 옵션'으로 불린다. 다음 절에서는 어떻게 간단한 선택자 옵션의 가격을 산출할 수 있는지 볼 것이다.

8.1 가격 산출 예시: 간단한 선택자 옵션

2년 만기의 BMW 유럽형 선택자 옵션을 가정해보자. 이때 표 8.1과 같이 행사가격은 40유로이고 매수자는 40유로 행사가격을 가진 콜옵션 또는 풋옵션을 2개월 뒤에 선택하게 된다. 달리 표현하면, 선택자 옵션이 유럽형이라는 사실은 매수자가 풋이나 콜인지를 결정하게 되면 선택된 옵션이 유럽형을 따르게 되고 그러므로 만기에 행사될 수 있다는 것을 의미한다. 유럽형이라는 사실은 따라서 매수자가 선택을 하는 시점과는 무관하다. 즉, 매수자는 2개월 이내 어느 때이든 콜이나 풋 중에서 선택을 할 수 있다. 그러나 빨리 선택하는 것이 전혀 이로울 것이 없기 때문에 매수자

표 8.1 ● 선택자 옵션의 용어정리

기초자산	BMW
옵션유형	유럽형
옵션성격	선택자
만기	2년
선택일	2개월 이내
행사가격	4유로

는 항상 맨 마지막 날에 선택을 할 것이다. BMW의 가격이 2개월 뒤에 38유로의 가치가 있을 때, 2년 만기 선도가격이 40유로라 가정하자. 즉 BMW의 주식가격이 2개월 뒤에 38유로일 경우, 2개월 뒤 시점으로부터 22개월 만기의 선도거래 가격이 40유로라는 것이다. 이 가정 하에 BMW의 2년 만기 선택자 옵션은 트레이더에 의해 다음과 같이 가격 산출할 수 있다. 다르게 표현하면, 만약 트레이더가 아래의 포지션을 취할 경우, 그는 선택자 옵션의 매도에 대한 완벽한 헤지를 할 수 있다.

- 2년 만기의 40유로 행사가격 유럽형 콜 매수 +
- 2개월 만기의 38유로 행사가격 유럽형 풋 매수

위의 두 옵션들의 합이 BMW에 대한 선택자 옵션을 정확하게 가격 산출 한다는 것을 보기 위해 아래의 두 시나리오를 생각해보자.

1. **2개월 뒤에 BMW 가격이 38유로 위에 있을 때**
   2개월 만기의 풋이 아무런 가치가 없기 때문에, 트레이더는 단지 22개월의 만기를 가진 40유로 행사가격의 콜옵션만 가지고 있게 된다. 이는 선택자 옵션 매수자의 선택 결과에 따른 포지션과 정확하게 일치한다. 게다가 선택자 옵션의 매수자는 2개월 뒤 BMW 가격이 38유로보다 비싸다면, 이때 남은 22개월 만기의 선도가격이 40유로보다 비쌀 것이고, 이에 따라 콜옵션의 가치가 풋옵션의 가치보다 크기 때문에, 풋옵션 대신 콜옵션을 선택할 것이다.[31]
2. **2개월 뒤에 BMW 가격이 38유로 아래에 있을 때**
   이 경우 풋은 ITM으로 행사되므로 트레이더는 그의 헤지 포트폴리오에 있는 38유로 행사가격의 풋을 행사한다. 이것은 트레이더에게 주식 매도 포지션의 결과를 낳는다. 이는 트레이더가 콜옵션 매수와 결합되는 주식 매도 포지션을 가진다는 의미이며, 풋–콜 패리티에 따라 콜옵

31) 역주: 콜옵션의 가치가 더 비쌈에도 불구하고, 선택자 옵션의 매수자는 풋옵션을 택할 수도 있다. 콜옵션만을 들고 있는 트레이더는 이럴 경우, 콜옵션을 매도하고 대신 22개월 만기의 풋옵션을 매수할 수 있다. 거래비용 등을 감안하지 않는다면 콜옵션이 더 비싸기 때문에 트레이더는 수익을 남길 수 있게 된다.

션 매수와 주식 매도의 결합은 풋옵션 매수 포지션이 된다. 즉, 선택자의 옵션 매도 포지션이 정확히 헤지된다. 게다가 선택자 옵션의 매수자는 BMW 가격이 2개월 뒤 38유로보다 쌀 때, 남은 22개월 만기의 선도가격이 40유로보다 싸짐에 따라, 풋옵션의 가치가 콜옵션보다 비싸질 것이므로 풋옵션을 선택할 것이다.[32]

위의 예는 선택자 옵션이 쉽게 가격 산출될 수 있음을 보여준다. 행사가격 K_c, 만기 T_1, 그리고 선택일 T_2인 선택자 옵션이 있다고 하자. 이 선택자 옵션의 가격을 산출하기 위해 여러분은 주식의 가격수준 S_f만 결정하면 된다. 이때 선택일의 선도가격(선택자 옵션의 만기와 일치하는 만기를 가진)이 행사가격 K_c와 일치한다. 즉 주식가격이 S_f이고, 만기까지의 잔존기간이 $T_1 - T_2$인 선도가치가 K_c와 일치한다. 선도가격과 일치하는 행사가격, 그리고 같은 만기를 가진 콜옵션과 풋옵션의 가치는 동일하다. 그러므로 선택일에 S_f는 선택자의 콜옵션이 선택자의 풋옵션보다 더 큰 가치를 가지게 되는 지점을 결정하게 된다. 선택자 옵션의 가격 산출은 이제 다음과 같이 정리해볼 수 있다.

- 만기 T_1, 행사가격 K_c인 콜옵션 +
- 만기 T_2, 행사가격 S_f인 풋옵션

바꿔 말하면, 선택자의 옵션은 아래와 같이 가격이 산출될 수 있다.

- 만기 T_1, 행사가격 K_c인 풋옵션 +
- 만기 T_2, 행사가격 S_f인 콜옵션

이는 풋옵션 계약 하나와 주식 한 주를 매수하고 있는 것이 콜옵션 계약 하나를 매수한 것과 같기 때문이며, 이는 선택일에 주식가격이 S_f 위에 있어서 선택자가 콜옵션을 선택하게 될 경우, 선택자의 옵션 매도자의

32) 역주: 이때도 마찬가지로, 풋옵션의 가치가 더 비쌈에도 불구하고, 선택자 옵션의 매수자는 콜옵션을 택할 수도 있다. 트레이더는 여전히 콜을 들고 있으므로, 정확하게 헤지가 되며, 풋을 ITM으로 행사했기 때문에 수익을 남길 수 있게 된다.

포지션과 정확히 일치한다. 명백하게 선택일에 주식가격이 S_f보다 아래에 있을 때 선택자의 옵션 매수자는 풋옵션을 선택하게 된다. 다시 행사가격이 S_f이고, 만기가 T_2인 콜이 OTM으로 행사되지 않기 때문에 헤지된 포트폴리오의 포지션을 복제한다.

8.2 선택자 옵션 전략의 이론적 해석

선택자 옵션에 투자한 사람은 스트래들 투자자와 유사한 전략을 적용한다. 양측 다 주식이 변동성이 큰 기간을 거치게 될 것이지만 주식가격의 방향에 대해선 불확실하다고 믿는다. 둘의 차이는 선택자 옵션 투자자가 그 방향이 특정시간 내에 드러날 것이라고 확신하고, 이 시간이 지난 후에 콜과 풋 사이에서 선택을 할 의향이 있다는 점이다. 결과적으로 투자자는 그가 동등한 스트래들에 대해 지불해야 할 프리미엄보다 작은 프리미엄을 선택자 옵션에 투자하게 된다.

chapter 09

디지털 옵션

디지털 옵션(digital option)은 가장 간단한 옵션 중 하나다. 디지털 옵션의 수익구조는 어떤 지점보다 이상이거나 이하이면 정해진 수익을 주고, 그 조건을 충족시키지 못하면 아무런 수익이 없는 구조이다. 이렇게 쉬운 구조임에도 불구하고, 디지털 옵션은 여전히 이색옵션으로 분류된다. 이는 디지털 옵션의 수익구조가 평범한 옵션들로 복제되지 않기 때문이다. 그러나 이 옵션을 이색옵션으로 보고 몬테카를로 과정을 이용해 가격을 산출하는 것보다는 옵션스프레드를 이용해서 보다 나은 가격 추정을 해볼 수 있을 것이다. 여기에다 여러분은 실제로 디지털 옵션의 리스크관리를 할 수 있는 방법이 옵션스프레드를 이용하는 것이라는 것을 발견하게 될 것이다. 디지털 옵션의 대부분은 유럽형 스타일이다. 그러므로 이 장에서는 유럽형 디지털 옵션만을 고려하도록 하겠다.

다음의 예를 생각해보자. 한 투자자가 3개월 만기의 BMW 유럽형 디지털 옵션을 매수했다고 하자. 그리고 이 옵션의 조건은 3개월 뒤에 주식가격이 50유로를 초과하면 10유로를 수익으로 지급하고, 50유로를 초과하지 않으면 수익이 전혀 없다고 하자. 그림 9.1은 BMW에 대한 이 디지털 옵션의 만기 수익구조를 보여주고 있다. 이 BMW 디지털 옵션을 매도한 트레이더는 기어링[33] 콜스프레드를 사용해 이 디지털의 가격을 쉽게 복제할 수 있다. 이 콜스프레드의 기어링은 콜스프레드의 너비에 의존한다. 넓은 콜스프레드는 작은 기어링이고 좀 더 보수적인 가격이다. 즉, 트레이더는 디지털 옵션을 매수하고 싶어하는 투자자에게 더 많은 프리미엄을 요구한다. 이 트레이더는 2.5유로 너비의 콜스프레드가 이 포지션의 리스크를 관리하기에 충분하다고 믿는다. 즉, 이 트레이더는 4배로 기어링된 47.5/50유로의 콜스프레드를 매도하여 이 가격을 산출할 것이다.

이것이 디지털의 움직임을 복제하는 것을 보기 위해, 세 개의 다른 만기 BMW 주식가격을 고려해보자. 먼저, BMW의 주식가격이 만기에 55

33) 역주: 기어링은 기울기에 레버리지를 준다는 의미로 해석하면 된다. 또는 X배로 기어링된 것은 2.5유로 너비의 일반 콜스프레드를 4개 매도했다고 해석할 수도 있다.

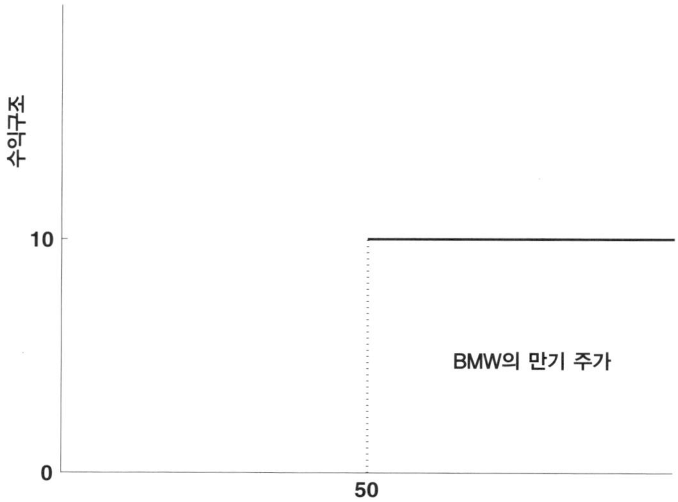

그림 9.1 • BMW에 대한 디지털 콜옵션 매수의 만기 수익구조(행사가격 50유로, 디지털 수익 10유로)

유로라고 가정해보자. 디지털의 조건하에 투자자는 10유로를 받기로 되어 있다. 이는 정확히 트레이더의 포지션과 일치한다. 게다가, 이 트레이더는 4배로 기어링이 된 47.5/50유로 콜스프레드를 가지고 있고, 각 콜스프레드는 주식가격이 55유로에서 끝났을 때 2.5유로씩 지불하도록 되어 있고, 투자자에게 지급되는 총금액은 10유로이다.

두 번째로, BMW의 주식가격이 만기에 49유로라고 하면, 투자자는 디지털의 조건 하에 아무런 지급도 받지 못하도록 되어 있다. 그러나 4배로 기어링된 47.5/50유로 콜스프레드는 6유로의 지불을 규정하고 있기 때문에, 이 6유로는 트레이더에게 뜻밖의 수확이 된다. 이는 트레이더가 47.5/50유로 콜스프레드를 선택함으로써 이 디지털 옵션을 보수적으로 가격 산출했다는 것을 보여준다. 또 트레이더는 좀 더 좁은 구간의 콜스프레드를 선택함으로써 공격적으로 가격을 산출할 수 있다는 것을 의미한다. 그러나 콜스프레드의 너비는 큰 감마와 50유로 근처의 핀 리스크

(pin risk)[34]를 보충해주기 위해 필요하다. 만기 직전에 주식가격이 정확히 50유로에 있어서 이 디지털이 가치가 없지만, 만약 주식가격이 50.01유로로 올라가면 이 디지털의 가치가 갑자기 10유로가 된다. 이런 경우 이 옵션에 대응하기 위한 델타를 얼마로 산정해야 하는지 알 수가 없기 때문에 리스크관리가 극도로 어려워진다. 그러므로 디지털의 가격을 산출하기 위해 가장 좋은 방법은 기어링된 콜스프레드를 사용하는 것이다. 트레이더가 콜스프레드를 사용하더라도 여전히 큰 감마 리스크와 핀 리스크에 노출되지만, 그가 콜스프레드로써 디지털의 가격을 산출했다는 사실이 리스크에 대한 약간의 예비분(provision)을 만든다. 그러나 콜스프레드가 트레이더에게 47.5유로 콜 매도와 50유로 콜 매수 포지션을 의미하는 까닭에 트레이더는 그의 핀 리스크를 47.5행사가격으로 이동시킨 것이고 50행사가격에서 발생하는 핀 수익을 취하는 것이다. 이런 방법으로 트레이더는 47.5유로와 50유로 사이의 쿠션을 가짐으로써 디지털의 핀 리스크를 관리할 수 있게 된다다.

세 번째로, BMW 주식 가격이 46유로일 때에는 디지털이나 콜스프레드 모두 투자자에게 지불할 것이 아무것도 없다.

9.1 행사가격의 선택

앞의 절에서 왜 디지털이 50/52.5유로 콜스프레드에 의해 복제되지 않았느냐고 질문할 수 있을 것이다. 그 답은 50/52.5유로 콜스프레드가 트레이더가 달성하기 원하는 것, 즉 쿠션을 가지려는 것과는 반대의 결과를 가져오기 때문이다. 50/52.5유로 콜스프레드는 디지털 이벤트가 이미 발생한 이후에 움직이기 시작한다. 이 방법으로 트레이더가 50/52.5유로 콜로 인해 실제보다 부유해진 느낌을 줄 수 있다. 즉 주식가격이 51유로

34) 역주: 핀 리스크는 옵션의 만기에 기초자산 가격이 행사가격에 가까운 상태에서 옵션의 행사여부에 대해 확신할 수 없는 리스크를 말한다. 헤지 트레이더 입장에서는 행사여부를 모르기 때문에 어떻게 헤지해야 하는지 역시 확신할 수 없는 것이다.

에서 끝나면 4배 기어링된 콜스프레드는 4유로의 지급을 규정할 것이다. 반면 디지털은 10유로를 투자자에게 지급해야 한다. 다시 말해, 50/52.5유로 콜스프레드는 주식가격이 50유로일 때, 47.5/50유로 콜스프레드와 달리 10유로의 지불금액을 만들어내지 못한다. 47.5/50유로 콜스프레드가 트레이더로 하여금 디지털이 실제 유효해지기 전에 행동을 취하도록 하는 반면, 50/52.5유로 콜스프레드는 디지털의 꼬리를 좇는 꼴이다. 그래서 47.5/50유로 콜스프레드가 폭발적인 디지털 이벤트에 대응하기 위한 제대로 된 포지션 구축인 것이다.

9.2 디지털의 대리인: 콜스프레드

콜스프레드는 디지털의 가격을 산출하는 데 쓰이는 것뿐만 아니라, 트레이더의 관점에서는 실제 그가 트레이딩하는 구조이다. 즉 트레이더가 디지털을 매도했을 때, 그는 리스크관리 시스템에 디지털의 정확한 조건이 아닌 콜스프레드의 조건을 입력한다. 이런 방법으로 그는 콜스프레드를 통해 디지털을 정확하게 리스크관리할 수 있다. 앞 절에서 콜스프레드가 디지털을 위한 보수적인 대리역할을 한다는 것을 알았다. 그러므로 트레이더는 유럽형 디지털의 만기에 디지털의 조건에 따른 지불금액에 대한 콜스프레드의 지불금액을 비교하게 된다. 디지털의 지불금액이 0이고, 콜스프레드의 지불금액이 0 이상이라면, 이는 트레이더로서는 뜻밖의 수확이 되는 것이다.

9.3 콜스프레드의 너비 대 기어링

디지털을 복제하기 위해서는 콜스프레드의 너비가 좁아질수록 높은 기어링이 필요하다. 반대로, 콜스프레드의 높은 기어링은 큰 리스크를 의미하는데, 이것은 행사가격에서의 매도 포지션이 관리될 필요가 있기 때문이다. 콜스프레드의 행사가격들이 매우 가까우면 트레이더는 디지털 이벤트를 준비하기 위한 쿠션을 적게 가져가는 것이다. 즉, 좁은 너비의 콜스프레드로 복제할수록 큰 리스크를 가지게 되고, 그 리스크의 변화는 디지털 원래의 그것과 비슷하다.

chapter 10

배리어 옵션

Exotic Options Trading

배리어 옵션(barrier option)은 배리어라는 성격이 투자자로 하여금 추가적인 보호나 레버리지를 제공하기 때문에 리테일 투자자들 사이에서 매우 인기가 높다. 리스크관리의 차원에서는 배리어 옵션들의 리스크가 배리어 주변에서 불연속적이고, 따라서 그릭스를 예측하기 어려워지며, 또 배리어 근처에서 그릭스의 신호가 자주 바뀌게 되기 때문에 중요하다. 배리어 옵션들은 몬테카를로 과정으로 가격을 산출할 수 있지만, 이 옵션의 가격을 산출하기 전에 여러분은 배리어 근처에서의 리스크를 충분히 인지하고 있어야 한다. 배리어와 관련된 리스크들은 배리어 옵션의 조건들이 모든 리스크들을 포착하고 또 그 리스크들을 적절하게 관리하기 위해 어느 정도 조정되어야 하는 특징을 가지고 있다. 이 장에서는 배리어 옵션에 내재되어 있는 리스크들을 살펴보고 그 리스크들이 어떻게 가격에 반영되어야 하는지를 보여줄 것이다. 이 장은 또한 배리어 옵션과 연관된 스큐 리스크를 강조한다. 기본적으로 8개 정도의 배리어 옵션 종류가 있지만, Down & In Put 옵션을 배리어 옵션의 모든 리스크들을 이해하기 위한 예시로 사용할 것이다.

이렇게 접근하는 이유는 배리어 옵션의 리스크에 대한 근본적인 원인들이 대체로 공통적이고 Down & In Put 배리어 옵션이 가진 리스크를 이해할 수 있으면, 다른 유형의 배리어 옵션들에 내재된 리스크도 쉽게 유추할 수 있기 때문이다. 하지만 이와 관련해 리스크 뒤에 숨은 동력과 실제 리스크를 구별해내는 것이 매우 중요하다. 리스크 뒤에 숨은 동력들이 다른 종류의 배리어 옵션에 대해 똑같다는 사실이 반드시 리스크가 똑같다는 것을 의미하지는 않는다. 배리어 옵션의 다른 유형들 사이에 리스크의 징후는 실제로는 완전히 반대일 수도 있다. 총 8개 유형의 배리어 옵션들이 있고, Down & In Put이 리테일 투자자들 사이에 인기가 높기 때문에 주된 예시로 선택되었다. 싱글(single) 배리어 옵션의 8개 유형들과 전형적인 리테일 수요, 그리고 배리어 옵션 각 유형에 대한 트레이더의 배리어 리스크가 표 10.1에 정리되어 있다.[35]

---

35) 배리어 옵션인지의 여부를 떠나, 리테일 투자자들은 전형적으로 풋을 매도하고 콜을 매수한다. 하지만 사실상 리테일 투자자들은 Down & Out Put을 구조화 상품의 일부로써 매수한다.

표 10.1 • 싱글 배리어 옵션의 유형

배리어 유형	일반적인 리테일 수요	트레이더의 배리어 리스크
Down-and-in put	매도	명확
Down-and-out put	매도/매수	명확
Up-and-in put	매도	낮음
Up-and-out put	매도	낮음
Down-and-in call	매수	낮음
Down-and-out call	매수	낮음
Up-and-in call	매수	명확
Up-and-out call	매수	명확

싱글 배리어 옵션들과는 별개로 배리어 옵션들의 다른 집단이 있는데, 더블(double) 배리어 옵션이라고 한다. 더블 배리어들은 10.13절에서 논의될 것이다.

10.1 Down & In Put 옵션

Down & In Put 옵션은 주식가격이 하방배리어(downside barrier)를 터치(touch)할 때에만 유럽형 풋옵션의 효력이 발생하는 옵션이다. 예를 들어, BMW 주식가격이 1년 동안 최초기준가격의 70% 미만으로 하락한 적이 있을 경우에 100% 행사가격인 유럽형 풋옵션이 생성되는 옵션을 매수한 트레이더가 있다고 하자. 다시 말하면, 트레이더가 100/70% Down & In Put 옵션을 매수한 것이고, 만기의 수익구조가 그림 10.1과 같다. 그림 10.1에서의 점선은 이 구간에서의 수익이 70% 배리어가 한 번이라도 터치된 적이 있을 경우에만 만기에 적용된다는 것을 의미한다. 이 경우가 아니면 수익은 0일 것이다.

Down & In Put의 가격 산출은 몬테카를로 과정에 불과하지만, 가격을 산출하기 전에 이해해야 될 두 가지 리스크가 있다. 하나는 Down & In Put의 주요 리스크가 배리어 주변에서의 **델타 변화**에 있다는 것이고, 또 다른 리스크는 Down & In Put 옵션의 **스큐** 노출이다. 다음 절에선 이를 좀 더 자세히 살펴볼 것이다.

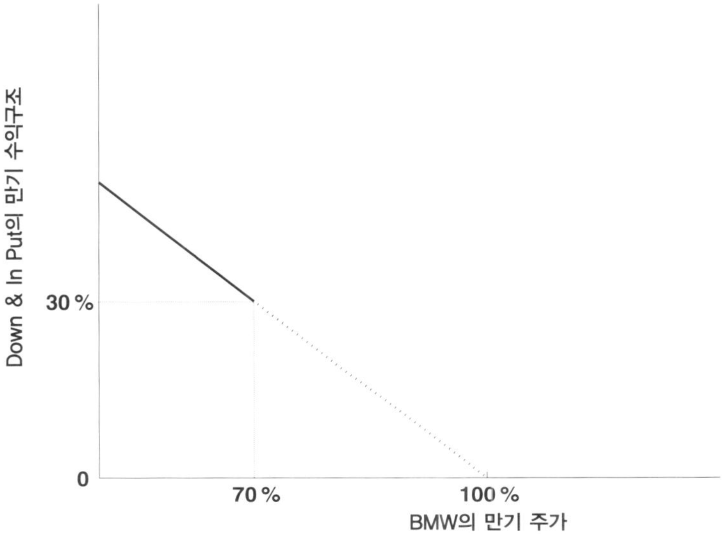

그림 10.1 • 행사가격이 100%이고 배리어가 70%인 Down & In Put의 만기 수익구조

10.2 Down & In Put 옵션의 배리어 근처에서의 델타 변화

BMW의 100/70% Down & In Put을 투자자로부터 매수한 트레이더가 있다고 하자. 최초 델타가 0.4라면, 트레이더는 헤지를 위해 BMW 주식을 옵션당 0.4주의 비율로 매수할 것이다. BMW 주식가격이 70% 배리어 수준 밑으로 하락하면, Down & In Put 옵션은 아무것도 아닌 상태에서 30% ITM인 풋옵션의 상태로 변하게 된다. 이는 분명 Down & In Put의 가치가 배리어 근처에서 폭발적으로 증가한다는 것을 의미한다. 심지어 70.1%에서 69.9%로 아주 조금 변하더라도 가치의 증가폭은 매우 클 것이다. 델타가 주식가격의 움직임에 대한 옵션가격의 민감도를 측정하므로, Down & In Put의 절대적인 델타값은 주식가격이 배리어에 다가갈 때 극단적으로 커지게 된다. 이 절대 델타는 주식가격이 배리어

에 아주 가까워질수록 1보다 커질 수 있다. 정규 옵션의 절대 델타가 결코 1보다 클 수 없지만, BMW 주가가 배리어 수준에 도달할 때 트레이더는 불가피하게 많은 수의 주식을 축적해야 할지도 모른다. 이는 주식가격이 70% 배리어를 터치할 때 트레이더가 초과로 들고 있던 주식을 매도해야 한다는 것을 의미한다. Down & In Put의 초기 가격은 어떤 몬테카를로 가격이든 이런 초과 보유 주식들이 정확히 70% 배리어 수준에서 매도될 수 있다는 것을 가정한다. 하지만 실제로는 주식가격이 이미 배리어 밑으로 하락했고, 트레이더가 많은 양의 주식을 팔아야 하기 때문에 주식가격이 더 밀릴 수 있다는 점에서 매우 어려운 상황이 된다.

그러므로 트레이더는 거의 배리어 수준 밑에서 초과 보유 주식을 매도하게 되며, 이는 초과 보유 주식의 매도에 따른 손실을 초래한다. 이 손실을 피하기 위해 트레이더는 배리어 근처에서 초과 주식을 파는 데 있어 쿠션이 필요하다. 이를 위해 트레이더는 살짝 다른 옵션으로 가격을 산출하고 리스크를 관리한다. 즉, 트레이더가 손실을 야기하지 않고 초과 주식들을 팔 수 있는 충분한 여유를 둘 수 있게끔 배리어를 더 낮춘다. 트레이더가 배리어 근처에서 주식을 팔기 위해 3%의 쿠션이 필요하다고 생각한다면, 트레이더는 100/67% Down & In Put으로 가격을 산출하고 리스크관리를 한다. 이를 **배리어 시프트(barrier shift)**라고 한다. 다음 절에서는 배리어 시프트의 폭에 영향을 주는 요인들에 대해 토의해볼 것이다. 하지만 그 전에 Down & In Put 포지션의 감마가 주가가 배리어 근처로 갈수록 롱에서 숏으로 바뀐다는 사실을 인지하는 것이 매우 중요하다. 즉, ***Down & In Put*의 감마는 배리어 근처에서 신호가 바뀐다.**

10.3 배리어 시프트의 폭을 결정하는 요인들

배리어 시프트의 폭에 영향을 주는 5가지 요인들이 있다. 이 절에서는 Down & In Put에 대한 영향 요인들에 대해서만 논의하겠지만, 비슷한 분석이 다른 유형의 배리어 옵션에 대해서도 적용될 수 있을 것이다. 이 절에서는 모든 배리어 옵션들에 대한 청사진만 제공하도록 하겠다.

- ***Down & In Put* 거래의 액면금액:** 거래 액면금액이 커질수록 배리어 근처에서 더 많은 주식들을 팔아야 하고, 이에 따라 주식가격은 하방으로 더 영향을 받게 될 것이다. 즉 더 큰 거래 금액은 더 큰 배리어 시프트를 필요로 한다.
- **행사가격과 배리어 수준의 차이:** 만약 둘 사이의 차이가 크다면, Down & In Put은 무(無)의 상태에서 풋옵션의 상태로 돌변하는 구조가 된다. 이때 생성되는 풋은 주식가격이 배리어 밑으로 하락하면서 심한 ITM이 된다. 이는 행사가격과 배리어 수준의 차이가 클수록 트레이더가 적용해야 할 배리어 시프트가 커져야 한다는 것을 의미한다. 예를 들어, 130/70% Down & In Put은 100/70% Down & In Put보다 큰 배리어 시프트를 해야 한다.
- **기초자산의 변동성:** 주식가격의 변동성이 클수록 주식가격이 배리어 근처로 다가갈 때 트레이더의 리스크가 커진다. 이는 아주 간단한 예에서 확인해볼 수 있다. 현재 최초기준가격의 71%에 거래되고 있는 높은 변동성을 가진 주식에 대한 100/70% Down & In Put이 있다고 하자. 트레이더는 100/67% Down & In Put으로 옵션의 가격을 산출했고 리스크관리도 이에 따른다고 하자. 100/67%의 절대 델타값이 2.5이고 트레이더가 100/70% Down & In Put을 200,000개 매수한 상태라고 가정하자. 100/67% Down & In Put과 2.5의 델타로써 100/70% Down & In Put의 리스크를 관리하고 있기 때문에, 트레이더는 주식을 500,000주 매수한 상태가 된다. 만약 주식이 10% 갭하락(gap down)[36]하면, Down & In Put은 분명 배리어 수준을 터치하고 풋이 생성될 것이므로 100% 행사가격의 심한 ITM 풋이 된다. 이 ITM 풋의 델타가 1이라고 하면, 트레이더는 이 풋에 대응하여 200,000주의 주식을 보유하고 있

36) 역주: gap down은 기초자산의 거래 시가가 전날 종가로부터 크게 하락한 것을 의미하며, gap up은 반대로 거래 시가가 전날 종가보다 크게 상승한 것을 뜻한다.

어야 한다. 그러나 트레이더는 500,000주를 보유한 상태이므로, 300,000주를 배리어 근처에서 팔아야 한다. 주식가격이 갭하락했기 때문에, 트레이더는 오로지 주식들을 최초기준가격의 61% 수준에서만 팔 수 있다. 여기서 트레이더가 67% 배리어인 Down & In Put으로 리스크관리했기 때문에, 그는 기본적으로 300,0000주식을 67%와 61% 사이에서 매수한 상태이다. 예를 들어 최초기준가격이 100유로였다고 하면, 갭하락으로 인한 손실이 180만 유로에 이를 것이다. 위의 예시는 주가 변동성이 매우 클 때, Down & In Put의 매수자는 큰 폭의 움직임에 대한 보호를 위해 배리어 시프트를 좀 더 크게 가져가야 한다는 것이다. 즉, **큰 변동성은 큰 배리어 시프트를 필요로 한다.**

- **배리어 수준:** 주식가격이 낮을수록 변동성이 커지는 경향이 있고, 높은 변동성은 큰 배리어 시프트를 필요로 하므로, 트레이더는 낮은 배리어 수준에 대해 큰 배리어 시프트를 적용해야 한다. 예를 들어, 100/60% Down & In Put에 대한 배리어 시프트는 100/70% Down & In Put에 대한 배리어 시프트보다 커야 한다.

어떤 경우에는 Down & In Put이 큰 배리어 시프트를 가져야 하는지가 좀 모호할 수도 있다. 예를 들어, 120/70% Down & In Put이 100/60% Down & In Put보다 큰 배리어 시프트가 필요할까? 반대로 여러분은 행사가격과 배리어의 차이가 120/70% Down & In Put이 100/60% Down & In Put보다 크다고 주장할 수 있다. 또 다르게는 100/60% Down & In Put의 배리어 수준이 120/70%보다 낮기 때문에 100/60% Down & In Put의 배리어 시프트가 더 커야 한다고 주장할 수도 있을 것이다. 이 예는 배리어 시프트의 폭을 결정하는 것이 정확한 과학은 아니라는 것을 보여준다. 이는 두 Down & In Put에 대하여 어느 것에 더 큰 배리어 시프트를 적용할지가 트레이더 본인의 리스크 할당에 달려있음을 말한다. 그러나 트레이더가 120/70%이나 100/60% Down & In Put에 대하여 100/70%나 심지어 110/70% Down & In Put보다는 더 큰 배리어 시프트를 적용할 것이라는 점은 확실하다.

- **만기까지의 잔존기간:** 만기에 가까운 옵션일수록 배리어 이전에 큰 절대 델타값을 가질 것이며, 배리어 근처에서 델타의 변화가 커진다. 이는 만기가 짧을수록 큰 배리어 시프트를 해야 하고 일반적으로 트레이더는 Down & In Put이 만기에 가까워짐에 따라 배리어 시프트가 커지는 배리어 테이블을 사용해야 한다는 것을 의미한다. 그 이유는 주식 가격이 바로 배리어 근처에 있다면, 만기까지의 잔존기간이 짧아질수록 Down & In Put이 행사될 시간이 점점 줄어들기 때문에 절대 델타값이 커지기 때문이다. 이는 배리어가 모 아니면 도(all or nothing)가 되어가며 디지털 옵션의 특징을 따라가기 시작한다는 것을 의미한다. 그러므로 배리어 근처에서의 Down & In Put의 가치변화가 잔존기간의 감소에 따라 커진다. 잔존기간이 짧아질수록 배리어를 터치함에 따른 가치 변화가 증가하므로 만기까지의 잔존기간이 짧아질수록 절대 델타는 커진다(그림 10.2 참조) 이러한 사실들은 **만기까지의 잔존기간이 짧을수록 Down & In Put에 대해 트레이더가 적용해야 할 배리어 시프트가 커진다는 것을 의미한다.**

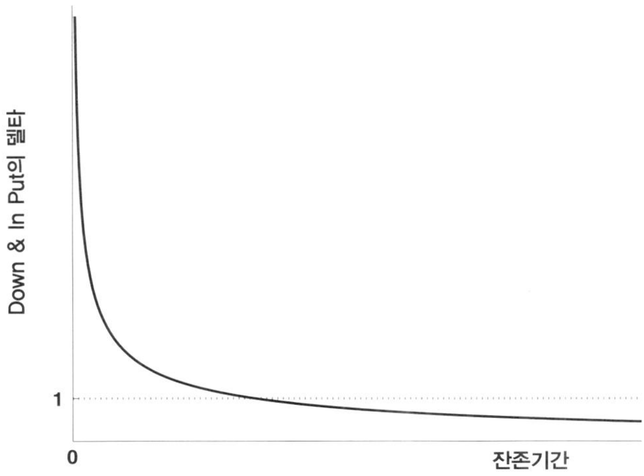

그림 10.2 • 주가가 배리어 수준보다 조금 위에 있는 상태에서의 만기까지 잔존기간에 따른 Down & In Put의 델타

10.4 배리어 시프트에 따른 델타의 영향

배리어 시프트의 주 목적은 배리어 근처에서의 그릭스를 관리하기 위함이지만(감마와 델타는 배리어 시프트가 없으면 커진다) 또한 배리어에서 먼 지점에서의 델타에도 영향을 끼친다는 사실을 알아야 한다. 예를 들어, Down & In Put 매수에 대한 큰 배리어 시프트는 절대 델타값을 줄이므로, Down & In Put의 델타를 헤지하기 위해 보유하고 있어야 하는 주식의 수도 줄어든다. 이는 배리어 시프트가 또한 델타의 관점을 표현하기 위해 사용될 수도 있음을 의미한다. 여러분이 기초자산이 오를 것이라고 전망한다면, 작은 배리어 시프트를 선택해야 하고, 그러므로 Down & In Put에 대한 더 큰 델타(즉 더 많은 주식)를 운영하게 된다. 반대로 기초자산의 가격이 떨어질 것이라고 전망한다면, 배리어 시프트를 늘려야 하며, 이에 따라 Down & In Put 매수 포지션에 대한 헤지로 더 작은 델타(즉 더 적은 주식)를 보유하게 된다.

10.5 Down & In Put 매수 중 배리어 터치 후에도 주식을 매수하는 상황

Down & In Put을 매수하고 있는 트레이더가 주식가격이 배리어 수준으로 가더라도, 주식을 파는 게 아니라, 오히려 사야 하는 특별한 경우가 있다. 이런 상황은 주식가격이 여전히 배리어 수준으로부터 멀리 있어서 어떠한 초과 델타도 쌓여 있지 않았다가, 갭하락으로 인해 주식가격이 배리어 수준을 터치하는 경우다. 이런 경우에 절대 델타값은 실제로 배리어 터치로 인해 증가하게 된다.

10.6 Up & Out Call 옵션

Up & Out Call은 기초자산이 옵션의 만기 이전에 정해진 상방 배리어를 터치할 경우에 콜옵션이 사라지는 옵션이다. Up & Out Call은 명백하게 정규 콜옵션보다 싸다. 그러므로 주식에 대해 낙관적으로 보지만 옵션의 만기까지 특정 수준보다 올라가지는 않을 것이라고 믿는 투자자에게 유리하다.

1년 만기의 100/120% BMW Up & Out Call 옵션을 매도한 트레이더가 있다고 하자. 이는 BMW의 주식가격이 한 번이라도 최초기준가격의 120% 이상으로 상승한 적이 있으면, 콜옵션이 사라진다는 것을 의미한다. 이 경우 Up & Out Call 옵션은 배리어를 터치하면서 엄청나게 가치가 하락한다. 20% ITM인 옵션이 무(無)가 되기 때문이다. 이 Up & Out Call의 매도 포지션을 취하고 있는 트레이더는 BMW 주식가격이 120% 배리어에 다가갈수록 이 옵션에 대한 그의 델타가 헤지되도록 주식을 매도해야 한다.

정규 콜옵션 매도 포지션이 주식을 매수하는 것에 의해 헤지된다는 것을 생각하자. Up & Out Call의 초기에는 델타가 여기에 해당되지만, 주가가 상방 배리어 수준에 다가갈수록 델타 헤지를 위해 트레이더가 주식을 매도하기 시작해야 할 변곡점이 있다. 그러나 Up & Out Call이 녹아웃(knock-out)[37]되면, 트레이더는 주식들을 다시 매수해야 한다. 왜냐하면 더 이상 무(無)에 대한 헤지를 위해 주식을 매도한 상태로 있을 수 없기 때문이다. Down & In Put 매수 포지션과 달리 트레이더는 Up & Out Call 매도 포지션을 위해 배리어를 위쪽으로 시프트시킬 필요가 있다. 그러나 시프트의 방향과 별도로 배리어 시프트의 폭에 영향을 주는 요인들은 Down & In Put 매수 포지션이나 Up & Out Call 매도 포지션이나 똑같다. 이런 영향 요소들은 10.3절에서 설명된 바 있다.

37) 역주: knock-out은 말 그대로 노크하면 사라진다는 뜻이다. 반대로 knock-in은 노크하면 생긴다는 말이다. 둘 다 배리어를 터치하는 경우를 두고 쓰는 용어다. 즉, knock-out되면 옵션이 소멸되고, knock-in되면 옵션이 생성된다.

10.7 리베이트가 있는 Up & Out Call 옵션

1년 만기의 100/120% Up & Out Call 옵션에다 이 옵션이 녹아웃될 때 10%의 리베이트(rebate)를 지급하는 조건이 추가된 옵션을 매도한 트레이더를 가정하자. 이 역시 몬테카를로 과정을 통해 가격을 산출해볼 수 있다. 좀 더 흥미로운 질문은 어떻게 이 리베이트가 배리어 시프트에 영향을 주느냐 하는 것이다. 리베이트 때문에 120% 배리어수준이 터치될 때, Up & Out Call은 20%의 내재가치를 가진 옵션에서 10%의 가치로 변한다. 그러므로 배리어 근처에서의 가치 변화는 리베이트가 없을 때보다 적다. 즉, 리베이트가 있을 때 Up & Out Call 가격의 불연속성이 리베이트가 없을 때보다 적다는 것이다. 이는 트레이더가 주식가격이 배리어 근처에 다가갈 때 더 적은 주식을 매도하고 배리어가 터치되었을 때에도 적은 주식을 재매입해도 된다는 것을 의미한다. 이런 이유로 배리어 시프트는 리베이트가 있을 때 더 작을 수 있다.

10.8 Up & Out Call의 베가 노출

Up & Out Call의 매수포지션이 반드시 롱 베가를 의미하는 것은 아니다. 사실, Up & Out Call 포지션이 숏 베가가 되는 경우가 더 많다. 이는 기초자산의 내재변동성이 올라간다면, Up & Out Call의 가치가 실제로는 떨어진다는 것을 의미한다. 그 이유는 더 높은 내재변동성이 녹아웃이 될 가능성(즉, 만기에 무언가를 받을 확률이 적어지는)을 더 높이기 때문이다. Up & Out Call이 항상 숏 베가인 것은 아니다. 배리어 수준이 매우 높은 경우라면, Up & Out Call이 녹아웃될 가능성이 낮아지고, 이에 따라 높은 내재변동성이 콜옵션 부분에 주는 영향이 녹아웃될 가능성에 주는 영향보다 크다. 그러므로 Up & Out Call은 배리어수준이 매우 높을 때에는 롱 베가이고, 낮은 배리어에 대해선 숏 베가이다.

10.9 Up & Out Put 옵션

배리어 시프트를 할 필요가 없는 배리어 옵션들도 있다. 예를 들어, Up & Out Put을 매수한 트레이더는 배리어 시프트를 할 필요가 없다. Up & Out Put 매수 포지션에 대한 델타 헤지는 항상 주식 매수 포지션이다. 이는 트레이더가 배리어를 넘어서면 주식을 매도할 필요가 있다는 것을 의미한다. 그러나 그가 배리어보다 1센트 밑에서 팔 수도 있기 때문에 최악의 경우 주식의 수당 1센트를 잃는 것이 된다. 그렇기 때문에 트레이더는 굳이 배리어 시프트를 할 필요가 없다.

10.10 배리어 패리티

녹인(knock-in)과 녹아웃 모두 설명하였으니 배리어 패리티(barrier parity)를 설명할 시간이다. 배리어 패리티는 똑같은 배리어를 가진 녹아웃 옵션과 녹인 옵션을 합한 것이 정규 유럽형 옵션에 따라 똑같은 수익구조를 가진다는 것을 설명한다. 수학적으로는 다음과 같다.

$$\text{KO-Call} + \text{KI-Call} = \text{European Call} \quad (10.1)$$

$$\text{KO-Put} + \text{KI-Put} = \text{European Put} \quad (10.2)$$

예를 들어, 100/70% Down & Out Put과 100/70% Down & In Put을 합해보자. Down & Out Put은 100% 행사가인 풋이 70% 밑으로 하락하면 없어진다는 것을 의미한다. 그러나 Down & In Put은 새로운 100% 행사가의 풋이 같은 순간 생기게 된다. 결국 두 옵션의 합은 정규 유럽형 풋옵션이다.

10.11 만기에만 유효한 배리어

이전 절들은 옵션의 만기까지 연속적으로 배리어가 살아있는 배리어 옵션에 대해서 논의를 했다. 그러나 어떤 배리어 옵션들은 만기나 특정일에만 배리어가 유효한 것들도 있다. 이런 옵션들은 역시 몬테카를로 과정으로 가격산출이 가능하다. 만기에만 배리어 조건이 유효한 배리어 옵션은 또한 유럽형 옵션의 조합으로도 가격산출을 할 수 있다.

1년 만기의 100/70% Down & In Put 옵션을 매수한 트레이더가 있다고 하자. 그리고 이 Down & In Put의 배리어는 만기에만 녹인될 수 있다. 이 옵션은 언제든지 배리어 터치를 하면 녹인되는 Down & In Put 옵션에 비해 가치가 떨어진다. 만기에만 유효한 배리어를 가진 Down & In Put 옵션의 가격을 내는 방법은 다음과 같다.[38]

- 트레이더가 1년 만기의 70% 유럽형 풋옵션 10배를 매수한다.
- 트레이더가 1년 만기의 67% 유럽형 풋옵션 10배를 매도한다.
- 트레이더가 1년 만기의 70% 유럽형 풋옵션 1개를 매수한다.

트레이더가 70% 풋 10배를 매수하고 67% 풋 10배를 매도했다는 사실은 초과 헤지를 했다는 것이고, 따라서 만기에만 유효한 100/70% Down & In Put의 수익구조를 보수적으로 복제한 것이다. 3% 너비의 풋스프레드는 배리어 시프트로 볼 수 있다. 만기에만 유효한 Down & In Put의 만기 수익구조는 유럽형 풋의 조합을 통해 복제된 수익구조는 그림 10.3과 같다. 그림 10.3은 기어링 풋스프레드와 70% 풋의 합이 낮은 측정이고 결과적으로 만기에만 유효한 100/70% Down & In Put에 대해 보수적인(낮은) 가격이 된다. 풋스프레드의 구간이 좁혀질수록 이 옵션에 대한 보다 정확한 가격에 수렴해갈 것이다. 풋스프레드의 기어링은 풋스프레드의 너비와 행사가격과 배리어 수준의 차이에 좌우된다. 기어링은 행사가격/배리어 차이를 풋스프레드의 너비로 나눠줌으로써 구할 수 있다. 다시 말해 여러분이 만기에만 유효한 100/70% Down & In Put을 70% 풋과 2% 기어링 풋스프레드(즉, 70/68% 풋스프레드)로 복제하길 원한다면, 풋스프레드의 기어링은 15(= 30/2)가 된다.

---

38) 역주: 10배의 기어링은 100/70% Down & in put이 만기에 행사되는 순간 30%의 수익률이 생기기 때문에 필요한 것이다. 즉, 10배의 기어링은 30/3 = 10으로 구해진 것이다. 여러분이 만기의 수익구조를 실제 계산해보면, 금방 이해할 수 있을 것이다.

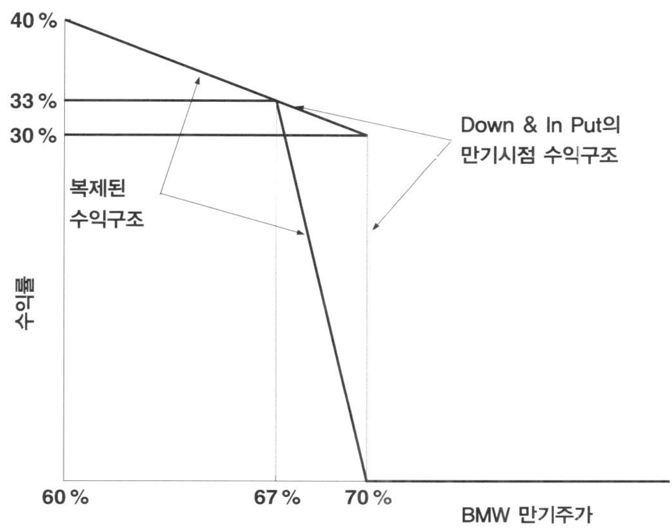

그림 10.3 • 만기에만 녹인이 유효한 Down & In Put의 수익구조와 10배 기어링의 70/67% 풋스프레드와 70% 풋 한 개 매수로 복제된 수익구조

10.12 스큐와 배리어 옵션

배리어 옵션들은 큰 스큐 노출이 있는 편이다. 다행스럽게도 배리어 옵션이 롱 스큐인지 숏 스큐인지를 확인하는 것은 쉽다. 여러분은 녹인 배리어를 그 배리어에서 옵션 매수 포지션이 되는 것과 비교해볼 수 있고, 녹아웃 배리어를 그 배리어에서 옵션 매도 포지션이 되는 것과 비교해볼 수 있다. 이는 Down & In Put을 매수한 사람의 리스크 구조가 녹인 수준에서 옵션 매수가 되는 것과 비교될 수 있다는 것을 의미한다. 하방 옵션인 까닭에 Down & In Put 옵션의 매수자는 롱 스큐이다. Down & In Put의 매수자가 롱 스큐라는 것을 보기 위한 다른 방법은 스큐가 올라가면 주가가 떨어질 때 변동성이 커지므로 Down & In Put이 녹인될 가능성이 커진다는 것이다. 결과적으로 Down & In Put의 변동성은 더 커진다. Up & Out Call의 숏 포지션을 가진 트레이더는 숏 스큐이다. 그의

포지션을 콜스프레드와 비교해봄으로써 이를 알 수 있는데, Up & Out Call과 같은 행사가격을 가진 콜을 매도하고 Up & Out Call의 배리어와 일치하는 행사가격을 가진 콜을 매수하는 포지션이다. 그가 숏 스큐라는 것을 확인하는 다른 방법은 스큐가 평평해질수록(즉 스큐가 하락할 때) Up & Out Call의 가격변화를 관찰하는 것이다. 만약 스큐가 평평해지면 상방의 내재변동성이 올라가고, Up & Out Call이 녹아웃될 가능성이 커진다. 이는 Up & Out Call의 가치를 떨어뜨린다. Up & Out Call의 숏 포지션인 트레이더는 스큐가 평평해짐에 따라 돈을 벌 수 있게 되고, 즉 숏 스큐인 셈이다. 표 10.2는 스큐 노출과 관련된 각각의 배리어 옵션 포지션을 보여주고 있다.

10.13 더블 배리어

싱글 배리어와 별도로 더블 배리어(double barrier)라고 불리는 또 다른 대중적인 배리어 옵션들이 있다. 그러나 더블 배리어 옵션에 대해서도 배리어 시프트의 폭과 방향을 결정하기 위한 각각의 배리어들을 개별적으로 고려해야 한다. 더블 배리어 옵션은 일반적으로 달성하고자 하는 특유의 수익구조를 위해 구조화된 상품에 쓰인다. 더블 배리어 옵션의 예시와 구조화상품에의 적용이 25장에서 다뤄지지만, 여기에서 더블 배리어 옵션의 두 가지 주요한 유형을 논의하는 것이 중요할 것 같다. 배리

표 10.2 • 배리어 옵션의 스큐 포지션

배리어 옵션의 포지션	배리어 옵션의 스큐 노출	배리어 시프트의 방향
롱 Down & ln put	롱 스큐	아래쪽
롱 Up & Out put	롱 스큐	필요없음
롱 Up & ln call	숏 스큐	위쪽
롱 Down & Out call	숏 스큐	필요없음
숏 Up & Out call	숏 스큐	위쪽

어 옵션의 다른 유형을 살펴보기 전에, 모든 배리어 옵션의 가격 산출이 몬테카를로 과정을 따른다는 것을 다시 한번 강조하고 싶다. 트레이더의 관점에서 배리어 옵션의 가장 흥미로운 요소는 배리어 시프트의 폭과 방향을 결정하는 것이다.

더블 배리어 옵션의 첫 번째 유형은 첫 번째, 두 번째 배리어의 촉발 사이의 의존성으로 특징지을 수 있다. 즉, 두 번째 배리어는 오로지 첫 번째 배리어가 터치된 다음에 촉발될 수 있다. 몬테카를로 모델링이 내장 조건으로 인해 살짝 더 복잡하지만, 리스크 관점에서는 배리어가 완전히 독립적인 것보다는 사실상 더 투명하다고 하겠다. 게다가 여러분은 명확하게 조건들을 알고 있고, 그에 따라 옵션은 배리어가 촉발될 수 있는 조건 하에서 특징지어진다. 여러분은 각각의 배리어에 대해 요구되는 배리어 시프트를 보다 쉽게 정할 수 있다. 다음의 예를 생각해보자. 90%에 녹인되고, 120%에 녹아웃이 되는 100% 콜을 매도한 트레이더가 있다. 그러나 이 옵션은 90% 수준을 먼저 터치한 후에야 녹아웃이 가능하다. 이 더블 배리어에 대해 각 배리어 시프트의 방향에 대해 결정하는 것은 상대적으로 쉽다. 120% 배리어가 90% 배리어에 의존하므로, 여러분은 먼저 90% 배리어에 대한 시프트에 초점을 맞춰야 한다. 트레이더가 더블 배리어 콜옵션에 대해 매도 포지션이기 때문에, 더블 배리어 콜옵션의 가치는 90% 수준이 터치될 때 증가한다. 따라서 트레이더는 90% 배리어를 아래쪽으로 시프트시키고 싶을 것이다. 120% 배리어에 대해 요구되는 시프트를 결정하기 위해 이 더블 배리어가 이미 콜옵션(즉 90% 배리어를 터치했다는)이 된 후에 120% 배리어가 의미 있다는 것을 알아야 한다. 그러므로 120% 배리어에 대한 시프트를 결정하기 위해 여러분은 기본적으로 100/120% Up & Out Call의 시프트를 결정해야 한다. Up & Out Call 매도에 대해 요구되는 배리어 시프트는 위쪽 방향이다. 게다가, 옵션은 ITM 콜옵션에서 아무것도 아닌 콜옵션이 되므로 가치 면에서 확연하게 떨어진다. 트레이더는 주식을 매도함으로써 헤지하게 될 것인데, 배리어가 터치되면 그는 주식을 되사야 한다. 주식들을 재매입하기 위한 쿠션을 줘야 하므로, 120%에 대해 상방으로 배리어 시프트를 하고 싶을 것이다.

더블 배리어 옵션의 두 번째 유형은 두 배리어들이 각각 독립적으로 촉발될 수 있는 경우다. 달리 말하면, 특정 배리어 수준이 터치되었을 때 그 배리어는 다른 배리어가 터치되었느냐와 무관하게 유효하다. 이런 더블 배리어옵션의 유형은 몬테카를로 과정으로서는 쉬운 모델이다. 그러나 리스크의 관점에서는 사실 투명성이 떨어진다. 그 이유는 각각의 배리어들이 터치되었을 때 옵션의 특징이 불명확한 그림이기 때문이다. 이는 120% 배리어가 90% 배리어가 터치되었느냐와 무관하게 촉발될 수 있다는 차이와 위의 예를 고려해봄으로써 명확해진다. 이 더블배리어 옵션은 콜옵션이 실제로 되기 이전에 이미 녹아웃이 될 수 있기 때문에, 위의 예시에서의 조건부보다 가치가 없다. 또한 90% 배리어가 터치되기 전에 120%를 터치한다면, 120%에 대한 배리어 시프트가 더 작을 수도 있다. 그러나 만약 90% 배리어가 먼저 터치된다면, 여러분은 정규 Up & Out Call로써 같은 배리어 시프트를 원할 것이다. 그러므로 무조건부 더블 배리어는 정확한 배리어 시프트와는 거리가 멀어진다. 그럼에도 불구하고, 조건부 더블 배리어와 같은 배리어 시프트를 함으로써 트레이더는 무조건부 더블 배리어를 보수적으로 가격 산출하는 것이 일반적이다.

chapter 11

선도시작옵션

Exotic Options Trading

선도시작옵션(forward starting option)은 선도시작일에야 비로소 성립되는 옵션이다. 이는 이 옵션의 행사가격이 선도시작일의 주가에 의존한다는 것을 의미한다. 선도시작옵션의 가격은 같은 조건을 가지는 정규옵션들을 토대로 산출할 수 있다. 이 선도시작옵션을 정확하게 가격 산출하기 위해서 여러분은 몬테카를로 과정을 사용해야 한다. 확률적 변수 투입요소들이 정확하고, 충분히 많은 경로들을 생성했다고 가정하면, 선도시작옵션의 정확한 가격을 구할 수 있을 것이다. 다시 말해, 여러분이 몬테카를로 과정을 위해 정확한 확률변수들을 어떻게 투입해야 하는지를 이해하게 되면, 선도시작옵션의 가격 산출이 쉽다는 것이다. 이것이 정확히 이 장에서 초점을 두고 있는 점이다. 또 이 장에서는 스큐가 선도시작옵션의 가격을 산출할 때 가장 조심스럽게 다가가야 할 변수라는 것을 보여줄 것이다.

11.1 선도시작옵션과 정규옵션들의 비교

BMW를 기초자산으로 하는 행사가격 100%의 선도시작 풋옵션을 고려해보자. 한 달 뒤에 시작하고 그 뒤 1년의 만기를 가진다. 이 선도시작옵션이 한 달 뒤에 100%의 행사가격을 가지고 있다는 사실은 선도시작옵션의 행사가격이 그 날의 주가로 정해져 있다는 것을 말한다. BMW 주식이 40유로에 거래되고 있다고 가정하자. 여러분은 1년짜리 ATM BMW 풋의 가격산출을 통해 이 선도시작옵션의 가격을 추정할 수 있다. 이 가격은 100% 행사가격에 한 달 뒤가 선도시작일인 1년 만기를 갖는 선도시작옵션의 가격과 거의 비슷할 것이다. 선도시작옵션의 매수자가 한 달만 옵션을 가지고 있고, 그에 대한 프리미엄을 미리 지급해야 한다는 사실 때문에 약간의 가격 차이가 날 뿐이다. 이는 여러분이 한 달 뒤에 시작하는 선도시작옵션을 얻기 위해 1년 만기 옵션의 가격을 한 달 할인해야 한다는 것을 의미한다. 이런 이자율 차이와는 별도로 두 개의 다른 잠재적인 함정이 선도시작옵션을 동등한 정규옵션으로부터 가격 산출을 유도하는 데 도사리고 있다. **첫 번째** 함정은 1년 뒤가 아니라 선도시작일 이전의 한 달 내에 배당이 있을 수 있다는 것이다. 이는 선도시작옵션이 정규옵션보다 한 번의 배당이 적을 수 있다는 것을 뜻한다. 그러므로 정규옵션으로부터 선도시작옵션의 가격을 유도하기 위해 여러분은 선도시작일까지 한 달 내에 발생하는 배당이 없이 정규옵션을 가격 산출해야 한다. 그렇지 않으면, 선도시작옵션의 가격은 약간 과대평가될 것이다. **두 번째** 함정은 한 달 뒤의 행사가격 수준에 달려있는데, 여러분이 선도시작옵션의 가격을 산출하기 위해 사용하는 내재변동성이 정확하지 않을 수도 있다는 것이다. 게다가, 낮은 행사가격이 더 높은 내재변동성을 가진다는 것을 5장에서 본 바 있다. 이는 BMW 주식가격이 한 달 뒤에 하락해 있으면, 동등한 정규옵션을 통해 선도시작옵션의 가격을 유도하기 위해 더 높은 내재변동성을 가지고 정규옵션의 가격을 산출해야 한다는 것을 의미한다. 그러나 주식가격이 그 한 달 동안 올랐다면, 정규옵션은 정확한 가격을 유도하기 위해 더 낮은 내재변동성으로 가격 산출했어야 한다. 스큐의 문제는 여러분이 선도시작옵션을 매수했을 때, 롱 델타에 의해 풀 수 있고, 여러분이 선도시작옵션 매도일 때에는 숏 델타에 의해 풀 수 있다. 다음 절에서는 선도시작옵션에 대한 선도시작일까지 어떻게 스큐를 헤지하는지를 보겠다. 마지막 절에서는 선도시작옵션의 가격에 강하게 영향을 주는 스큐의 기간구조에 대해 다루겠다.

11.2 선도시작옵션의 스큐 델타 헤지

앞 절에서 선도시작옵션의 가격이 선도시작일 기초자산의 가격에 달려있고, 행사가격은 오로지 선도시작일에 알 수 있으며, 이것이 옵션의 내재변동성을 결정한다는 것을 봤다. 내재변동성은 선도시작옵션의 가격을 산출하는 데 있어 항상 미지수이다. 트레이더가 몬테카를로 과정을 통해 선도시작옵션의 가격을 내거나, 동등한 정규옵션으로부터 유도해내거나, 그는 항상 현재의 주식가격을 선도시작옵션의 내재변동성을 위한 참조로 사용한다. 이는 만약 트레이더가 선도시작옵션을 매수한다면, 주가가 올라갈 때 돈을 잃고, 선도시작옵션을 매도한다면, 주가가 하락할 때 돈을 잃는다는 것을 의미한다. 트레이더는 기초자산 주식을 매수하거나 매도함으로써 이 노출을 헤지할 수 있다. 다음의 예는 실전에서 어떻게 되는지를 보여준다.

BMW에 대해 100% 행사가격을 가진 선도시작 풋옵션을 고려해보자. 행사가격은 한 달 뒤에 정해지고, 그 뒤 1년의 만기를 갖는다. BMW가 40유로에 거래되고 있고, ATM 내재변동성이 20%라고 가정하자. 이 선도시작옵션의 베가가 0.30%이고 트레이더가 이 선도시작 풋옵션을 1백만 개 매수했다고 가정하자. 또한 스큐 효과로 인해 ATM 내재변동성은 BMW 주가가 1%(0.40유로) 올라갈 때 0.15% 하락한다. 트레이더가 할 수 있는, 한 달에 대한 ATM 내재변동성의 최적의 추정은 현재의 20% 내재변동성이다. 트레이더는 BMW의 주가의 상승에 자신을 노출시키게 된다. 다행스럽게도 트레이더는 주식을 매수함으로써 주가에 대한 민감도를 쉽게 헤지할 수 있다. 트레이더가 매수해야 하는 주식의 수는 다음과 같이 계산할 수 있다. BMW 주가가 매 0.4유로씩 올라갈 때, 트레이더는 (1백만 × 40유로 × 0.30% × 0.15%), 주가가 0.4유로씩 올라갈 때마다 180유로를 잃는다. 이는 BMW 주식을 450주(= 180/0.4) 매수함으로써 헤지할 수 있다.

11.3 선도시작옵션과 스큐의 기간구조

스큐의 기간구조가 선도시작옵션의 가격에 강하게 영향을 준다는 것을 인지해야 한다. 오랜 기간에 걸쳐 많은 투자은행들이 이 점을 간과하였고, 그로 인해 그들은 큰 손실을 입었다. 다음의 예는 선도시작옵션의 가격을 내는 데 있어 스큐의 기간구조의 리스크를 명확하게 보여준다.

2년 후에 선도시작하는 BMW 3년 만기 70% 풋옵션을 매도한 트레이더가 있다고 하자. 만약 이 트레이더가 무작정 이 옵션을 그의 내재변동성곡선을 이용해 가격을 산출한다면, 그는 변동성 서피스(surface)에서 3년째 지점을 보게 될 것이고, 이 지점은 1년 만기에 대한 스큐보다 훨씬 낮은 스큐를 갖고 있을 것이다. 그러나 2년 뒤에 선도시작하는 3년 만기 옵션은 사실상 1년짜리 옵션이다. 그러므로 1년 만기의 스큐로 가격을 산출해야 한다. 보다 직관적으로 이해할 수 있게끔, 3년짜리 ATM 내재변동성이 24라고 가정하고, 1년짜리 스큐가 행사가격이 10% 변할 때마다 1.5%이고, 3년짜리 스큐가 10%당 0.5%라고 가정하자. 변동성 서피스만 보면 2년 뒤에 시작하고 행사가격이 70%인 3년 만기 선도시작 풋의 내재변동성이 25.5%인 것처럼 보인다. 이 옵션은 2년 뒤에 선도시작하는 까닭에 70% 풋은 1년짜리 스큐를 사용한 내재변동성으로 가격을 산출해야 한다. 1년짜리 스큐를 반영한 내재변동성은 28.5%이다. 다시 말해, 선도시작옵션의 가격을 산출하기 위해 여러분이 사용해야 하는 내재변동성은 선도시작옵션 만기시점의 ATM[39]내재변동성으로부터 유도된다. 낮은 행사가격의 경우에 여러분은 선도시작옵션의 실제 기간의 만기, 즉 만기와 선도시작일 사이의 기간에 대해 규정된 스큐로 변동성을 조정해야 한다.

11.4 분석적으로는 숏 스큐 하지만 역학적으로는 스큐 노출이 없다

선도시작옵션의 역설은 BMW에 대한 70% 풋에 대한 매도 포지션(선도시작이 2년 뒤, 만기 3년인)이 분석적으로는 숏 스큐이지만 선도시작 구간 동안 역학적으로는 아무런 스큐 노출이 없다는 것에 있다. 역학적으로 숏 스큐는 주식가격이 하락하면 포지션이 작은 베가를 갖게 되고, 주식가격이 상승하면 포지션이 큰 베가를 갖게 된다는 것을 의미한다.

39) 여러분은 ATM 선도의 변동성으로부터 유도해야 한다. 이는 현재의 ATM 수준보다는 선도 수준에서의 내재변동성이다.

BMW의 정규 3년 만기 70% 풋옵션의 숏 포지션은 역학적으로 숏 스큐이다. 이는 이 포지션이 주식가격의 하락에 대해 숏 베가를 갖기 때문이다. 반면, 선도시작옵션의 경우에는 주가가 하락하게 되면, 행사가격 역시 하락하게 됨으로써 역학적으로는 숏 스큐가 아니기 때문이다. 정규 하향 옵션의 매도에서 주가의 하락은 주가가 행사가격에 가까워져 간다는 것을 의미하고, 따라서 포지션은 숏 베가가 된다. 선도시작옵션의 매도에 대해서는 주가가 하락하더라도 행사가격에 대한 백분율이 똑같기 때문에 베가 포지션에 아무런 변화도 주지 않는다. 그러나 정규옵션과 선도시작옵션에 대한 매도 포지션은 분석적으로는 숏 스큐이다. 분석적으로 숏 스큐는 만약 스큐가 증가하면(즉, 행사가격 10% 차이에 대한 내재변동성 차이가 증가하면) 포지션에 손실이 발생한다. 다시 말해, 하방옵션의 가치가 상승하고 이에 대한 매도 포지션의 비용이 증가한다. 이는 정규옵션이나 선도시작옵션이나 매도 포지션에 대해선 똑같다.

선도시작옵션이 분석적으로는 숏 스큐이지만 역학적으로는 그렇지 않다는 사실은 선도시작옵션에 대한 노출을 헤지하기가 극단적으로 어렵다는 것을 뜻한다. 이는 여러분이 오로지 분석적으로나 역학적으로나 숏 스큐인 정규옵션을 갖고 헤지할 수 있기 때문이다. 이는 여러분이 행사가격이 70%인 선도시작옵션 매도 포지션에 대해 정규옵션을 매수함으로써 헤지한다면, 여러분이 주식가격이 오를 때 행사가격을 올려야 하고, 주식가격이 떨어질 때 행사가격을 떨어뜨려야 한다. 상황을 더 나쁘게 만드는 것은 11.3절에서 보여준 바와 같이, 3년 만기 70% 선도시작 풋은 2년 뒤 선도시작시점에서 분석적으로는 1년짜리 스큐에 노출되는 것이라는 점이다. 이는 여러분이 1년짜리 70% 풋을 매수함으로써 이 옵션의 숏 포지션을 헤지해야만 한다는 뜻이다. 그러나 시간이 경과됨에 따라, 여러분은 1년짜리 스큐를 헤지하기 위해 선도를 재매입해야 할 필요가 있다. 이는 스큐에 대하여 선도시작옵션을 분석적으로 헤지하기가 매우 어렵다는 것을 의미한다. 먼저, 여러분은 선도시작 기간의 구조와 같은 만기(즉, 만기−선도시작일)를 가진 옵션으로 헤지해야 한다. 또 시간 경과에 따라 만기를 재조정해야 한다. 설상가상으로 여러분은 주식가격이 올라갈 때 행사가격을 올려서 재매입해야 하고, 주식가격이 떨어질 때 행사가격을 낮춰서 재매입해야 한다.

11.5 선도시작옵션의 그릭스

선도시작옵션의 그릭스는 (만기-선도시작일)의 기간에 일치하는 만기를 가진 동등한 옵션과 유사하다. 그러나 델타(스큐 델타를 의미하지는 않는다), 감마와 세타는 선도시작옵션이 실제로 시작되었을 때 생긴다. 베가에 대해선 사례가 아니다. 베가는 선도시작옵션이 시작했든 시작하지 않았든지간에 값을 가진다. 다시 말해, 선도시작옵션이 시작되지 않았다 해도 그것은 이미 내재변동성의 변화에 노출되어 있다. 선도시작옵션의 베가는 (만기-선도시작일)의 만기를 가진 옵션과 유사하다. 주요하게 다른 점은 이 베가를 결정하기 위해 사용되는 변동성의 수준이 실제 선도시작옵션에 관련된 수준이 아니라 선도시작옵션 실제 만기의 내재변동성과 일치한다는 점이다.

chapter 12

래더옵션

Exotic Options Trading

래더옵션(ladder option)[40]은 주가가 어떤 수준만큼 올라갈 경우 수익을 확정하는 동시에 주가의 상방에 대한 추가적인 노출을 원하는 투자자를 위해 디자인된 것이다. 이런 유형은 특히 리테일 투자자들 사이에 인기가 높고, 상방으로의 무제한적인 수익을 주는 동시에 일정 조건을 충족하면 일정 수익이 확정되는 원금보장형 상품으로 구성된다. 다음 절은 래더옵션의 예시이다.

12.1 예시: 래더옵션

BMW 주식을 매수하고 싶지만 주식이 105%나 110% 이상 상승하면 적어도, 5%, 10%를 받을 수 있기를 원하는 투자자가 있다고 하자. 투자자는 BMW 주식의 상방에서 수익을 낼 수 있고, 105% 이상으로 주가가 올라가면 수익이 최소 5% 이상이고, 110% 이상으로 주가가 올라가면 수익이 최소 10% 이상이 되는 구조의 1년 만기 래더옵션을 매수하기로 결정했다. 수학적으로 만기 수익구조는 다음과 같다.

$$C_T^{Ladder} = \max\left[X, \frac{BMW_T - BMW_0}{BMW_0}\right]$$

여기에서

$$X = \begin{cases} 0\,\% & \text{래더옵션의 1년 기간 동안 BMW의 주가가 한 번도 105\%보다 큰 적이 없는 경우} \\ 5\,\% & \text{래더옵션의 1년 기간 동안 BMW의 주가가 한 번이라도 105\%보다 큰 적이 있는 경우} \\ 10\,\% & \text{래더옵션의 1년 기간 동안 BMW의 주가가 한 번이라도 110\%보다 큰 적이 있는 경우} \end{cases}$$

래더옵션의 수익구조는 복잡해보이지만, 리베이트가 있는 배리어 옵션을 이용해 쉽게 가격 산출할 수 있다.

40) 역주: 이 옵션에 사다리(ladder)라는 이름이 붙은 까닭은 사다리를 타고 올라가듯 수익률이 증가하는 것을 의미한다. 또 한번 올라간 수익률은 고정이 된다는 점이 래더옵션의 큰 특징이다.

12.2 래더옵션의 가격 산출

래더옵션은 리베이트가 있는 녹아웃 콜들을 행사가격이 높은 것들의 연속으로 가격을 낼 수 있다. 이때 이어지는 녹아웃 콜의 행사가격은 이전 녹아웃 콜의 배리어 수준과 일치하고 리베이트는 확정되는 수익과 일치한다. 그리고 가장 높은 행사가격의 콜은 녹아웃 수준을 갖지 않는다. 12.1절의 래더옵션은 다음과 같은 옵션들의 세트로 가격을 산출할 수 있다.

- 투자자는 105%에 녹아웃이 되고 리베이트가 5%인 행사가격 100% 콜을 매수한다.
- 투자자는 110%에 녹아웃이 되고 리베이트가 5%인 행사가격 105% 콜을 매수한다.
- 투자자는 녹아웃 조건이 없는 행사가격 110% 콜을 매수한다.

배리어 수준에서 녹아웃콜의 리베이트가 내재가치[41]에 일치하기 때문에 옵션가격의 불연속성은 배리어를 넘어서면서 최소가 된다. 옵션가격의 차이가 배리어 근처에서 매우 작기 때문에, 트레이더는 배리어 시프트를 아주 작게 적용할 필요가 있다. 또 옵션의 기간 동안 옵션의 녹아웃이 발생하는 것과 상관없이 녹아웃 콜에 대해 숏 포지션인 트레이더는 배리어 근처에서 주식을 팔아야 하거나, 기초자산에 대해 아무것도 하지 않아야 한다.[42] 이는 트레이더가 매도해야 할 주식에 대해 배리어에서 1센트 아래로 언제든지 매도주문을 낼 수 있기 때문에, 기본적으로 트레이더의 배리어 리스크가 존재하지 않는다는 것을 의미한다. 즉 트레이더의 최대손실은 매도해야 할 주식당 1센트이다.

---

41) 녹아웃 콜의 시간가치는 배리어에서 가장 작다. 주가의 경로가 거의 주가의 배리어 터치를 예상하고 있기 때문이다.

42) 전체로서의 래더 구조는 트레이더로 하여금 배리어 근처에서 주식을 사게 할지도 모른다. 이는 트레이더가 높은 행사가격 콜로부터 숏 감마가 되기 때문이다. 그러나 이 숏 감마의 리스크는 이미 가격에 반영되어 있고, 그러므로 배리어 시프트를 적용하기 위한 이유가 될 필요는 없다.

chapter 13

룩백옵션

Exotic Options Trading

룩백옵션(lookback option)[43]의 원리는 시간이 지나고 난 뒤에 가장 큰 수익을 투자자에게 주기 위함이다. 룩백은 두 가지 형태를 띤다. 하나는 옵션의 행사가격은 이미 고정되어 있고, 결제가격이 옵션의 기간이 지나고 난 뒤에 결정되는 것이다. 다른 하나는 결제가격은 옵션 만기 시점의 주식가격이고, 행사가격은 완전히 지난 뒤 결정되는 것이다. 즉 다음과 같이, 네 가지 다른 형태의 룩백옵션이 있다.

- **고정 행사가격 콜 룩백(Max lookback, 최대값 룩백)**
  - 행사가격과 옵션의 기간 동안 가장 높았던 주가의 차이를 지급
- **고정 행사가격 풋 룩백(Min lookback, 최소값 룩백)**
  - 행사가격과 옵션의 기간 동안 가장 낮았던 주가의 차이를 지급
- **부정 행사가격 콜 룩백**
  - 만기의 주식가격과 옵션의 기간 동안 가장 낮은 주가의 차이를 지급
- **부정 행사가격 풋 룩백**
  - 만기의 주식가격과 옵션의 기간 동안 가장 높은 주가의 차이를 지급

13.1 고정 행사가격 룩백옵션의 가격 산출과 감마 개요

고정 행사가격 룩백옵션은 전형적으로 몬테카를로 과정을 통해 가격을 산출한다. 고정 행사가격 룩백은 또한 수익이 확정되는 수준이 한 틱(tick) 떨어져 있는 래더옵션으로 가격을 산출할 수 있다. 예를 들어, BMW에 대한 고정 행사가격이 45유로인 콜룩백을 다음과 같이 가격 산출할 수 있다. 여기서 틱의 가치는 1센트이다.

43) 역주: lookback은 뒤를 돌아본다는 뜻으로, 만기나 중간관찰일에서 가서 그 이전의 수익률을 참고한다는 옵션이다.

- 투자자는 45.01유로에 녹아웃되고 리베이트가 0.01유로인 45유로 콜을 매수한다.
- 투자자는 45.02유로에 녹아웃되고 리베이트가 0.01유로인 45.01유로 콜을 매수한다.
- 투자자는 45.03유로에 녹아웃되고 리베이트가 0.01유로인 45.02유로 콜을 매수한다.

⋮

- 투자자는 50유로에 녹아웃되고 리베이트가 0.01유로인 50.01유로 콜을 매수한다.

⋮

한편 룩백 풋옵션은 각각 1센트의 리베이트가 있는 Down & Out Put의 시리즈와 일치하는 래더옵션으로 가격을 산출할 수 있다.

최대값 룩백옵션의 감마는 래더옵션의 관점에서 직관적으로 이해하기 쉽다. 주식이 올라가는 한 룩백옵션에 감마가 있을 것이고, 주식이 떨어지면 감마는 바로 감소할 것이다. 이는 아래쪽의 옵션들이 이미 녹아웃되었고 거기에는 더 이상 감마가 없기 때문이다. 그러므로 최대값 룩백의 감마는 주가가 가장 높은 수준에 있을 때 가장 크고, 주가가 가장 높은 수준에 가장 근접해갈 때 시간이 지날수록 커진다. 최소값 룩백은 정확하게 반대다. 감마는 주가가 가장 낮을 때 가장 크다.

그러므로 최대값 룩백옵션의 감마와 베가 노출은 플레인 바닐라 콜의 시리즈를 매도함으로써 헤지될 수 있다. 최소값 룩백은 플레인 바닐라 풋의 시리즈를 매도함으로써 헤지할 수 있다.

13.2 부정 행사가격 룩백옵션 가격 산출과 리스크

고정 행사가격 룩백과 같이 부정 행사가격 룩백은 항상 몬테카를로 과정으로 가격을 산출할 수 있다. 그러나 고정 행사가격 룩백과는 달리, 녹아웃옵션의 세트로 부정 행사가격 룩백을 복제하는 것은 사실상 불가능하다. 부정 행사가격 룩백콜은 주가가 하락하면 행사가격을 하락한 대로 재설정하는 까닭에 여러분은 이 옵션을 복제하는 가장 근접한 방법이 선도시작옵션의 세트라는 것을 알 수 있을 것이다. 그러나 문제는 이런 선도시작옵션들은 주가가 옵션이 시작된 뒤 이전일의 주가보다 낮을 때에만 행사가 된다는 것이다. 불행하게도, 미래 주가에 의존하는 녹인 조건이 선도시작옵션으로는 포착할 수 없다.[44] 그럼에도 불구하고, 부정 행사가격 룩백옵션의 리스크를 이해하기 위해 선도시작옵션의 조건을 고려해 보는 것은 매우 유용하다. 이는 기본적으로 부정 행사가격 룩백옵션이 주식가격이 하락하는 한 선도시작 리스크에 사실상 노출된다는 것을 의미한다. 부정 행사가격 룩백풋은 주식가격이 올라가는 한 선도시작 리스크에 노출된다. 이는 부정 행사가격의 룩백옵션이 선도시작옵션과 관련된 리스크 등급을 가진다는 것을 의미한다. 이를 좀 더 명확하게 하기 위해 다음의 예를 보자.

1년 만기의 부정 행사가격 콜옵션을 매도한 트레이더가 있다고 하자. 트레이더는 명백하게 숏 스큐이다. 주식가격이 하락하는 한 선도시작옵션이 행사되고 그는 더 큰 숏 베가를 가지게 된다. 더 나아가, 선도시작옵션이 행사되면 ATM 내재변동성보다 더 높은 내재변동성을 가지게 된다. 주식가격이 만약 올라간다면 트레이더는 더 큰 롱 베가를 갖게 될 것이다. 정규 선도시작옵션(11.2절 참고)과 달리, 트레이더는 선도시작옵션의 행사여부에 대해 확신할 수 없기 때문에 룩백옵션에 대해 숏 델타

44) 역주: 부정 행사가격 콜 룩백은 만기의 주가와 만기까지 가장 낮은 주가의 차이를 지급하는 구조이기 때문에, 가장 낮은 주가일 때 선도시작옵션이 시작되어야 하는데 이는 불가능한 일이다. 언제의 주가가 가장 낮은 수준인지를 예측할 수 없기 때문이다.

로 가지 않을 수도 있다. 예를 들어, 주식가격이 한 번도 초기의 주식가격보다 하락하지 않으면 선도시작옵션이 행사되지 않을 것이다. 부정 행사가격 룩백 풋옵션에 대해서는 정확하게 반대이다. 부정 행사가격 룩백 풋옵션을 매도한 트레이더를 고려해보자. 이 경우, 주가가 상승하면 새로운 옵션들이 행사되어 더 큰 숏 베가가 되는 까닭에 트레이더는 롱 스큐이다.

chapter 14

클리켓

Exotic Options Trading

클리켓(cliquets)[45]옵션은 옵션의 행사가격이 잠재적으로 미리 정하여진 기간에 재설정되는 옵션이다. 가장 대중적인 클리켓옵션은 **래칫(*ratchet*)**[46]옵션이다. 래칫옵션은 행사가격의 재설정이 미리 정해진 기간에 따라 발생하고, 동시에 이전 기간의 수익률이 확정되는 것이다. 이 장에서는 래칫옵션의 가격산출과 리스크를 논의할 것이다. 또 그것이 선도시작옵션과 다를 바 없다는 것을 보여줄 것이다.

14.1 래칫옵션

3년 만기의 BMW 100% 래칫 콜옵션이 있다고 하자. 이 옵션은 매년 BMW의 수익률을 확정한다. 다시 말해, 콜의 행사가격이 매년 재설정되고 동시에 그 시점까지의 수익률이 확정된다. BMW의 최초기준가격을 $S_0 = 40$유로, 1년 뒤에 $S_1 = 45$유로, 2년 뒤에 $S_2 = 50$유로, 3년 뒤에 $S_3 = 45$유로라고 가정하자. 이 래칫옵션의 만기 수익구조에 대한 각 연도별 기여도는 아래와 같이 요약할 수 있다.

- 1년째 기여도 $\max[S_1 - S_0, 0] = 5$유로
- 2년째 기여도 $\max[S_2 - S_1, 0] = 5$유로
- 3년째 기여도 $\max[S_3 - S_2, 0] = 0$유로

각 연도별 수익구조 공식은 래칫옵션의 행사가격이 매년 재설정된다는 것을 보여준다. 즉 최초기준가격은 S_0, 1년 뒤 행사가격은 S_1, 2년 뒤 행사가격은 S_2이다. $n + 1$번의 관찰을 하는(n번 재설정하는) $X\%$ 래칫 콜옵션의 만기 수익구조는 아래와 같다.

$$\sum_{i=0}^{n} \max\left[S_{i+1} - \frac{X}{100}S_i, 0\right] \qquad (14.1)$$

45) 역주: Cliquet은 불어로 ratchet과 비슷한 뜻을 가지고 있다.

46) 역주: Ratchet은 한쪽 방향으로만 움직이는 톱니바퀴를 뜻하는데, 수익률이 쌓이는 구조(lock-in)를 의미한다.

여기에서 S_i는 i번째 기간 후의 주가 수준이다. 한편 $X\%$ 래칫 풋옵션의 만기 수익구조는 다음과 같다.

$$\sum_{i=0}^{n} \max\left[\frac{X}{100}S_i - S_{i+1}, 0\right] \tag{14.2}$$

행사가격이 매년 재설정되고 이전 기간의 수익률이 확정되는 까닭에 래칫옵션은 선도시작옵션의 세트로 가격을 산출할 수 있다. 분명 수익이 만기에 결정되기 때문에 각각의 선도시작옵션의 가치는 각 선도시작옵션으로부터 래칫옵션 만기까지의 기간으로 할인을 해야 한다. 다른 말로 BMW 3년 만기 래칫 콜옵션의 가격은 다음의 선도시작옵션들을 합함으로써 구할 수 있다.

1. 1년 만기 ATM 콜옵션, 수익 지급은 2년 늦게 함
2. 선도시작 ATM 콜옵션, 선도시작은 1년 뒤, 만기는 2년 뒤, 그리고 수익 지급은 1년 늦게 함
3. 선도시작 ATM 콜옵션, 선도시작은 2년 뒤, 만기는 3년 뒤

스큐가 없고, BMW가 배당을 지급하지 않는 주식인 완벽한 표준정규분포의 세계에서 100% 래칫 콜옵션의 가격은 다음과 같다.

$$\sum_{i=0}^{2} e^{-r\cdot i}\left[S_0N(d_1) - S_0e^{-r}N(d_2)\right]e^{-(3-(i+1))r} =$$

$$\sum_{i=0}^{2} e^{-2r}\left[S_0N(d_1) - S_0e^{-r}N(d_2)\right] \tag{14.3}$$

여기에서 r은 연환산 기준이다. 즉 시간의 단위는 1년이다. 식 (14.3)은 콜옵션에 대한 블랙-숄즈 공식으로부터 유도된 것이다. 그 공식들은 다음과 같다.

$$c_t = S_tN(d_1) - Ke^{-r(T-t)}N(d_2) \tag{14.4}$$

$$d_1 = \frac{\ln\left(\frac{S_t}{K}\right) + \left(r + \frac{1}{2}\sigma^2\right)(T-t)}{\sigma\sqrt{T-t}} \tag{14.5}$$

$$d_2 = d_1 - \sigma\sqrt{T - t} \qquad (14.6)$$

식 (14.3)에서 $e^{-r \cdot i}$는 선도시작옵션의 가격을 얻기 위해 할인하는 것을 표현한 것이고, $e^{-(3-(i+1))r}$은 늦춰진 수익 지급일의 결과로 할인한 것이다. 또한 식 (14.3)에서 d_1과 d_2는 $T - t$가 1에 수렴해가고, $K = S_0$라 하고 계산한 것이다.

실전에서 스큐는 존재하고 따라서 래칫옵션은 항상 몬테카를로 과정으로 가격을 산출할 것이다.

14.2 래칫옵션의 리스크

래칫옵션이 선도시작옵션의 세트로 가격을 산출할 수 있는 까닭에 관련된 리스크는 선도시작옵션의 리스크와 매우 유사하다. 그러므로 래칫옵션의 주요 리스크는 스큐에서 명백해진다(11장 참조). 수많은 투자은행들이 래칫 콜스프레드를 팔아서 손실이 났다. 투자은행들은, 예를 들어 100/130% 래칫 콜스프레드를 팔았다. 매년 재설정이 되는 $n + 1$년 만기의 100/130% 래칫 콜스프레드의 수익구조는 다음과 같다.

$$\sum_{i=0}^{n} \max\left[\min\left\{S_{i+1} - S_i, 0.3 \cdot S_i\right\}, 0\right] \qquad (14.7)$$

S_i는 i번째 기간 후의 주가 수준이다. 그러나 콜스프레드를 매도했다는 것은 스큐를 매도했다는 뜻인데, 이는 투자은행이 낮은 행사가격을 매도하고 높은 행사가격을 매수하기 때문이다. 여기서 투자은행들은 11장에서 논의된 선도시작옵션에 관련된 모든 이슈들을 고려해야만 했다. 오래 기간 동안 여러 은행들이 이런 선도시작옵션을 특정만기의 스큐를 사용해 가격을 산출해왔다. 그들은 사실 (만기-선도시작일)에 일치하는 기간에 대한 스큐를 사용했어야 했다(11.3절 참조). 그렇게 하지 않았기 때문에 몇몇 투자은행들은 큰 손실을 입었다.

chapter 15

리버스 컨버터블

Exotic Options Trading

리버스 컨버터블(reverse convertible)은 투자자가 채권을 매수하고, 쿠폰을 높이기 위해 ATM 풋옵션을 매도하는 구조이다. 그러므로 리버스 컨버터블의 쿠폰은 일반적인 채권보다 높다. 기술적으로는, 리버스 컨버터블 그 자체로는 그냥 채권과 플레인 바닐라 풋옵션을 합쳐놓은 것이기 때문에 이색옵션이라고 할 수 없다. 그러나 오토콜(autocall)처럼 이색적인 구조를 이해하기 위해서는 먼저 리버스 컨버터블에 대한 충분한 이해가 꼭 필요하다. 게다가 플레인 바닐라 리버스 컨버터블에서 이색적인 리버스 컨버터블로 변형된 많은 구조들이 있다. 예를 들어, 투자자가 채권을 사고 ATM 풋을 매도하는 정규 리버스 컨버터블 대신에, 투자자가 좀 더 보호 받을 수 있는 Down & In Put 매도의 방법도 있다. 마지막으로, 리버스 컨버터블은 리테일에서 매우 인기있는 구조이고, 이색옵션을 이해하고 싶어하는 사람이라면 반드시 이해해야 하는 매우 중요한 구조이다.

15.1 예시: 녹인 리버스 컨버터블

정규 리버스 컨버터블의 매우 인기있는 변형구조는 투자자가 채권을 매수하고 쿠폰을 강화하기 위해 Down & In Put을 매도하는 구조이다. 이 구조를 녹인 풋 리버스 컨버터블이라고 한다. 10.1절에서 Down & In Put의 매도자가 ATM 풋의 매도자보다 추가적인 보호를 받는다는 것을 보았다. 투자자가 추가적인 보호를 받기 때문에 녹인 리버스 컨버터블은 정규 리버스 컨버터블보다는 약간 낮은 쿠폰을 준다. 그럼에도 불구하고, 녹인 리버스 컨버터블은 여전히 정규 채권보다는 높은 쿠폰을 준다. 이는 Down & In Put 매도의 리스크를 취하는 것에 대한 보상이다.

2년 만기 BMW 녹인 리버스 컨버터블이 있다고 하자. 투자자는 이 구조에서 쿠폰을 강화하기 위해 100/80% Down & In Put을 매도한다. 다시 말해, 투자자는 2년 만기 채권을 매수하고 2년 만기 100/80% Down & In Put을 매도한다. 그리고 투자자는 반기 쿠폰을 받는다. 투자자는 100% 가격으로 녹인 리버스 컨버터블을 매수한다. 즉 녹인 리버스 컨버터블은 정규 채권으로써 같은 원칙을 가지는데, 리버스 컨버터블을 매수하는 누구라도 시작 시점에는 원금을 지급한다. 대신 리버스 컨버터블이 살아있는 동안에 투자자는 반기 쿠폰을 받는다. 리버스 컨버터블이 작동하기 위해 Down & In Put의 액면금액과 채권의 액면금액은 같아야 한다. 이는 액면금액을 리버스 컨버터블의 Down & In Put의 행사가격의 수로 나눠줌으로써 알 수 있다. Down & In Put이 녹인되고 만기에 ITM이라면 리버스 컨버터블의 발행자가 Down & In Put을 행사할 수 있다. 발행자는 투자자에게 리버스 컨버터블의 액면금액(채권을 통해 발행자가 투자자에게 빚진)에 일치하는 금액을 지급 받아야 한다. 그러므로 발행자가 Down & In Put을 행사하면, 만기에 현금의 교환은 없다. 이는 또한 리버스 컨버터블이 투자자에게 무위험 구조가 아니라는 것을 보여준다. 예를 들어 BMW가 최초기준가격의 70%에 거래되고 있다면, 리버스컨버터블의 매수자는 그가 투자한 원금의 30% 손실을 입게 된다. 이는 그가 30% 하락한 가격의 주식을 받기 때문이다. 요약하자면, 만기에 세 가지의 다른 수익구조 시나리오가 있다.

100% 현금	녹인 리버스 컨버터블의 2년 동안 BMW 주가가 한 번도 80% 밑으로 하락한 적이 없는 경우
100% 현금	녹인 리버스 컨버터블의 2년 동안 BMW 주가가 한 번이라도 80% 밑으로 하락한 적이 있는지 여부와 상관없이 BMW 만기시점 주가가 100% 이상인 경우
$\frac{\text{액면금액}}{\text{행사가격}}$ 상당의 주식수	녹인 리버스 컨버터블의 2년 동안 BMW 주가가 한 번이라도 80% 밑으로 하락한 적이 있으면서 BMW 만기 시점 주가가 100% 미만인 경우

세 번째 경우에 리버스 컨버터블의 매수자는 손실을 입는다. 그가 투자한 원금을 받는 대신에 그는 $\frac{\text{액면금액}}{\text{행사가격}}$ 상당의 주식수 BMW 주식을 받고, 이는 그가 100% 행사가격으로 매수한 것과 마찬가지이므로 만기시 주

가하락에 따라 가치가 하락해 있는 것이다. 사실상 투자자는 원금에서 BMW 주식가격의 하락폭만큼 손실을 입는다.

15.2 녹인 리버스 컨버터블의 가격 산출

리버스 컨버터블의 가격산출은 일반적으로 여러분이 그만한 가치를 만들 수 있거나 100%에 다시 매도할 수 있는 크폰을 찾아낸다는 것을 의미한다. BMW를 기초자산으로 하는 2년 만기 100/80% 녹인 리버스 컨버터블을 고려해보자. 정규 채권으로부터의 반기 쿠폰이 1.75%이고, 또한 만기까지 이자율이 일정하다고 가정하자. 마지막으로 BMW의 2년 만기 100/77% Down & In Put이 6.7%의 가치가 있다고 가정하자. 발행자는 100/80% Down & In Put의 가격을 산출하기 위해 3%의 배리어 시프트를 시켰다. 이는 10장에서 논의된 바 있다. 이제 100%의 가치가 있는 녹인 리버스 컨버터블을 만드는 반기 쿠폰을 결정하는 것은 쉬운 일이다. 게다가, 채권에서의 반기 쿠폰이 1.75%이기 때문에 소수점 넷째자리로 반기 할인을 하면 아래와 같다.

- 6개월 할인계수는 $\frac{1}{1.0175} = 0.9828$
- 1년 할인계수는 $\frac{1}{(1.0175)^2} = 0.9659$
- 18개월 할인계수는 $\frac{1}{(1.0175)^3} = 0.9493$
- 2년 할인계수는 $\frac{1}{(1.0175)^4} = 0.9330$

BMW 2년 만기 100/80% 녹인 리버스 컨버터블의 반기쿠폰 X는 다음과 같이 계산될 수 있다.

$$0.9828X + 0.9659X + 0.9493X + 0.9330X = 1 - (0.9330 - 0.067)$$
$$\Downarrow$$
$$3.831X = 0.134$$
$$\Downarrow$$
$$X = 0.035$$

즉 3.5%로 반기쿠폰을 지급할 때 BMW 2년 만기 100/80% 녹인 리버스 컨버터블의 가치는 100%가 된다.

15.3 매력적인 쿠폰을 위한 시장조건

리버스 컨버터블의 쿠폰이 가장 매력적으로 보이는 환경을 이해하는 것이 중요하다. 즉 리버스 컨버터블에 대한 가장 큰 수요를 예상할 수 있는 시장조건 말이다. 리버스 컨버터블에 영향을 주는 두 가지 투입요소가 있다. 하나는 풋이나 Down & In Put의 프리미엄이다. 풋이나 Down & In Put의 프리미엄이 높을수록 쿠폰도 높아진다. 풋 프리미엄을 높이는 두 가지 주요조건은 내재변동성과 배당이다. 높은 내재변동성이나 배당은 풋 프리미엄을 높인다. 두 번째 투입요소는 낮은 할인계수이다. 낮은 할인계수가 높은 쿠폰을 만든다. 할인계수는 금리에 대해 역의 관계를 가진다. 그러므로 높은 금리는 높은 쿠폰을 만든다.[47]

요약하자면, 쿠폰의 크기에 영향을 주는 세 가지 요소가 있다.

- 이자율이 높으면 리버스 컨버터블의 쿠폰이 높다.
- 내재변동성이 높으면 리버스 컨버터블의 쿠폰이 높다.
- 배당이 높으면 리버스 컨버터블의 쿠폰이 높다.

15.4 리버스 컨버터블의 헤지

리버스 컨버터블을 헤지하는 것은 두 가지의 헤지를 포함한다. 하나는 변동성 헤지이며, 다른 하나는 이자율 헤지이다. Down & In Put에 대한

47) 높은 금리는 풋프리미엄에 대해서는 제동효과를 가진다. 이는 롱 풋이 주식을 매수하는 것으로 헤지되고, 풋의 매수자에게 재정상 손해를 끼치기 때문이다. 만약 금리가 올라가면, 헤지 비용은 더욱 커지고 매수자는 풋에 대해 지불할 준비가 안 되어 있게 된다. ATM 풋이 1보다 작은 델타를 가지므로, 높은 금리는 풋옵션 부분보다는 채권부분에 더 큰 영향을 준다. 그러므로 높은 금리의 결과는 쿠폰을 좀 더 매력적으로 만든다.

정확한 변동성 헤지는 없다. 그러나 유사한 헤지의 방법은 존재한다. 예를 들어, 2년 만기의 100/80% BMW Down & In Put은 일반적으로 2년 만기 90% 플레인 바닐라 풋으로 헤지가 가능하다. 그 이유는 Down & In Put이 롱 스큐이기 때문이며, 롱 스큐는 여러분이 매수하는 100/80% Down & In Put에 대한 효율적인 내재변동성을 ATM 내재변동성보다 높게 만든다. 효과적인 헤지를 위해 Down & In Put의 매수자는 ATM 내재변동성보다 살짝 높은 내재변동성을 가진 하방 옵션들을 매도해야 한다. Down & In Put의 매수자가 매도해야 하는 2년 만기 90% 풋옵션의 수는 Down & In Put의 베가 리스크에 따라 쉽게 결정될 수 있다. 2년 만기 90% 풋의 수에 따라 이 베가 리스크는 완만해질 것이다.

리버스 컨버터블의 금리 리스크를 헤지하는 것은 오히려 간단하다. 1,000만 유로의 2년 만기 100/80% BMW 리버스 컨버터블의 발행자가 그의 금리 리스크를 헤지하려 한다고 가정해보자. 또 Down & In Put의 델타는 0.4라고 하자. 이는 발행자가 BMW 주식을 400만 유로치 매수해야 함을 의미한다. 그리고 이는 그의 재정상황을 악화시킬 것이다. 1,000만 유로의 채권 매도에 대해 그는 실제로 이자율을 받을 것이므로, 채권 숏과 델타 헤지가 금리 리스크 노출과는 반대의 방향성을 가지게 된다. 다시 말해, 리버스 컨버터블의 발행자는 600만 유로의 변동금리 매수포지션이다. 2년 만기의 리버스 컨버터블이기 때문에, 발행자는 이자율 곡선의 2년 부분에 노출이 될 것이고, 따라서 그는 금리 리스크를 헤지하기 위해 변동금리를 지불하고 600만 유로의 액면금액에 대한 고정금리를 수취하는 2년 만기의 스왑을 맺을 것이다.

*DVO*1(연환산 금리가 매 만기에 대해 1 bp[48]씩 증가하는 수익률곡선에서 1 bp의 변동에 따른 구조의 가격 민감도)은 일반적으로 금리 리스크 측정을 위해 사용된다. 리버스 컨버터블의 발행자가 2년 동안 금리 리스크 롱 포지션이고, 연리 지급을 가정하고 있기 때문에, 1년 만기에

48) 1 bp = $\frac{1}{100}$ of 1 %.

대한 1 bp 증가는 0.9659 bp 수익을 낳고, 2년 만기에 대한 1 bp 증가는 0.9330 bp 수익을 낳는다. 이것은 리버스 컨버터블의 발행가에 대한 $DVO1$이 아래와 같다는 것을 의미한다.

$$€\,6\text{백만} \times \frac{0.9659 + 0.9330}{10\,000} = +€\,1139.34$$

chapter 16

오토콜러블

Exotic Options Trading

오토콜러블(autocallable)은 기초자산의 가격이 특정 수준의 위나 아래에 있을 때에만 쿠폰을 지급하고, 기초자산의 가격이 어느 배리어 수준을 터치하면 자동으로 조기상환되는 구조이다. 이때 배리어 수준은 투자자가 쿠폰을 받을 수 있냐를 결정하는 수준과 같거나 다를 수도 있다. 이 구조화채권이 조기에 상환되는 이유는 기초자산이 특정 수준에 도달했을 때, 투자자가 그의 돈을 조건부 고정 쿠폰을 지급하는 구조화채권에 투자하기보다는 다른 곳에 투자하는 것을 선호할 수 있기 때문이다. 강화된 쿠폰을 얻기 위해 투자자는 전형적으로 옵션을 매도하고, 그 옵션은 구조화채권에 내재되어 있다. 다음 절에서는 오토콜러블 구조화채권의 예를 보여줄 것이다.

16.1 예시: 오토콜러블 리버스 컨버터블

BMW의 가격움직임이 일정 범위에 있을 거라고 전망하는 투자자가 있다고 하자. 이 투자자는 BMW의 주식이 향후 2년 동안 지금 수준에서 90% 밑으로는 하락하지 않을 것이라고 보고, 또 같은 기간 110%까지 상승하지도 않을 것이라고 본다. 만약 그 이상 상승한다면, 그것은 상승장이라는 신호일 것이고, 그땐 주식에 투자하고 싶을 것이다. 오토콜러블은 이런 투자자들에게 완벽한 전략이다. BMW 가격이 현재 수준의 110%에 도달할 때 구조화채권이 조기상환되면서, 투자자가 바로 BMW 주식에 투자할 수 있게 된다. 6개월 뒤에 BMW 주식이 현재 수준의 90% 밑으로 하락해 있지 않는 한, 이 구조화채권은 반기 쿠폰을 지급할 것이다. 마지막으로 투자자는 80% 배리어를 가진 행사가격 100%의 Down & In Put을 매도하는 것으로 그의 쿠폰을 강화하려고 할 것이다. 여기서 이 투자는 BMW가 구조화채권의 2년 만기의 기간 동안 한 번도 20% 이상 하락한 일이 없을 경우에 원금이 보장된다는 것을 의미한다. 이 Down & In Put을 매도함으로써 투자자는 반기쿠폰을 4%로 강화할 수 있을 것이다.

이 투자자가 이 오토콜러블 리버스 컨버터블에 1,000만 유로를 투자했다고 가정하자. 이 구조화채권의 정확한 구조는 다음과 같다.

- **쿠폰**
  - 만약 매 6개월마다의 관찰 시점 i에 $BMW_i > 90\% \cdot BMW_0$ 이면, 투자자는 그 특정 6개월 시점에 4%의 쿠폰을 받게 된다. 즉 40만 유로를 받는다.
  - 만약 매 6개월마다의 관찰시점에 $BMW_i < 90\% \cdot BMW_0$ 이면, 투자자는 그 특정 6개월 시점에 대해서는 아무런 쿠폰도 지급받지 않는다.
- **조기상환**
  - 만약 6개월, 12개월, 18개월 시점의 관찰 시점에 $BMW_i > 110\% \cdot BMW_0$이면, 이 구조화채권은 조기에 상환되고, 투자자는 그의 원금, 즉 1,000만 유로를 돌려받게 된다. 이 조기상환 이후에 투자자는 더 이상 쿠폰을 받을 수 없다.
- **만기상환**
  - BMW의 주식가격이 2년 동안 그 초기 가격의 80% 밑으로 하락한 적이 단 한 번도 없다면, 구조화채권은 100%, 즉 1,000만 유로에 상환된다.
  - BMW의 주식가격이 2년 동안 한 번이라도 그 초기 가격의 80% 밑으로 하락한 적이 있다면, 구조화채권은 아래와 같이 지급한다.

$$100\% - \max\left[\frac{BMW_0 - BMW_T}{BMW_0}, 0\right]$$

이 조건부 오토콜러블 리버스 컨버터블이 제공하는 쿠폰이 15장에서 선보였던 정규 리버스 컨버터블에 비해 높은지 낮은지가 확연하지 않다. 한편으론 위의 오토콜러블의 쿠폰은 조건부이므로 무조건부 쿠폰을 지급하는 정규 리버스 콜러블의 쿠폰보다는 높아야 한다. 그러나 다른 한편으로는 6개월마다의 시점 중 BMW의 주식가격이 100% 위인 경우,

오토콜러블이 조기상환되고, 이 경우 트레이더가 매수한 Down & In Put이 없어진다. 이는 쿠폰을 축소하는 효과를 낳는다. 그러나 두 관점들을 다 살폈을 때, 여러분은 쿠폰이 갖고 있는 조건부의 성격이 잠재적으로 Down & In Put이 사라지는 것으로 인해 쿠폰을 감소시키는 것보다 쿠폰을 증가시키는 쪽으로 주는 영향이 더 크다는 것을 추정할 수 있다.

16.2 오토콜러블의 가격 산출

16.1절에서 논의된 오토콜러블의 가격 산출은 상대적으로 디지털 옵션과 배리어 옵션을 이용하면 쉽다. 결국, 조건부 쿠폰은 6개월짜리 90% 행사가격이고 110%에 녹아웃되며 4%의 쿠폰을 지급하는 디지털 옵션과 다를 바 없다. 조기 상환 특징은 110%에 녹아웃되고 이때 100% 리베이트를 지급하는 가치 없는 옵션에 의해 가격산출할 수 있다. 이 가치 없는 옵션은 흔히 0% 행사가격의 풋으로 처리한다. 배리어들은 오로지 각 6개월마다의 관찰일에만 존재한다. 다시 말해, 배리어들은 그 관찰일에만 유효하다. 그러므로 이 오토콜러블의 전체 구조는 다음과 같이 가격을 산출할 수 있다.

- **쿠폰**
  - 트레이더는 만기가 6개월이면서 녹아웃 조건이 없는 1배 기어링된 (즉 90%에서 4%를 지급하는) 86/90% 유럽형 콜스프레드를 매도한다. 구조화채권이 첫 번째 6개월 관찰일에 녹아웃되면 투자자는 4%의 쿠폰을 받을 것이다.

    리버스 컨버터블과 달리 오토콜러블 리버스 컨버터블의 가격 산출 방법은 매 6개월마다의 관찰일 시점에 현금으로 쿠폰을 실제 지급받는 것을 가정하지는 않는다. 대신 콜스프레드의 가격에 내재되어 있다. 콜스프레드는 매 6개월마다의 관찰일에 BMW의 주식가격이 90% 이상일 때 4% 쿠폰을 주고, 90% 미만일 경우에는 아무것도 지급하지 않는 디지털 옵션을 보수적으로 가격을 산출하는 방법이다.

- 트레이더가 1년 만기의 110%에 녹아웃되는 1배 기어링된 86/90% 유럽형 콜스프레드를 매도한다. 배리어는 오직 첫 번째 6개월 시점에만 유효하고, 이는 이 시점에 녹아웃되는지의 여부를 떠나서 쿠폰이 12개월 시점에 상환되어야 하기 때문이다.
- 트레이더는 1.5년 만기의 110%에 녹아웃되는 1배 기어링된 86/90% 유럽형 콜스프레드를 매도한다. 배리어는 오직 6개월과 12개월 시점에만 유효하다.
- 트레이더는 2년 만기의 110%에 녹아웃되는 1배 기어링된 86/90% 유럽형 콜스프레드를 매도한다. 배리어는 오직 6개월, 12개월 그리고 18개월 시점에만 유효하다. 배리어는 구조화채권이 6,12,18개월에서의 조기상환 조건이므로 24개월 시점에 대해서는 필요가 없다.

- **조기상환**
  - 트레이더는 6개월, 12개월, 18개월에는 110% 배리어가 적용되고 24개월에는 0% 배리어가 적용되는 0% 행사가격의 녹아웃 풋을 매도한다. 녹아웃 풋은 6개월마다의 관찰시점에만 녹아웃될 수 있고, 녹아웃되면 100%의 리베이트를 지급한다. 24개월 관찰일에 대한 배리어는 투자자가 그의 투자금액을 2년 뒤에 회수받을 수 있다는 것을 말한다.

- **Down & In Put을 통한 자금조달**
  - 트레이더는 80%에 녹인되고 110%에 녹아웃되는 100% 행사가격의 풋을 매수한다. 이 옵션이 110%에 녹아웃되는 이유는 Down & In Put이 110%에 녹아웃되는 리버스 컨버터블 오토콜러블 구조화채권의 일부이기 때문이다. 트레이더는 하방 배리어에 대해 배리어 시프트를 해서 가격산출할 것이다. 즉 행사가격이 100%이고 77%에 녹인되는 것으로 가격을 낼 것이다. 80% 하방 배리어가 오토콜러블의 만기까지 매일 유효한 것임을 명심해야 한다. 반면 상방 110% 배리어는 6개월마다의 관찰일에만 유효하다.

매 6개월마다의 관찰일에 대한 110% 배리어를 어느 정도 시프트시킬지 결정할 때, 먼저 서로 다른 디지털 옵션들, 0% 행사가격 풋, Down & In Put이 녹아웃이 될 때 서로 영향을 주고받는다는 것을 이해해야 한다. 이를 알아보는 가장 좋은 방법은 18개월째 관찰일을 바로 앞둔 BMW의 주식가격이 109%에 있다고 가정해보는 것이다. 다시 말해, 오토콜러블 구조화채권은 녹아웃되기 직전이다. 이 경우 이 구조가 녹아웃이 되면 트레이더에게는 유리해진다. 먼저 Down & In Put은 다음 6개월 동안 녹인될 가능성이 매우 적을 것이기 때문이며, 이는 Down & In Put의 가치를 거의 쓸모없는 것으로 만들어버린다. 둘째로, 구조가 18개월째 관찰일에 녹아웃되면 트레이더는 6개월 앞당겨서 100%를 지불해야 한다. 이는 그에게 불리하게 작용한다. 그러나 이는 동시에 그가 네 번째 쿠폰을 지급하지 않아도 된다는 것을 의미하고, 이 점은 트레이더에게 유리한 점이다. 이자율이 고정되어 있다고 가정하면, 쿠폰과 6개월 뒤 100%의 현재가치를 더한 값이 현재의 100%보다 클 것이기 때문에, 녹아웃이 되면 트레이더에게 유리한 것이다. 이는 구조화채권 내에서 Down & In Put을 통한 자금조달의 결과로 쿠폰이 가공되어 높아지기 때문이다. 그러므로, 위의 예는 만약 녹인 풋의 가치가 없어지는 것에 근접해가고, 이자율이 안정적이거나 하락하게 되면 이 구조화채권이 녹아웃되는 것이 트레이더에게 유리하다는 것을 보여준다. 이 경우 트레이더는 분명 위쪽 방향으로 배리어 시프트를 하게 될 것이다. 하지만 여러 경우에 있어서 구조화채권이 조기상환될 경우 트레이더에게 불리한데, 이는 그가 프리미엄을 지불한 Down & In Put이 사라지기 대문이다. 따라서 트레이더는 110% 수준에서 아래쪽으로 배리어를 시프트시킨다.[49]

[49] 역주: 110%보다 아래쪽으로 배리어 시프트를 시키면 구조화 채권의 가격이 비싸지고, 이는 조기상환에 대비해 트레이더가 보수적으로 가격을 산출한다는 뜻이다.

16.3 무조건부 쿠폰의 오토콜러블 가격 산출

오토콜러블의 더 대중적인 형태는 쿠폰이 무조건 지급되면서 여전히 특정수준에서 오토콜되는 오토콜러블이다. 일반적으로 무조건부 쿠폰의 오토콜러블은 오직 이 구조가 녹아웃될 때에만 쿠폰을 지급하고, 녹아웃이 되지 않으면 만기에 쿠폰을 지급하는 구조이다. 오토콜러블이 실제 녹아웃되는 관찰일에만 쿠폰이 지급되기 때문에, 만기 또는 조기상환 시 쿠폰은 정해진 쿠폰에 녹아웃이 발생한 관찰일까지의 일자수를 곱한 값이다. 다음의 예는 무조건부 쿠폰의 오토콜러블을 명확하게 해준다.

16.2절에 있는 오토콜러블의 예시를 보자. 주가수준과 무관하게 쿠폰이 지급된다. 여러분은 이 쿠폰이 6개월에 4%보다 낮을 것이라고 예상할 수 있을 것이다. 또한 정규 리버스 컨버터블의 쿠폰보다 낮을 것이다. 이는 오토콜러블이 110% 배리어를 터치할 때, 트레이더는 Down & In Put을 잃게 되는 리스크를 가지기 때문이다. BMW에 대한 무조건부 오토콜러블의 적정한 반기 쿠폰이 3%라고 가정할 때, 2년 만기 무조건부 오토콜러블의 구조는 다음과 같다.

- **조기상환 + 쿠폰**
  - 트레이더가 6, 12, 18개월 관찰일에 유효한 110% 배리어와 24개월에 유효한 0% 배리어를 가진 0% 행사가격의 녹아웃 풋을 매도한다. 녹아웃 풋은 오로지 관찰일에만 녹아웃될 수 있고 아래의 리베이트를 지급한다.

    1. 6개월째 관찰일의 리베이트는 100% + 1 × 3%, 즉 103%이다.
    2. 12개월째 관찰일의 리베이트는 100% + 2 × 3%, 즉 106%이다.
    3. 18개월째 관찰일의 리베이트는 100% + 3 × 3%, 즉 109%이다.
    4. 24개월째 관찰일의 리베이트는 100% + 4 × 3%, 즉 112%이다.

    24개월째 관찰일에 대한 0% 배리어를 통해 고객은 투자금을 2년 뒤에 회수할 수 있게 된다.

- **Down & In Put을 통한 자금조달**
  - 트레이더는 80%에 녹인되고 110%에 녹아웃되는 100% 행사가격의 풋을 매수한다. 이 옵션이 110%에 녹아웃되는 이유는 Down & In Put이 110%에 녹아웃되는 리버스 컨버터블 오토콜러블 구조화 채권의 일부분이기 때문이다. 트레이더는 하방 배리어에 대해 배리어 시프트를 시켜 가격을 산출할 것이다. 즉 100% 행사가격 풋에 77%에 녹인되는 방식으로 가격을 산출할 것이다. 80% 배리어가 오토콜러블의 만기 이전에 언제든지 녹인될 수 있다는 것을 알아야 한다. 반면에 110% 상방배리어는 오직 6개월마다의 관찰일에만 녹아웃될 수 있다.

16.4 오토콜러블 내의 이자율/주식 상관관계

16.2절에서 오토콜러블을 가격 산출할 때, 이자율/주식 간 상관관계에 대해서는 언급하지 않았다. 그러나 만약 오토콜러블을 정확하게 가격 산출하고 싶다면, 이자율/주식 상관관계는 확실히 짚고 넘어가야 한다. 이를 위해, 완전히 상반된 이자율/주식 상관관계를 고려해보자. 로그 정규의 상관관계가 −1이라고 하자. 이는 분명 오토콜러블의 가격에 영향을 줄 것이다. 게다가, 이 경우에는 이자율이 내려갈 때마다 BMW의 주가가 올라간다. 이는 BMW 주가가 110%에 도달할 때, 이자율은 거래 시작시점보다 낮고, 따라서 이자율이 전혀 움직이지 않았을 때보다는 오토콜러블이 녹아웃될 때 트레이더에게 유리하다는 것을 의미한다.[50] 이런 이유로 트레이더는 그가 이자율/주식 상관관계가 −1이라는 것을 알고 있을 때, 더 높은 쿠폰을 줄 수 있다. 반대로는 이자율/주식 상관관계가 1

50) 이자율이 낮을 때 오토콜러블이 녹아웃되는 것이 트레이더에게 우리한 이유는 트레이더가 오토콜러블을 통해 효율적으로 돈을 빌릴 수 있고, 그에 대한 고정 쿠폰을 지급할 수 있기 때문이다. 구조가 녹아웃되고 이자율이 낮을 때 그는 싸게 재자금조달을 할 수 있다.

일 경우이다.

16.2절에서 오토콜러블을 가격 산출할 때 이자율/주식의 상관관계를 고려하지 않은 이유는 이 상관관계가 측정하기 매우 어렵고, 짧은 만기에 대해서 이 상관관계는 항상 0 근처를 맴돌기 때문이다.[51] 이런 이유로 트레이더는 일반적으로 16.2절의 오토콜러블을 만기까지의 이자율과 주식의 상관관계에 대한 자신의 전망에 의존하여 쿠폰을 높이거나 낮추는 식으로 가격을 산출한다.

51) 장기로 가면 주식과 이자율은 음의 상관관계를 갖는다. 그러나 2년이라는 기간에 대해 주식과 이자율은 매우 긍정적으로 상관관계를 갖고 있을지 모른다. 예를 들어, 경기침체 후 이자율이 높아지는 싸이클의 시작시점에 전형적으로 주식과 이자율이 같이 올라가는 경향이 있다.

chapter 17

콜러블 & 풋터블 리버스 컨버터블

Exotic Options Trading

콜러블 리버스 컨버터블은 사전에 정해진 관찰일에 발행자(매도자)의 선택에 의해 조기상환될 수 있는 구조이다. 이는 발행자가 리버스 컨버터블 매도 포지션을 만기까지 가져갈지 아니면 조기상환 관찰일에 조기상환시킬지 결정할 수 있는 옵션을 보유하고 있다는 의미이다. 발행자가 추가적인 옵션을 갖고 있기 때문에, 이 콜러블 리버스 컨버터블의 매수자는 정규 리버스 컨버터블보다는 높은 쿠폰으로 보상을 받는다. 이런 콜러블 리버스 컨버터블의 가격 산출은 쿠폰이 이 오토콜러블의 배리어 수준에 대해 최적화되는(최대화되는) 무조건부 오토콜러블의 최적화 과정을 통해 볼 수 있다.

풋터블 리버스 컨버터블은 콜러블 리버스 컨버터블의 정반대이다. 발행자가 아닌 매수자가 그가 선택하는 관찰일에 조기상환을 요구할 수 있다. 다시, 풋터블은 오토콜러블의 최적화 과정을 통해서 가격을 산출할 수 있다. 매수자가 그의 투자금에 쿠폰의 일부를 더해 조기상환 받을 수 있다는 사실로 인해 쿠폰의 수준은 약간 낮아진다.

다음 두 절에서는 콜러블과 풋터블 리버스 컨버터블을 좀 더 상세하게 다뤄볼 것이다.

17.1 콜러블 리버스 컨버터블의 가격 산출

BMW를 기초자산으로 하는 2년 만기 콜러블 리버스 컨버터블이 있다고 하자. 이 옵션은 매 6개월 시점의 관찰일에 발행자에 의해서 조기 상환될 수 있다. 리버스 컨버터블의 풋은 쿠폰을 높이기 위한 풋으로 행사가격이 100%이고 80%에 녹인된다. 15장에서 BMW의 정규 리버스 컨버터블의 가격이 100%일 때 3.5%의 반기 쿠폰을 지급한다고 했다. 여기에서 여러분은 콜러블 리버스 컨버터블이 적어도 3.5%의 반기쿠폰을 지급할 것이라고 예상할 수 있다. 이 콜러블 리버스 컨버터블의 반기 쿠폰을 알아보기 위해, 이 구조를 공정가치가 100%이면서 가장 큰 쿠폰을 줄 수 있는 구조로 매 6개월 관찰시점의 배리어 수준이 최적화된 오토콜러블로써 가격을 산출할 수 있다. 16.3절에 따라 3%의 쿠폰을 세 번의 반기관찰일에 지급하는 110%의 배리어 수준으로 시작해보자. 다음으로 여러분은 처음 두 번의 관찰일이 1,000%[52]의 배리어를 갖고, 세 번째 반기관찰일이 104%의 배리어를 가진 오토콜러블을 가격 산출할 수 있을 것이다. 리버스 컨버터블 구조 전체에 대한 공정가치가 100%일 때, 이 리버스 컨버터블 오토콜러블은 3.65%의 쿠폰을 줄 수 있을 것으로 보인다. 이런 과정을 통해 여러분은 이 구조가 조기상환되는 가장 최적의 배리어 수준이 각 반기관찰일에 대하여 다음과 같고, 이 배리어 구조에서 콜러블 리버스 컨버터블이 3.8%의 반기쿠폰을 지급한다는 것을 발견할 것이다.

- 첫 번째 관찰일에 대한 배리어(녹아웃되는)는 120%이다. 이는 만약 첫 번째 관찰일에 BMW의 주가가 최초기준가격의 120% 이상인 경우, 콜러블 리버스 컨버터블의 발행자에게는 이 구조를 조기상환시키고 매수자에게 103.8%를 지급하는 것이 최적임을 의미한다. 발행자가 전체 구조를 상환하고 103.8%를 지급하는 것이 최적인 이유는 Down & In Put의 잔존 가치가 상당히 줄어듦에 따라 미래 부채를 떠안은 상태에서 1.5년 뒤에 원금에다 더 높은 이자를 지급하는 것보다 조기에 100% 원금과 3.8%를 지급하고 Down & In Put을 포기하고 끝내는 것이 경제적이기 때문이다.
- 두 번째 관찰일에 대한 배리어(녹아웃되는)는 112%이다. 이는 만약 두 번째 관찰일에 BMW의 주가가 최초기준가격의 112% 이상인 경우, 콜러블 리버스 컨버터블의 발행자에게는 이 구조를 조기상환시키고 매수자에게 107.6%를 지급하는 것이 최적임을 의미한다. 발행자가 전체 구조를 상환하고 107.6%를 지급하는 것이 최적인 이유는

52) 이렇게 높은 배리어는 그것이 처음 두 번의 관찰일에 조기상환되지 않을 것이라는 것을 확신하게 해준다. 그러므로 그것은 세 번째 관찰일의 배리어에 대한 최적화를 가능하게 한다.

Down & In Put의 잔존 가치가 상당히 줄어듦에 따라 미래 부채를 떠안은 상태에서 1년 뒤에 원금에다 더 높은 이자를 지급해야 하는 것보다 조기에 100% 원금과 두 번의 3.8%를 지급하고 Down & In Put을 포기하고 끝내는 것이 경제적이기 때문이다.

- 세 번째 관찰일에 대한 배리어(녹아웃되는)는 104%이다. 이는 만약 세 번째 관찰일에 BMW의 주가가 최초기준가격의 104% 이상인 경우, 콜러블 리버스 컨버터블의 발행자에게는 이 구조를 조기상환시키고 매수자에게 111.4%를 지급하는 것이 최적임을 의미한다. 발행자가 전체 구조를 상환하고 111.4%를 지급하는 것이 최적인 이유는 Down & In Put의 잔존 가치가 상당히 줄어듦에 따라 미래 부채를 떠안은 상태에서 6개월 뒤에 원금에다 더 높은 이자를 지급해야 하는 것보다 조기에 100% 원금과 세 번의 3.8%를 지급하고 Down & In Put을 포기하고 끝내는 것이 경제적이기 때문이다.

이는 전체 콜러블 리버스 컨버터블이 아래와 같이 가격을 산출할 수 있다는 것을 의미한다.

- **조기상환 + 쿠폰**
  - 트레이더는 처음 세 번의 반기관찰일에 대해 각각 120%, 112%, 104%의 배리어를 가지고, 마지막 관찰일에 대해 0%의 배리어를 가지는 행사가격 0%의 녹아웃 풋을 매도한다. 녹아웃 풋은 오직 각 반기관찰일 중 하나에만 녹아웃될 수 있으며, 다음의 리베이트를 지급한다.
    1. 첫 번째 반기관찰일의 리베이트는 (100% + 1 × 3.8%), 즉 103.8%이다.
    2. 두 번째 반기관찰일의 리베이트는 (100% + 2 × 3.8%), 즉 107.6%이다.
    3. 세 번째 반기관찰일의 리베이트는 (100% + 3 × 3.8%), 즉 111.4%이다.

4. 네 번째 반기관찰일의 리베이트는 (100% + 4 × 3.8%), 즉 115.2%이다.

24개월째 관찰일에 대한 0% 배리어를 통해 투자자는 그의 투자금을 2년 뒤에 회수할 수 있다.

● **Down & In Put을 통한 자금조달**

– 트레이더는 처음 세 번의 반기관찰일에 대해 각각 120%, 112%, 104%의 녹아웃 배리어와 80%에 녹인되는 행사가격 100%의 풋을 매수한다. 트레이더는 하방 배리어에 대해, 예를 들어 100% 풋에 77%에 녹인이 되는 식으로 배리어 시프트를 시켜 가격을 산출할 것이다. 80% 하방 배리어는 콜러블 리버스 컨버터블의 만기까지 언제든지 녹인될 수 있지만, 상방 배리어는 오직 세 번의 반기관찰일 중 하나에서만 녹아웃될 수 있다는 것을 명심하자.

콜러블 리버스 컨버터블의 가격 산출에 있어서 두 가지를 기억해 둘 필요가 있다. 먼저 이 구조는 오직 주식의 가격이 특정 수준의 위에 있을 때에만 녹아웃된다. 다시 말해, 주식가격이 특정 수준 이상으로 상승한 경우라면, 발행자로서는 조기상환을 시키는 것이 최적이다. 콜러블 리버스 컨버터블의 발행자가 보유하고 있는 Down & In Put은 기초자산의 가격이 낮아질 때 보다 가치가 상승하고 이때 발행자가 이 Down & In Put을 포기하는 것은 경제적이지 않다. 두 번째로, 여러분은 발행자가 콜러블 리버스 컨버터블을 조기상환해야 할 최적의 배리어 수준을 찾아내는 과정이 시행착오법에 근거한 무작위 과정이 아니라, 뉴튼-랩슨법(Newton-Raphson method)[53]을 이용한 시스템적인 방법에 의해 가능하다는 것을 알아야 한다. 뉴튼-랩슨법은 끝에서 두 번째 관찰일에 대한 최적 배리어를 풀고, 그런 다음 역으로 첫 번째 관찰일에 대한 최적 배리어를 풀 수 있다. 위의 예에서 여러분은 뉴튼-랩슨법을 이용해 처음 두

53) 뉴튼-랩슨과정은 이전의 배리어보다 낮은 쿠폰을 줄 수 있을 때까지 배리어를 낮춤으로써 최적의 배리어를 찾아내는 것이다. 그 다음 마지막 두 개의 배리어 사이의 스프레드를 연속적으로 반으로 나눈다. 이 과정을 통해 여러분은 정확하게 최적 배리어를 찾아낼 수 있다.

번의 반기관찰일에 대해 배리어를 매우 높은 수준으로 설정하여 실제적으로 6개월째, 12개월째 관찰일에 조기상환이 절대 일어나지 않을 것이라고 해놓은 뒤에 세 번째 반기관찰일에 대한 최적 배리어를 먼저 찾을 것이다. 세 번째 반기관찰일에 대한 최적 배리어를 찾아낸 다음, 여러분은 다시 뉴튼-랩슨 과정을 이용해 두 번째 반기관찰일에 대한 최적 배리어를 찾아낼 것이다.

두 번째 관찰일에 대한 최적 배리어를 찾아내기 위해서는 여러분은 첫 번째 반기관찰일에 대해 비현실적으로 높은 배리어를 적용해야 할 것이다. 마지막으로, 세 번째와 두 번째 반기관찰일에 대해 최적배리어를 찾은 후에 여러분은 같은 뉴튼-랩슨 과정을 이용해 첫 번째 관찰일에 대한 최적배리어를 풀어낼 수 있을 것이다.

17.2 풋터블 리버스 컨버터블의 가격 산출

풋터블 리버스 컨버터블에서 이 옵션을 조기에 상환할 수 있는지를 결정하는 사람은 매수자이다. 그리고 이때 매수자는 그의 투자원금에다 쿠폰의 일부를 조기에 되돌려 받을 것이다.

BMW에 대한 2년 만기의 풋터블 리버스 컨버터블을 가정해보자. 그리고 이 옵션은 세 번의 반기관찰일 중 아무 때나 매수자에 의해 조기상환될 수 있다. 리버스 컨버터블 내의 풋은 100% 풋에 80%에 넉인되는 것으로 쿠폰을 강화하기 위한 것이다. 15장에서 BMW의 일반적인 리버스 컨버터블이 100%의 공정가치를 가지면서 3.5%의 반기 쿠폰을 지급하는 것을 봤다. 그러므로, 풋터블 리버스 컨버터블이 3.5%보다 낮은 반기 쿠폰을 지급할 것이라는 것을 예상할 수 있다. 이 풋터블 리버스 컨버터블의 반기 쿠폰을 구하기 위해서, 이 구조를 각 반기관찰일에 100%의 공정가치로 가장 작은 쿠폰을 지급하는 배리어를 가진 오토콜러블로 가격을 산출할 것이다. **그러나 콜러블 리버스 컨버터블과는 대조적으로, 배리어는 주식가격이 배리어 위에 있을 때 터치되는 것이 아니라, 배리어 아**

래에 있을 때 터치되는 것이다. 즉, 배리어는 Up & Out이라기보다는 Down & Out이라고 할 수 있다. 여러분은 먼저 2.4%의 쿠폰을 주기 위한 각 세 번의 관찰일에 대한 100% 배리어 수준으로 출발할 수 있다. 둘째로, 여러분은 처음 두 번의 관찰일의 배리어가 0%[54]인 오토콜러블을 가격 산출할 수 있을 것이다. 그리고 세 번째 반기관찰일은 90%의 배리어를 가진다. 이 리버스 컨버터블 오토콜러블은 전체 리버스 컨버터블 구조 100%의 공정가치에 대해 2.2%의 쿠폰을 줄 수 있는 것으로 보인다. 이런 방법으로 진행하다 보면 구조가 오토콜되는 가장 최적(가장 낮은 쿠폰)의 배리어 수준이 각 반기관찰일에 대해 다음과 같을 것이고, 이런 구조와 함께 풋터블 리버스 컨버터블이 2%의 반기쿠폰을 지급한다는 것을 발견할 것이다.

- 첫 번째 관찰일에 대한 배리어(녹아웃되는)는 85%이다. 이는 첫 번째 관찰일에 BMW 주식의 가격이 최초기준가격보다 85% 아래이면, 이 풋터블 리버스 컨버터블의 매수자는 발행자로부터 102%를 지급받고 이 구조를 조기상환하는 것이 최적이다. 그것이 최적인 이유는 Down & In Put의 가치는 충분히 크며 이는 100% 원금을 조기상환받고 2%의 첫 쿠폰을 받고 Down & In Put 매도 포지션을 정리하는 것이 추가적인 세 번의 쿠폰을 받고 1.5년 뒤에 원금 100%를 받고 Down & In Put에 대한 잠재적인 부채를 갖는 것보다 경제적이기 때문이다.
- 두 번째 관찰일에 대한 배리어는, 아래와 같이 구조가 녹아웃되는, 87%이다. 이는 두 번째 관찰일에 BMW의 주가가 최초기준가격의 87% 미만이면 매수자는 발행자로부터 104%를 지급받고 이 구조를 조기상환하는 것이 최적이라는 것을 말한다.
- 세 번째 관찰일에 대한 배리어(녹아웃되는)는 90%이다. 이는 세 번째 관찰일에 BMW의 주가가 최초기준가격의 90% 미만이면 매수자는 발행자로부터 106%를 지급받고 이 구조를 조기상환하는 것이 최적이

54) 이렇게 낮은 배리어는 세 번째 관찰일의 최적화를 가능하게 해준다.

라는 것을 말한다.

즉, 전체 풋터블 리버스 컨버터블의 가격 산출은 아래와 같다.

- **조기상환 + 쿠폰**
  - 트레이더는 처음 세 번의 반기관찰일에 각각 85%, 87%, 90%의 배리어를 갖고, 마지막 반기관찰일에 0% 배리어를 갖는 0% 행사가격의 녹아웃 풋을 매도한다. 녹아웃 풋은 오직 BMW의 주가가 처음 세 번의 반기관찰일 한 번에 배리어 수준보다 낮고 BMW의 주가가 네 번째 반기관찰일(만기평가일)에 배리어보다 높다면 녹아웃될 수 있다. 그리고 다음의 리베이트를 지급한다.
    1. 첫 번째 반기관찰일에 리베이트는 100% + (1 × 2%), 즉 102%
    2. 두 번째 반기관찰일에 리베이트는 100% + (2 × 2%), 즉 104%
    3. 세 번째 반기관찰일에 리베이트는 100% + (3 × 2%), 즉 106%
    4. 네 번째 반기관찰일에 리베이트는 100% + (4 × 2%), 즉 108%

    네 번째 반기관찰일에 대한 0% 배리어를 통해 투자자는 2년 뒤에 그의 투자금을 회수할 수 있다.

- **Down & In Put을 통한 자금조달**
  - 트레이더는 80%에 넉인되고, BMW의 주가가 처음 세 번의 반기관찰일 중 한 번에 배리어보다 낮을 때 녹아웃되는 배리어를 각각 85%, 87%, 90% 갖는 100% 행사가격의 풋을 매수한다. 분명 트레이더는 80% 넉인 배리어에 배리어 시프트를 적용하여, 즉 77%에 넉인되는 100% 풋으로 가격을 산출할 것이다. 하방 배리어인 80%가 풋터블 리버스 컨버터블의 만기까지 언제든지 넉인될 수 있는 반면, 다른 세 개의 녹아웃 배리어는 관찰일에만 녹아웃될 수 있다는 것을 알아두자.

chapter 18

아시안 옵션

아시안 옵션(Asian option)은 행사가격이나 결제가격[55]이 하나의 관찰에 의하는 것이 아닌 평균가격으로 결정되는 것이다. 이에 따라 아시안 옵션에는 두 가지 유형이 있다. 아시안 아웃 옵션(*Asian out* option)은 유럽형 옵션으로 결제가격이 미리 정해진 관찰일들의 기초자산 가격 평균으로 결정된다. 이는 만기에 아시안 옵션이 미리 정해진 관찰일들의 기초자산 가격의 평균(유동적인 결제가격)과 고정된 행사가격의 차이를 지급하는 것이다. 아시안 인 옵션(*Asian in* option)은 행사가격이 미리 정해진 관찰일들의 평균으로 결정되는 유럽형 옵션이다. 이는 만기에 아시안 옵션이 만기평가일 기초자산의 가격과 미리 정해진 관찰일의 기초자산가격의 평균(유동적인 행사가격)의 차이를 지급하는 것이다. 다음 절에서는 아시안 아웃과 아시안 인 옵션을 각각 가격산출하고 이들 옵션에 관련된 리스크관리에 대해 논의해볼 것이다.

18.1 기하학적인 아시안 아웃 옵션의 가격 산출

아시안 아웃 옵션은 아시안 옵션의 평균 부분이 기하학적인 것과 산술적인 것으로 세분해볼 수 있다. 아시안 옵션의 평균 부분이 기하학적인 것은 가격 산출하기가 쉽다. 이는 로그정규분포된 기초자산의 기하학적 평균이 로그정규분포이기 때문이다. 산술평균하는 아시안 아웃 옵션이 좀 더 대중적이지만, 이 절에서는 먼저 기하학적인 아시안 아웃 옵션에 대해 다뤄볼 것이다. 기하학적인 아시안 옵션을 이해하게 되면 산술평균 아시안 아웃 옵션을 이해하는 것이 보다 쉬울 것이다.

1년 만기 기하학적인 평균의 아시안 아웃 콜 옵션을 고려해보자. 이 옵션은 월별 관찰일을 갖고 있고, 주식 S_t에 대한 행사가격은 K이다. 이는 이 아시안 아웃 콜옵션 C_T^g의 만기 수익구조가 다음과 같다는 것이다.

55) 결제가격은 옵션이 결제되는 가격으로 일반적인 옵션의 경우 만기평가일의 종가를 말한다.

$$C_T^g = \max\left[\left(\prod_{i=1}^{12} S_i^{\frac{1}{12}}\right) - K, 0\right] \tag{18.1}$$

여기에서 S_i는 S_t의 i번째 월말의 주식가격이다. 이번에는 σ_i를 $i/12$번째 시간단위에 상응하는S_i의 내재변동성이라 하고, r_i는 i번째 달에 대한 이자율이라고 가정해보자. σ_i와 $\sigma_i + 1$의 상관관계가 0이므로, 여러분은 다음과 같은 식을 유도할 수 있다.

$$\begin{aligned} Var\left[\ln\left(\prod_{i=1}^{12} S_i^{\frac{1}{12}}\right)\right] &= Var\left[\sum_{i=1}^{12}\frac{1}{12}\ln(S_i)\right] \\ &= \frac{1}{12}\sum_{i=1}^{12} Var\left[\ln(S_i)\right] \\ &= \frac{1}{12}\sum_{i=1}^{12}\sigma_i^2 \end{aligned} \tag{18.2}$$

$$\begin{aligned} E\left[\ln\left(\prod_{i=1}^{12} S_i^{\frac{1}{12}}\right)\right] &= E\left[\sum_{i=1}^{12}\frac{1}{12}\ln(S_i)\right] \\ &= \frac{1}{12}\sum_{i=1}^{12} E\left[\ln(S_i)\right] \\ &= \frac{1}{12}\sum_{i=1}^{12} r_i \end{aligned} \tag{18.3}$$

이는 기하학적인 아시안 아웃 콜옵션이 아래와 같은 과정의 콜옵션으로써 가격 산출이 가능하다는 것을 의미한다.

$$\prod_{i=1}^{12} S_i^{\frac{1}{12}} \tag{18.4}$$

여기서 σ^g의 변동성을 가진다.

$$\sigma^g = \sqrt{\frac{1}{12}\sum_{i=1}^{12}\sigma_i^2} \tag{18.5}$$

기하학적인 아시안 아웃 옵션의 가격에 대한 헤지 자금조달을 효과적으로 만드는 이자율 r^g는 아래와 같다.

$$r^g = \frac{1}{12}\sum_{i=1}^{12} r_i \tag{18.6}$$

이는 기하학적 아시안 아웃 옵션이 식 (18.5)에 있는 변동성과 식 (18.6)에 있는 이자율을 이용한 블랙-숄즈 모델을 통해 가격 산출이 가능하다는 것을 의미한다.

여기에서 σ_i가 항상 $\sigma_i + 1$보다 작고, r_i가 $r_i + 1$보다 항상 작다는 것을 알아야 하는데, 이는 장기로 갈수록 측정되는 변동성이 커지며, 이는 기간 i의 일탈값들이 자동적으로 기간 $i + 1$에 포함되기 때문이다. 그러나 연환산 변동성 σ_i는 연환산 변동성 σ_{i+1}보다는 여전히 크다. 즉, **관찰평균의 변동성은 주식가격 그 자체의 변동성보다 항상 작다. 분명, 아시안 옵션이 더 많은 관찰을 가질수록 더 작은 내재변동성을 가질 것이다.**[56] 이는 기본적으로 기하학적인 평균 아웃 옵션의 가격이 항상 같은 만기를 가진 일반 옵션의 가격보다 작다는 것을 의미한다.[57]

18.2 산술적 아시안 아웃 옵션의 가격 산출

기하학적 아시안 아웃 옵션과 달리, 로그정규분포된 기초자산의 산술적 평균은 로그정규분포를 갖지 않는다. 하지만 여러분은 산술평균에 대한 추정치로 기하학적 평균을 이용할 수 있고, 산술평균의 그릭스와 다른 특징들

56) 연환산 내재변동성과 이 옵션의 실제조건과 연관된 내재변동성 사이의 차이를 구분해야 한다. 이 장에서 언급되고 있는 변동성이나 내재변동성은 항상 이 옵션의 실제조건과 연관된 변동성이다. 그러므로 연환산된 변동성으로 표현되지 않는다.

57) 기하학적인 평균 아웃 풋의 가격이 같은 만기의 일반 풋보다 커지는 매우 특별한 상황도 있다. 바로 이자율이 매우 커서 일반 풋의 가치가 매우 작을 때이다. 식 (18.6)이 기하학적 아시안 아웃 옵션에 대한 이자율이 일반 풋의 이자율보다 상당히 낮다는 것을 보여주고 있다. 그래서 기하학적 아시안 아웃 풋은 이자율의 감소가 변동성의 감소보다 가격에 주는 영향이 크기 때문에 가격이 더 비쌀 것이다. 기하학적 평균 아웃 콜옵션은 항상 같은 만기의 일반 콜옵션보다 작은 가치를 가진다.

에 대해 이해하기 보다 쉬울 것이다. 산술 아시안 아웃 옵션의 실제가격은 항상 몬테카를로 과정에 의해 산출될 수 있다. 산술적 아시안 아웃 콜과 풋 모두에 대한 만기 수익구조는 식 (18.7)과 식 (18.8)에 주어져 있다.

$$\max\left[\frac{1}{12}\left(\sum_{i=1}^{12} S_i\right) - K, 0\right] \tag{18.7}$$

$$\max\left[K - \frac{1}{12}\left(\sum_{i=1}^{12} S_i\right), 0\right] \tag{18.8}$$

여러분이 산술 평균에 대한 추정치로 기하학적 평균을 이용할 수 있는 이유는 젠센 부등식 때문이다. 젠센의 부등식은 아래와 같이 서술된다.

$$\sqrt[n]{\prod_{i=1}^{n}(S_i)^{a_i}} \leq \frac{1}{n}\sum_{i=1}^{n} a_i S_i \qquad \sum_{i=1}^{n} a_i = 1 \tag{18.9}$$

이는 $\Pi_{i=1}^{n}(S_i)^{ai}$가 $\Sigma_{i=1}^{n}\, a_i S_i$에 대해 낮은 값이라는 것을 의미한다. 산술 평균에 대한 추정치로 기하학적 평균을 이용하는 것이 산술 아시안 아웃 옵션의 정확한 가격산출에 도움이 되지는 않지만, 여러분은 이 추정을 이용해 산술 아시안 아웃 옵션의 그릭스와 구별되는 특징의 역학을 유도할 수 있다.

다음 절은 수학적 관점이 아닌 경제적 관점에서 산술 아시안 아웃 옵션의 델타 헤지를 논의해 보겠다. 따라서 산술평균에 대한 추정치로서의 기하학적 평균을 이용한 산술 아시안 아웃 옵션의 그릭스를 논의할 것이다.

그릭스로 넘어가기 전에, 기하학적 아시안 옵션과 같이 산술 아시안 아웃 옵션의 내재변동성이 같은 만기를 가진 일반 옵션의 내재변동성보다 작다는 것을 관찰할 수 있어야 한다. 산술평균에 대한 추정치로써 기하학적 평균을 이용해 이를 확인할 수 있고 식 (18.5)를 유도할 수 있다. 그러나 이것을 이해하기 위한 좀 더 경제적인 방법은 산술 아시안 옵션의 듀레이션이 같은 만기를 가진 일반 옵션의 듀레이션보다 작다는 것을 인지하는 것이다. 다음 절에서는 산술 아시안 아웃 옵션의 듀레이션을 보다 상세하게 다룰 것이다. 산술 아시안 아웃 옵션의 사실상 내재변동성이 같은 만기를 가진 일반 옵션의 내재변동성보다 작기 때문에, 아시안 아웃 옵션은 동등한 일반 옵션에 비해 항상 가치가 작다.[58]

18.3 산술 아시안 아웃 옵션의 델타 헤지

산술 아시안 아웃 옵션의 델타 헤지를 살펴보기 위한 가장 좋은 방법은 아래 예와 같다.

BMW에 대한 3개월 만기 산술 아시안 아웃 콜옵션의 행사가격이 40유로이고, 이 옵션은 월별 관찰을 한다고 하자. 트레이더가 이 BMW 아시안 콜을 투자자에게 매도했다고 가정하자. 옵션의 시작시점에서 산술 아시안 아웃 콜옵션의 델타는 동등한 일반 3개월 만기 콜옵션과 매우 유사하다. BMW의 주식가격이 시작시점에 40유로라고 가정하면 산술 아시안과 일반 콜옵션의 델타는 모두 1/2로 가정될 것이다. 이는 트레이더가 아시안 아웃 콜옵션을 90,000개 매도하면, 그는 BMW 주식 45,000주를 매수함으로써 델타 헤지를 할 것이다. 이제 첫 번째 아시안 옵션의 관찰일 직전일에 BMW 주식이 48유로에 거래되고 있다고 가정하자. 이 경우 산술 아시안 아웃 콜의 델타는 동등한 일반 옵션에 비해 클 것이다. 이것은 첫 번째 아시안 관찰시 확실히 ITM, 즉 40유로보다 높을 것이기 때문이다. 아시안 아웃 콜이 5/6의 델타, 즉 75,000주 보유이고, 동등한 일반 콜옵션이 3/4의 델타, 즉 67,500주 보유라고 가정하자. 그러나 산술평균의 1/3의 비중을 차지하는 첫 번째 아시안 관찰 시 ITM일 가능성이 매우 높기 때문에, 75,000주 중 30,000주는 첫 번째 아시안 관찰에 대한 델타 헤지에 쓰인다. 이 아시안 관찰이 되자마자 트레이더는 더 이상 30,000주를 들고 있을 필요가 없어지고, 따라서 첫 번째 아시안 관찰일의 종가에 주식들을 매도해야 한다. 이는 첫 번째 아시안 관찰 이후 그의

58) 매우 높은 이자율 환경 하에서의 아시안 아웃 풋옵션과는 별개의 얘기다.

산술 아시안 아웃 콜옵션에 대한 델타 헤지가 45,000주로 줄어든다는 것을 의미한다. 그러나 30,000주를 설명하는 첫 번째 아시안 관찰이 된 까닭에 잔존 산술평균은 오직 60,000주이며, 따라서 잔존 아시안 아웃 콜은 실제로 60,000주이다. 첫 번째 아시안 관찰 이후, BMW의 주가가 하락하고, 두 번째 아시안 관찰의 직전일에 BMW 주식이 32유로에 거래되고 있다. 그러므로 아시안 콜옵션에 대해 트레이더가 가지고 있는 델타는 10,000주 보유로 확연하게 줄어들 것이다. 두 번째 아시안 관찰이 제법 OTM인 까닭에 트레이더가 들고 있는 델타는 순전히 세 번째 아시안 관찰에 대한 것이고, 두 번째 관찰에 대한 것은 아니다. 그런 이유로 트레이더는 두 번째 아시안 관찰일 종가에 아무것도 하지 않아도 된다. 세 번째 아시안 관찰일에 BMW가 42유로에 거래되고 있고 다시 ITM이 되었다. 이는 델타 헤지를 위해 30,000주식의 롱 포지션을 가지고 있다는 것을 의미한다. 트레이더는 세 번째 아시안 관찰일 종가에 이 주식들을 매도해야 한다.

위의 예에서 산술 아시안 아웃 옵션의 헤지 절차를 보여주었다. **아시안 관찰일에 트레이더는 아시안 관찰이 ITM이면 그의 델타 헤지의 일부를 풀 필요가 있고, 아시안 관찰이 OTM이면 아무것도 하지 않아도 된다. 만약 아시안 관찰이 ITM이면, 트레이더는 아시안 옵션의 수에 관찰의 비중을 곱한 값만큼 풀 필요가 있다**. 이는 또 아시안 옵션의 듀레이션이 동등한 일반 옵션보다 짧다는 것을 보여준다. 사실 아시안 옵션은 아시안 관찰일에 일치하는 만기들을 가진 일반 옵션들의 세트로 펼쳐진 것이다. 그러므로 아시안 옵션의 조건은 일반 옵션과 같은 조건으로 비교할 수는 없지만, 짧은 만기를 가진 일반 옵션과 동등하다.[59] 어떤 옵션이라도 만기가 길어지면, 옵션의 가격도 비싸진다. 이는 아시안 아웃 옵션의 가격이 동등한 일반 옵션보다 작다는 것을 확인시켜준다.

59) 동등한 일반옵션의 만기는 아시안 관찰에 일치하는 만기들을 가진 다른 일반 옵션들의 가중평균된 값으로 추정할 수 있다.

18.4 산술 아시안 아웃 옵션의 베가, 감마 그리고 세타

18.3절에서 아시안 아웃 옵션의 듀레이션이 동등한 일반 옵션의 만기보다 짧다는 것을 보았다. 그렇기 때문에 아시안 아웃 옵션의 그릭스가 변하는 것을 보기도 쉽다. 이는 기본적으로 일반 옵션과 비교하여, 아시안 아웃 옵션이 높은 감마와 세타, 작은 베가를 가진다는 것을 의미한다. 예를 들어, 월별로 관찰하는 1년 만기 ATM 아시안 아웃 옵션의 리스크와 그릭스가 6개월 만기의 ATM 옵션의 리스크와 그릭스와 매우 비슷하다. 6개월 만기의 ATM 옵션은 이번에는 1년 만기 ATM 옵션에 비해 높은 감마와 세타, 작은 베가를 가진다.

18.5 아시안 인 옵션의 델타 헤지

아시안 인 옵션을 흥미롭게 하는 것은 가격 산출이 아니라, 델타 헤지이다. 델타 헤지에 대한 자금조달과 별개로, 아시안 인 옵션의 가격 산출은 11장에서 다룬 바 있는 선도시작옵션의 가격 산출과 다를 바 없다. 또한 아시안 인 옵션의 그릭스는 선도시작옵션의 그릭스와 같다.[60] 아시안 인 옵션에 대해 명확하지 않은 것은 아시안 인 관찰의 평균에 따라 행사가격이 고정되는 날까지의 델타 헤지이다. 그것이 바로 산술 아시안 옵션에 대해 이번 절에서 다룰 내용이다.

BMW에 대한 행사가격이 고정되는 날로부터 1년의 만기를 가진 3일 아시안 인 풋을 매수한 트레이더가 있다고 하자. 주식은 3일 동안 다음과 같은 움직임을 보였다.

1. 30유로
2. 20유로

60) 아시안 인 옵션 매수는 또한 아시안 인 부분에 내재된 감마를 매수하는 것과 같고, 이것은 아시안 인 옵션의 가격 산출에 영향을 준다. 이 효과를 18.6절에서 다시 상세하게 다룰 것이다.

3. 10유로

트레이더는 900만 유로의 액면금액에 대해 이 아시안 인 옵션을 매수했다. 첫 번째 아시안 인 관찰일에, 첫 하루의 평균이 주식가격과 일치하기 때문에, 아시안 인 옵션이 분명하게 ATM 풋이다. 그러므로 첫날 트레이더는 아시안 인 옵션의 델타를 0.5(1년 만기 ATM 풋이 0.5의 델타를 가지므로)라고 가정하고, 이 옵션을 450만 유로의 1/3, 즉 BMW 50,000주식을 매수하여 헤지한다. 둘째 날, 처음 이틀의 평균가격은 25유로로 떨어지지만, 현재의 주식가격은 20유로이다. 그러므로 이미 ITM 풋이다. 즉, 주식가격이 행사가격의 80%이다. 20% ITM인 BMW 1년 만기 풋이 0.6의 델타를 가진다. 현재의 정보를 가지고 트레이더는 마지막 아시안 인 관찰일에 216,000주를 보유하고 있을 필요가 있다. 이 216,000이라는 숫자는, 평균주가 25유로와 900만 유로의 액면금액, 그리고 0.6의 델타가 주어졌을 때, 세 번째 날의 델타 포지션이 $0.6 \times 9 \times 10^6/25 = 216{,}000$이라는 사실에서 유도된 것이다. 트레이더가 이미 첫째 날에 50,000주를 매수한 이래 그는 여전히 166,000주를 둘째 날에 매수해야 한다. 이는 그의 두 번째 아시안 관찰을 위한 델타 헤지가 88,000주라는 것을 의미한다. 세 번째 날에, 총 3일에 걸친 평균 주식가격은 20유로로 떨어진다. 주식가격이 10유로이기 때문에 이 풋은 50% ITM이다. 1년 만기의 50% ITM 풋은 80%의 델타를 가지는 것으로 보여진다. 여기서 트레이더의 총 델타 헤지는 $0.8 \times 9 \times 10^6/20 = 360{,}000$주이다. 트레이더가 처음 이틀 동안 이미 138,000주를 매수했기 때문에, 완전한 헤지를 위해 그는 마지막 아시안 인 세팅을 하는 날에 BMW 222,000주를 더 사야 한다. 이 아시안 인 풋옵션의 헤지과정을 요약하면 표 18.1과 같다.

표 18.1 • 아시안 인 풋의 헤지

각 아시안 관찰일 BMW 주가	평균으로 결정된 행사가를 가지는 1년짜리 풋의 델타	헤지를 위해 매수된 주식의 수
첫째날 주가 30유로	0.5	$1/2 \times 1/3 \times \frac{9 \times 10^6}{30}$ $= 50{,}000$주 매수
둘째날 주가 20유로	0.6	$1/2 \times (0.6 \times \frac{9 \times 10^6}{25} - 50{,}000)$ $= 88{,}000$주 매수
셋째날 주가 10유로	0.8	$(0.8 \times \frac{9 \times 10^6}{20} - 116{,}000)$ $= 222{,}000$주 매수

18.6 아시안 인 포워드

아시안 인 포워드는 매우 인기있는 구조이며, 일반 기업들이 자사주를 재매입하기 위해 자주 사용한다. 아시안 인 포워드는 롱 아시안 인 콜과 숏 아시안 인 풋의 합성물로 둘 다 아시안 인 관찰을 위한 같은 관찰일과 마지막 아시안 인 관찰의 같은 만기를 가졌다. 즉, 아시안 인 포워드의 만기는 아시안 인 스케줄에 따라 행사가격이 고정되는 같은 날이다. 이는 만약 BMW가 30일 후에 자사주를 9억 유로치 재매입하기를 원한다면, BMW는 30일 아시안 인 콜을 매수하고, 30일 아시안 인 풋을 매도할 수 있고, 이때 각 아시안 인 관찰은 같은 비중, 즉 1/30로 한다는 것을 의미한다. 주식시장에서 주식을 다시 사들이는 것이 아닌, 아시안 인 포워드를 통한 주식 재매입을 하는 것은 BMW에 확연하게 이롭다. 이는 아시안 인 포워드에 내재된 **'숨겨진 감마(*hidden gamma*)'** 가 있기 때문이다. 이 아시안 인 포워드를 진행하는 투자은행(즉, 아시안 인 풋을 매수하고 아시안 인 콜을 매도하는)은 쉽게 이 감마를 수익화할 수 있다.

이 아시안 인 포워드에 내재된 감마는 아시안 인 포워드를 아주 강력한 구조로 만들고 자사주를 매입하려는 일반기업에 상당히 매력적인 해결책이 된다. 다음의 예는 투자은행이 실제로 아시안 인 포워드의 감마로부터 이익을 실현한다는 것을 보여준다.

BMW가 자사주를 재매입하기 위해 아시안 인 포워드를 사용한다고 가정하자. 그리고 여기에서 각각의 아시안 인 관찰은 같은 비중을 가진다고 하자. 좀 더 명확하게 하기 위해 BMW가 9억 유로 상당의 주식을 30일이 아닌 3일 뒤에 재매입하기를 원한다고 가정하자. BMW 주식이 아시안 인의 조건 3일에 걸쳐 아래와 같은 움직임을 보였다.

1. 30유로
2. 20유로
3. 10유로

BMW가 9억 유로 상당의 주식을 3일 평균 주식가격에 매수하기를 원한다고 할 때, BMW는 세 번째 날에 BMW 4,500만 주를 인도받고 각 주식에 대해 20유로를 지급할 것을 예상할 것이다. 이는 세 번째 날 BMW가 투자은행에 9억 유로를 지급하고 투자은행은 BMW 주식 4,500만 주를 인도한다. 아시안 인 관찰의 마지막날, 즉 행사가격이 정해지는 날에 아시안 인 포워드의 델타가 1일 것이므로 투자은행은 3일에 아시안 인 기간에 걸쳐 9억 유로 상당의 주식을 사야 할 필요가 있다. 이 9억 유로 상당의 BMW 주식은 3일 평균 가격에 일치하는 BMW 주식가격을 기초로 하여 결정된다. 다른 말로 하면, 투자은행은 세 번째 날에 4,500만 주식을 누적하여 오는 헤지 전략을 가질 필요가 있다. 그것이 가진 경제적 함축과 함께 이런 헤지 전략은 표 18.2에 요약되어 있다. 이 표를 통해 투자은행이 실제로 아시안 인 포워드에 내재된 감마로부터 돈을 번다는 것을 명확하게 알 수 있다. 이는 헤지 전략이 3일에 걸쳐 4,500만 주를 누적 매수하면서, 투자은행은 오직 7.8억 유로만을 지급하였고, 투자은행은 BMW에 그 4,500만 주를 9억 유로에 매도할 것이기 때문이다. 그러므로

표 18.2 ● 아시안 인 포워드의 헤지

각 아시안 관찰일의 BMW 주가	헤지를 위해 매수한 주식수	각 아시안 관찰일 헤지의 총 비용
첫째날 주가 30유로	$\frac{1}{3} \times \frac{9 \times 10^8}{30}$ = 1,000만 주 매수	3억 유로
둘째날 주가 20유로	$\frac{1}{2} \times (\frac{9 \times 10^8}{25} - 1{,}000\text{만})$ = 1,300만주 매수	2.6억 유로
셋째날 주가 10유로	$(\frac{9 \times 10^8}{20} - 2{,}300\text{만})$ = 2,200만주 매수	2.2억 유로

주식가격이 앞에서 말한 것처럼 움직인다는 사실은 투자은행이 1.2억 유로의 이익을 만들어낸다는 것을 보여준다. 아시안 인 포워드가 주식의 수가 아닌 액면금액을 고정하기 때문에, 마지막 아시안 관찰일에 인도되어야 할 주식의 수는 아시안 인 기간에 걸친 주가 평균에 의존한다. 주가의 상승에 따라 평균가격이 올라가면, 투자은행은 주가가 올라간 날 적은 주식을 매수할 것이고, 주가가 하락하면 더 많은 주식을 매수할 것이다. 이는 실제로 투자은행이 낮은 가격에 주식을 사고, 높은 가격에 주식을 팔았다는 것을 의미하며, 이는 정확하게 롱 감마의 정의와 일치한다. 투자은행은 아시안 인 포워드가 투자은행에 롱감마의 기회를 준다는 사실에 대한 보상으로 BMW에 아시안 인 포워드에 대해 더 좋은 가격을 지불할 것이다. 분명 BMW의 변동성이 높을수록 투자은행은 이 아시안 인 포워드에 대해 많은 것을 BMW에 지불할 것이다.

18.7 아시안 인 포워드의 가격 산출

아시안 인 포워드의 가격 산출은 상대적으로 양호하고 주요 입력변수가 변동성인 몬테카를로 과정에 의해 수행된다. 몬테카를로 과정이 아시안 인 포워드에 대한 가격을 쉽게 제공해주기는 하지만, 이 절에서는 경제적인 관점에서의 가격 산출을 논의할 것이고, 그러므로 아시안 인 포워드의 역학에 대한 보다 나은 통찰력을 제공할 것이다. 18.6절은 기초자산의 변동성이 아시안 인 포워드의 가격에 강하게 영향을 준다는 것을 보여준다. 기초자산의 변동성이 클수록 투자은행이 롱 아시안 인 풋과 숏 아시안 인 콜이 되는 것에 대해 지급하기 위해 만들어놔야 할 것이 많아진다. 하지만 여기에서는 아시안 인 포워드의 가격에 영향을 주는 다른 요소들을 알아보기 위해 기초자산의 변동성을 0이라고 가정해보자. 이 경우, 기초자산의 가격은 아시안 인의 기간 동안 내내 같은 가격에 머물러 있을 것이다. 그러므로 각 날에 수행된 델타 헤지는 미리 알 수 있고 모든 아시안 인 관찰에 대해 같다. 이 경우 아시안 인 포워드의 가격은 결정하기 매우 쉽다. 즉, 투자은행은 델타 헤지의 자금조달만큼에 대해서 일반기업에 지불을 요구할 것이다. 이는 투자은행이 주식을 매수하기 위해 각 아시안 관찰일에 돈을 지급하지만, 일반기업으로부터는 마지막 아시안 인 관찰일에만 돈을 받을 것이기 때문이다. 이는 기본적으로 투자은행이 아시안 인 관찰의 기간만큼 이자율 손실을 입을 것이고 따라서 그만큼을 일반기업에 부과할 것임을 의미한다. 이를 보다 수량화하기 위해, BMW가 30일 아시안 인 포워드를 통해 자사주 9억 유로에 상당하는 만큼 재매수하기를 원하는 예를 가정해보자. 변동성이 0%로 가정되어 있기 때문에, 투자은행은 각 아시안 인 관찰일에 3천만 유로에 상당하는 주식을 매수하여 헤지할 것이다. 이는 투자은행이 첫날의 3천만 유로에 대한 29일간의 이자 + 둘째 날의 3천만 유로에 대한 28일간의 이자 + 셋째 날의 3천만 유로에 대한 27일간의 이자…. 끝에서 두 번째 날의 3천만 유로에 대한 하루치 이자를 손해 볼 것이다. 여러분은 이 자금조달의 정확한 비용을 계산할 수 있지만, 보다 쉬운 방법은 투자은행이 전체 액면금액의 절반, 즉 4억 5천만 유로에 대해 29일 동안의 자금조달 비용이 발생한다고 말하는 것이다.[61] 유로 이자율이 연 0.03이라고 가정하면, 여러분은 투자은행이 BMW에 4억 5천만 × 0.03 × 29/365 = 1,702,602유로를 청구할 것이라고 계산할 수 있다. 이는 전체 9억 유로에 대해서는 1/2 × 0.03 × 29/365 = 0.1192%에 일치하는 값이다. BMW의 주가가 움직이면, 투자은행은 변동성에 따라서 아시안 인 포워드에 대해 BMW에 지불을 결정하게 될 것이다. 이는 이 구조가 투자은행을 롱 감마로 만들어주기 때문이다. 이 효과는 여러분이 아시안 인 포워드의 감마를 알고 있을 때 식 (2.3)에 서술된 이윤공식을 사용하여 추정될 수 있다. 감마가 고정적이지 않은 까닭에 이 추정은 정확하지 않을 것이고, 따라서 정확한 가격 계산을 위해 몬테카를로 과정이 필요해진다.

18.8 조건부 조기상환이 가능한 아시안 인 포워드

아시안 옵션 구조의 마지막 재미있는 종류는 아시안 인 풋의 매수자(동시에 아시안 인 콜의 매도자)가 아시안 인 포워드를 조기에 상환할 수 있는 권리 조항이 있는 아시안 인 포워드이다. 다시 말해, 투자은행은 조기상환일자까지의 평균 주식가격으로 주식을 조기에 인도할 수 있는 옵션을 가진다. 이 구조가 인기 있는 까닭은 그것이 투자은행으로 하여금 추가적인 옵션을 갖게 하고, 따라서 주식을 재매입하려는 일반기업으로 하여금 추가적인 감마 특징으로 인한 이점을 갖게 한다. 이에 따라 일반기업이 주식을 재매수하는 것에 대해 받는 프리미엄이 강화된다. 조기상환 조건이 달린 아시안 인 포워드를 가격 산출하는 방법에는 두 가지가 있다. 여러분은 몬테카를로 과정을 통해 가격을 낼 수도 있고, 일반적인 아

61) 역주: 등차수열의 합을 구하는 공식에 따라 3천만 × $\frac{29 \times 30}{2}$ × 0.03 × $\frac{1}{365}$ = $\frac{9억}{2}$ × 0.03 × $\frac{29}{365}$ 를 도출할 수 있다.

시안 인 포워드의 가격에 아시안 인 풋의 가격을 더함으로써 추정할 수도 있다. 후자의 방법은 이 조기상환 조건이 달린 아시안 인 포워드의 정확한 가격을 주지는 않겠지만, 가격에 영향을 주는 요인들과 구조에 대한 직감을 얻는 데 유용하다. 그러므로 이 절에서는 먼저 조기상환 조건이 달린 아시안 인 포워드의 가격을 정확하게 추정하는 방법을 논의하고, 그 다음 몬테카를로 과정을 통해 정확한 가격산출 방법을 다뤄볼 것이다.

BMW에 대한 33일 아시안 인 포워드의 액면금액이 9억 유로라고 하자. 아시안 인 풋의 매수자(동시에 아시안 인 콜의 매도자)는 BMW 9억 유로 상당의 주식을 29일이 지난 아무 때나, 즉 30, 31, 32일에 그 시점까지의 평균주식가격으로 조기에 인도할 수 있는 권리가 있다. 투자은행은 분명히 30일째, 31일째, 32일째날의 종가가 그때까지의 각 평균가격보다 낮을 때에만 조기상환을 선택할 것이다. 이는 투자은행이 30일째에 조기상환을 원한다면, 투자은행이 9억 유로 상당의 주식을 그 때까지의 평균가격으로 인도하기 위해 모든 잔여 주식을 매수할 것임을 의미한다. 투자은행이 조기상환의 권리를 갖고 있고, 30일째 종가가 그때까지의 평균가격보다 낮을 때에만 조기상환의 권리를 행사한다면, 투자은행은 기본적으로 30일째에 만기되는 30일 아시안 인 풋 롱이다. 이 아시안 인 풋을 행사함으로써, 투자은행은 다음 3일 동안 사야 했을 잔여주식들을 재매수해야만 한다. 이는 이 풋의 액면금액이 (3/33 × 아시안 인 포워드의 전체 액면금액)임을 의미한다. 투자은행이 또한 31일째, 32일째에 조기상환을 결정할 수도 있기 때문에, 30일째부터 조기상환의 조건이 달린 33일 아시안 인 포워드의 가격에 대한 대강의 추정치는 (30/33 × 9억 유로) 액면금액의 30일 아시안 인 포워드와 (3/33 × 9억 유로) 액면금액의 30일 아시안 인 풋을 합한 것이다. 이런 직관과 함께 여러분은 조기상환 조건이 달린 아시안 인 포워드를 몬테카를로 과정으로 어떻게 가격을 내는지 좀 더 쉽게 이해할 수 있을 것이다.

조기상환 조건이 달린 아시안 인 포워드를 몬테카를로 과정으로 가격산출할 때, 이것이 특정 조건이 있는 몬테카를로 과정이라는 것을 깨닫는 것이 매우 중요하다. 이전에 살펴봤듯이, 아시안 인 포워드 숏(롱 아시안 인 풋 + 숏 아시안 인 콜)인 투자은행은 조기 상환 기간 내의 날들 중 거래되고 있는 주식가격을 그 시점까지의 평균 주식가격으로 나눈 값이 특정 상수보다 작을 때 조기상환을 할 것이다. 이 상수는 언제나 1보다 작을 것이지만, 조기상환 조건이 달린 아시안 인 포워드의 올바른 가격을 얻기 위해 여러분은 조기상환 기간에 있는 각 날에 대해 이 상수를 최적화해야 한다.[62] 즉 위의 예에서 여러분은 30일째, 31일째, 32일째에 대한 상수를 최적화해야 한다. 이 상수들을 최적화하는 과정은 17.1절에서 본 콜러블 리버스 컨버터블을 위한 배리어 최적화와 같은 선상에 있다. 여러분은 뒤로 가서 이전 날들의 상수를 0으로 하여 구조가 조기상환되지 않는다는 조건을 설정해 놓고 마지막 날의 상수를 최적화한다. 그 다음 다시 앞의 날들에 대한 각 상수들을 최적화한다. 조기상환 기간 내의 각 날에 대한 이 상수들이 뉴튼-랩슨법을 이용해 설정되면, 여러분은 조기상환이 달린 아시안 인 포워드의 가격산출을 다음의 몬테카를로 과정으로 할 수 있다. 각 30일째, 31일째, 32일째에 대해 최적화된 상수를 C_0, C_1 그리고 C_2 라고 가정하자.

- $\frac{S_{30}}{\sum_{i=1}^{30}\frac{S_i}{30}} \leq C_0$ 인 경로들에 대해 몬테카를로 과정을 통해 (9억 유로 × $\frac{30}{33}$) 상당의 액면금액을 가진 30일 아시안 인 포워드와 (9억 유로 × $\frac{3}{33}$) 상당의 액면금액을 가진 30일 아시안 인 풋의 가격을 산출한다.
- $\frac{S_{30}}{\sum_{i=1}^{30}\frac{S_i}{30}} > C_0$ 이고 $\frac{S_{31}}{\sum_{i=1}^{31}\frac{S_i}{31}} \leq C_1$ 인 경로들에 대해 몬테카를로 과정을 통해 (9억 유로 × $\frac{31}{33}$) 상당의 액면금액을 가진 31일 아시안 인 포워드와 (9억 유로 × $\frac{2}{33}$) 상당의 액면금액을 가진 31일 아시안 인 풋의 가격을 산출한다.
- $\frac{S_{30}}{\sum_{i=1}^{30}\frac{S_i}{30}} > C_0$ 이고 $\frac{S_{31}}{\sum_{i=1}^{31}\frac{S_i}{31}} > C_1$ 이며, $\frac{S_{32}}{\sum_{i=1}^{32}\frac{S_i}{32}} \leq C_2$ 인 경로들에 대해

62) 이것은 상수일 필요가 없고, 아시안 인 포워드의 가격을 최적화하는 어떠한 몬테카를로 경로과 연관된 어떤 숫자일 수도 있음을 명시하자.

몬테카를로 과정을 통해 (9억 유로 × $\frac{32}{33}$) 상당의 액면금액을 가진 32일 아시안 인 포워드와 (9억 유로 × $\frac{1}{33}$) 상당의 액면금액을 가진 32일 아시안 인 풋의 가격을 산출한다.

- $\frac{S_{30}}{\sum_{i=1}^{30}\frac{S_i}{30}} > C_0$이고 $\frac{S_{31}}{\sum_{i=1}^{31}\frac{S_i}{31}} > C_1$이며, $\frac{S_{32}}{\sum_{i=1}^{32}\frac{S_i}{32}} > C_2$ 인 경로들에 대해 몬테카를로 과정을 통해 9억 상당의 액면 금액을 가진 아시안 인 포워드의 가격을 산출한다.

chapter 19

콴토옵션

Exotic Options Trading

콴토옵션(quanto options)[63]은 외국주식에 대해 옵션 전략을 구사하고 싶지만 오직 그 전략의 백분율 수익에만 관심이 있고, 그 수익을 자국 화폐로 돌려 받고 싶어하는 투자자를 위해 고안된 것이다. 콴토옵션의 기본 원칙은 환율이 옵션 거래의 시작시점에 시장 환율로 고정되는 것이며, 콴토옵션의 이익은 (고정된 환율 × 일반 옵션의 이익)이다.

BP(British Petroleum)의 주가에 대해 상당히 낙관적인 미국 투자자가 있다고 하자. 이 미국 투자자는 BP를 기초자산으로 하는 1년 만기의 ATM 콜옵션을 매수하고 싶어한다. 하지만 이 투자자는 그의 수익을 영국 파운드가 아닌 미국 달러로 받고 싶어 한다. BP의 주가는 5파운드이고, 환율은 현재 파운드당 2달러이며, 1년 뒤의 주가는 5.5파운드라고 하자. 콴토 ATM 콜옵션은 환율에 상관없이 만기에 1달러를 지급할 것이다.[64] 즉, BP의 주식가격이 10% 상승한 까닭에 투자자는 그가 콜을 매수한 USD 액면금액[65]에 US 달러에 대한 10% 이익을 기대할 것이다.

위의 예에서 콴토옵션의 구조를 짜기는 상대적으로 쉽다는 것이 분명해졌다. 그러나 어떤 효과들이 가격 산출에 영향을 주고, 어떤 변수들이 있는지를 보는 것은 매우 어려운 일이다.

19.1 콴토옵션의 가격 산출과 상관관계 리스크

콴토옵션을 어떻게 가격 산출해야 하는지를 보기 위해, 두 개의 새로운 변수들을 소개하겠다. 첫 번째 변수는 BP의 주가와 환율(FX) 간의 상관관계(correlation)이다. 상관관계가 어떻게 콴토 콜옵션의 가격에 영향을 주는지를 더 잘 이해하기 위해 해 볼 수 있는 질문은 ATM USD 콴토 콜을 매수한 미국 투자자가 숏 상관관계인지 롱 상관관계인지이다. 여기에서 숏 상관관계는 투자자가 상관관계가 낮아질 때 이익이 생기고(즉 콴토옵

63) 이 장의 일부 내용들은 이전에 출판된 *An Introduction to Options Tradingd*(저자 동일)에서 가져왔다.
64) 역주: BP주가가 0.5파운드 상승했고, 1년 뒤의 시장 환율에 상관없이, 시작시점에 확정된 환율로 달러 수익을 지급받을 것이므로 0.5 × 2 = 1달러가 된다.
65) 액면금액은 옵션의 수에 행사가격을 곱해준 값으로 정의된다.

션의 가치가 상승하고), 상관관계가 높아질 때 손실이 생긴다. 롱 상관관계일 때에는 이와 반대이다. 이 질문에 답하기 위해, 상관관계가 양(+)이라고 가정하자. 즉 영국 파운드가 미국 달러에 대해 가치가 올라가면, BP의 주가가 올라간다는 것을 뜻한다. 이제 여러분은 이 투자자의 포지션이 숏 상관관계(상관관계 매도)라는 것을 쉽게 예상할 수 있을 것이다. 영국 파운드가 올라간다면, 상관관계의 관점에서 주가가 상승하는 원인이 되고, 그러므로 플레인 바닐라 콜옵션(사실상 0%의 상관관계를 가진 콴토옵션)의 달러 상승은 환율이 고정된 USD 콴토 콜옵션의 달러 상승보다 크다. 반대로 영국 파운드가 하락하면, 상관관계의 측면에서 주가 하락의 원인이 되고, 낮은 주가와 낮은 파운드의 조합은 플레인 바닐라 ATM 콜옵션의 달러 손실이 ATM USD 콴토 콜옵션의 달러 손실보다 작은 원인이 된다.[66] 이를 다르게 해석하자면, 상관관계가 예를 들어 1에서 −1로 하락하면, USD 콴토 콜옵션을 매수한 자는 이익을 본다. 이는 그가 상관관계가 −1일 때에는 USD 콴토 콜옵션을 매수하는 것이 나을 것이고, 상관관계가 1일 때에는 플레인 바닐라 콜옵션을 들고 있는 게 나을 것이기 때문이다.[67] 위의 예는 USD 콴토 콜의 보유자가 숏 상관관계라는 것을 보여준다. 그러나 이 분석을 USD 콴토 풋에 대해 연장해보면, 여러분은 그 옵션의 매수자가 롱 상관관계(상관관계 매수)라는 것을 발견할 것이다.

두 번째 변수는 FX 변동성이다. 이 변수에 대해 미국 투자자가 FX 변동성 롱인지 숏인지는 모호하다. 이 시점에서 작은 시구간(time interval)의 US 달러에 대한 주가의 차이를 설명하는 모델을 소개하겠다. 이 모델은 어떤 환경에서 콴토옵션이 FX 변동성 롱인지 숏인지를 답해줄 수 있고, 콴토 콜의 매수자가 왜 숏 상관관계인지, 콴토 풋의 매수자가 왜 롱

66) 역주: 상관관계가 (+)일 때에는 파운드가 오르든지 내리든지 콴토옵션보다는 플레인 바닐라 콜을 갖고 있는 것이 유리하다. 그래서 콴토옵션 매수자의 포지션은 상관관계가 낮아질수록 유리해지는 숏 상관관계 포지션인 것이다.

67) 플레인 바닐라 옵션은 환율과 주식가격의 상관관계가 0인 콴토옵션과 동등하다. 단 하나 차이가 있다면, 콴토옵션은 콴토화폐로 가격을 산출하고, 플레인 바닐라 옵션은 주식이 해당되는 국가의 화폐로 산출한다는 것이다.

상관관계인지를 보여준다.

무배당 주식의 가격을 모델링하기 위한 대중적인 모델은 작은 시구간에 대한 주식의 변화를 설명하는 블랙-숄즈 모델이다. 공식은 다음과 같다.

$$\frac{dS_t}{S_t} = rdt + \sigma_S dW_t \qquad (19.1)$$

여기서

- S_t는 t시점의 주식가격
- r은 무위험이자율
- dS_t는 시구간 d_t에 걸친 주식가격의 변화
- d_t는 작은 시구간
- σ_S는 주가의 변동성
- W_t는 브라운 운동(Brownian motion)이며, 이는 평균이 0이고, 구간 d_t의 길이에 일치하는 분산을 가진 정규분포구간 d_t로 특징지어진 확률과정(stochastic process)이다. 수학적으로 구간 d_t는 $N(0, d_t)$의 분포를 갖는다.
- dW_t는 분포 $N(0, d_t)$를 가진 확률과정

콴토옵션을 이해하기 위해 식 (19.1)과 유사한 모델은 두 개의 추가적인 변수들을 포함하는데, 즉 주가의 로그와 환율의 로그 사이의 상관관계 ρ, 그리고 FX 변동성 σ_{FX}이다. 한편 이 식은 주식의 원래 화폐가 아닌 옵션으로 콴토되는 화폐로 표현되는 새로운 주식 F_t를 정의하고 있다. F_t는 F_t에 대한 일반 달러 옵션이 사실 S_t에 대한 콴토옵션이라는 개념에 의해 정의된다.[68]

68) 식 (19.2)에 서술된 콴토모델은 콴토옵션의 가격을 산출하기 위한 변동성 σ_S가 환율이 고정되어 있고 옵션의 수익구조가 오로지 주가의 실제 움직임에 의해서만 결정되기 때문에 기초자산의 내재변동성과 같아야 한다는 점에서 직관적이다. 델타 헤지가 19.2절에서처럼 환율의 움직임에 의해 영향을 받고 그것이 델타 헤지의 자금조달에 영향을 주기 때문에 이자율 부분은 살짝 다르다. 예를 들어 주가가 두 배가 되면, 이것이 롱 콜옵션에 대한 자금조달에 긍정적인 영향을 준다(높은 주가에 대한 매도이므로 더 많은 이자를 받는다). 그러나 만약 주가와 환율 간의 상관관계가 주가가 두 배가 되면 파운드에 대한 달러의 가치가 반토막이 되는 것이라면, 헤지는 영향을 받지 않고, 그러므로 델타 헤지의 자금조달에는 영향이 없다. 그러므로 콴토 주식 모델의 자금조달 부분이 $-\rho\sigma_S\sigma_{FX}$로 조정된다.

$$\frac{dF_t}{F_t} = (r_{local} - \rho\sigma_S\sigma_{FX})\,dt + \sigma_S dW_t \tag{19.2}$$

여기서

- ρ는 로그화된 주가와 로그화된 환율 사이의 상관관계이다. 여기서 환율은 파운드당 달러의 수로 표현된다. 양(+)의 상관관계는 파운드의 가치가 증가하면 주식가격이 오른다는 것을 의미한다.
- r_{local}은 주식의 표시 화폐의 무위험이자율이다. BP의 경우, r_{local}은 파운드의 무위험이자율이다.

이 식에서 콴토 콜옵션을 보유하고 있는 사람은 상관관계가 감소하면 이익이 발생하고, 콴토 풋옵션을 보유하고 있는 사람은 상관관계가 증가하면 이익이 발생한다. 상관관계의 신호에 따라 이 공식은 또한 콴토옵션의 보유자가 FX 변동성 롱이냐 숏이냐를 명확하게 해준다. 상관관계가 음(−)이면 콴토 콜의 보유자는 롱 FX 변동성이고, 콴토 풋의 보유자는 숏 FX 변동성이다. 상관관계가 양(−)이면 콴토 콜의 보유자는 숏 FX 변동성이고, 콴토 풋의 보유자는 롱 FX 변동성이다. 배당수익이 d인 USD 주식의 주가 변화에 대한 모델은 다음과 같다.

$$\frac{dF_t}{F_t} = (r_\$ - d)\,dt + \sigma_S dW_t \tag{19.3}$$

이는 콴토옵션의 가격이 배당수익에 $r_\$ - r_{local} + \rho\sigma_s\sigma_{FX}$을 더하여 조정한 일반 옵션으로부터 유도할 수 있다는 것을 보여준다. 식 (19.3)에서 $r_\$$는 USD 무위험이자율이다. 이는 또 콴토옵션의 주요특징이 일반 옵션과 비교했을 때 선도(forward)의 차이라는 것을 보여준다.

19.2 콴토옵션의 FX 리스크 헤지

콴토옵션의 FX 리스크를 헤지하는 것은 직관적이지는 않을 수 있지만, 실제로는 매우 간단하다. 이것은 FX 헤지가 델타 헤지에 포착되기 때문

이며, 자국 화폐로의 옵션 액면금액이 FX의 변화와 함께 변하기 때문이다. 즉, 콴토옵션의 액면금액은 콴토화폐에 일치하고, 지역화폐의 액면금액은 FX가 변할 때마다 변한다. 콴토화폐가 지역화폐에 대해 반토막 나면, 지역화폐로의 콴토옵션의 액면금액은 반토막이 되고, 따라서 트레이더는 주가가 움직이지 않았더라도 델타를 반으로 줄여야 한다. 콴토옵션의 델타는 식 (19.2), 지역화폐의 주식의 가치와 지역화폐의 행사가격을 통해 쉽게 결정될 수 있다.

콴토옵션의 델타 헤지가 어떻게 작용하는지를 보기 위해, 동시에 콴토옵션의 FX 헤지를 포착하는, 이 장에서 소개된 예시를 고려해보자. 트레이더가 액면금액 1,000만 USD이고, 행사가격이 5달러인 BP ATM 콴토 콜옵션을 매도한다고 가정하자. 식 (19.2)의 파라미터들과 주식가치 5와 행사가격 5가 ATM 옵션의 델타를 0.5로 준다고 하자. 환율이 파운드당 2달러라고 가정했기 때문에, 트레이더는 그의 델타 헤지를 위해 250만 파운드 상당의 BP 주식을 매수해야 한다. 이제 USD가 GBP에 대해 반토막이 났다고 가정하자. 즉 환율이 파운드당 4달러로 갔다고 하자. 주가의 움직임 없이 오직 환율에서의 이 변화 때문에 트레이더는 그의 델타 헤지를 위해 125만 파운드 상당의 BP 주식 보유로 그의 포지션을 변화시켜야 한다. 트레이더는 따라서 환율의 움직임의 결과로 125만 파운드 상당의 BP 주식을 매도해야 한다.

위의 예는 콴토옵션을 위해 FX 헤지를 굳이 해야 할 필요가 없다는 것을 보여준다. 그러나 트레이더는 그가 콴토옵션을 매도한 것이라면 콴토옵션에 대해 받은 프리미엄에 대한 FX를 바꿀 필요가 있다. 이는 식 (19.2)가 지역화폐에서의 자금조달을 설명하고 있기 때문이다. 트레이더가 콴토옵션을 매수하면 그는 사실상 지역화폐로 자금조달을 하는 것인데, 이는 트레이더가 먼저 콴토옵션에 대한 지급을 위해 콴토화폐를 매수해야 하고, 이를 위해 지역화폐를 매도해야 하기 때문이다. 그러므로 트레이더가 FX헤지를 해야 할 때는 그가 콴토옵션(프리미엄에 대해 콴토화폐를 매도하고, 지역화폐를 매수하는)을 매도했을 때이다.

chapter 20

혼성옵션

Exotic Options Trading

혼성옵션(composite option)[69]은 해외 주식에 대한 옵션 전략을 수행하고 싶지만, 자국의 화폐로 행사가격을 고정하고 자국 화폐로 옵션의 만기수익을 지급 받기를 원하는 투자자를 위해 고안된 것이다. 옵션 보유자가 환율에 상관 없이 백분율 표시 수익률을 얻는 콴토옵션과 달리, 혼성옵션의 보유자는 환율에 노출된다. 혼성옵션이 거래되는 이유들 중 하나는 해외투자에 대한 자국 화폐로서의 가치를 보호하기 위해서이다. 다음의 예를 고려해보자.

20.1 혼성옵션의 예

미국의 한 투자자가 영국의 제약회사 Glaxo Smithkline(GSK)의 주식을 보유하고 있다. GSK의 화폐가치가 13파운드이고 환율이 1파운드당 2달러라고 가정하자. 이는 주식 하나의 달러가치가 26달러라는 것을 의미한다. 이 보유상태를 보호하기 위해 그는 GSK에 대한 1년 만기 ATM 혼성 풋을 매수했다. 이는 이 혼성 풋옵션의 행사가격이 26달러에 일치한다는 것을 의미한다. 1년이 지난 뒤에 주가가 11파운드로 내려갔고, 환율은 1파운드당 2달러에서 1파운드당 1.5달러로 움직였다고 하자(즉 달러가치가 올라갔다). 이는 GSK 한 주의 달러가치가 26달러에서 16.5달러로 하락했다는 것을 의미한다. 그러나 혼성옵션의 행사가격이 달러로 고정되어 있기 때문에 주식의 달러손실은 혼성 풋옵션의 수익으로 상쇄된다. 즉 행사가격(26달러)에서 GSK 한 주의 새로운 달러가치(16.5달러)를 뺀 값이다.[70] 요약하면, 혼성옵션의 보유자는 환율과 주가의 변동

---

69) 이 장의 일부 내용들은 이전에 출판된 *An Introduction to Options Trading*(저자 동일)에서 가져왔다.

70) 역주: ATM 혼성 풋 옵션의 만기 수익구조는 다음과 같다.

$$\text{만기 수익} = \text{Max}\left(0, \frac{S_0 \times 100\%}{FX_0} - \frac{S_T}{FX_T}\right)$$

여기에서 S_0는 파운드로 표시된 시작 시점 주가 13파운드이며, S_T는 파운드로 표시된 만기시점 주가 11파운드이다. 또 FX_0로는 시작시점의 달러당 파운드로 $\frac{1}{2}$이며, FX_T는 만기 시점의 달러당 파운드 $\frac{1}{1.5}$ 이다. 위의 예시에서 만기시점 ATM 혼성 풋의 수익은 9.5달러이다.

에 대해 그의 자국 화폐로 표시된 주식가치를 보호하고 싶은 것이다.

혼성옵션의 보유자가 상관관계 숏인지 롱인지에 대한 질문에 답하기 위한 최선의 방법은 아주 작은 시간 단위에 대해 혼성의 화폐 안에서 주가의 변화를 모델링하는 것이다. 위에서는 이것이 달러일 것이다. 19.1절과 같은 표현을 사용하여 모델은 다음과 같이 생겼다(부록 A 참조).

$$\frac{dF_t}{F_t} = r_{compo}dt + \sigma_{compo}dW_t \tag{20.1}$$

$$\sigma_{compo}^2 = \sigma_S^2 + 2\rho\sigma_S\sigma_{FX} + \sigma_{FX}^2 \tag{20.2}$$

여기서 r_{compo}는 혼성화폐의 무위험이자율이다.

이 공식은 혼성옵션의 보유자가 롱 상관관계이고, 주요 테마가 일반옵션과 비교했을 때, 내재변동성 면에서 다르다는 것을 보여준다. GSK에 대한 USD 혼성 풋을 가시화하는 다른 방법은 GSK ADR에 대한 일반적인 26달러 풋옵션과 비교해보는 것이다.[71]

20.2 혼성옵션의 FX 노출의 헤지

20.1절의 예에서 GSK에 대한 혼성 풋옵션을 트레이더가 매도했다면, 그는 매도에 따른 리스크를 줄이기 위해 델타 헤지를 하고 싶을 것이다. 식 (20.1)이 주식에 대한 혼성옵션을 혼성화폐에 대한 주식의 정규 옵션으로 기술하고 있기 때문에, 델타는 쉽게 혼성옵션의 행사가격과 주가로 결정될 수 있다. 그러나 트레이더는 오직 그의 델타를 그 지역주식으로만 수행할 수 있다. 그것은 혼성화폐로 쿼트되지 않는다. 이는 트레이더가 델타 헤지를 하더라도, 여전히 FX 리스크를 가지고 있다는 것이며, 혼성옵션의 수익구조가 혼성화폐로 되어 있고, 그의 델타 헤지는 기초자산 주식의 지역화폐이기 때문이다. 이 FX 리스크를 보여주기 위해 다음을 가정해보자.

71) ADR은 American Depository Receipt의 약자이다. 다른 국가에 상장된 주요 회사에 대한 USD 표시 주식을 말한다.

트레이더가 GSK에 대한 혼성 풋옵션을 매도한 것에 대해 헤지를 하려고 한다. 헤지 방법은 오직 델타 헤지이다. 이는 20.1절의 예에 의해 트레이더가 혼성옵션을 $\delta = 1$[72]로 헤지한다면, 그는 혼성옵션 하나당 2파운드(= 13 − 11)를 만들었다. 이것은 만기에 3달러의 가치를 갖고 있고, 이는 달러가 1파운드당 2달러에서 1.5달러로 절상된다고 가정했기 때문이다. GSK의 달러가치가 26달러에서 16.5달러로 변했기 때문에, 트레이더는 혼성옵션에서 9.5달러 손실을 봤다. 그리고 델타 헤지를 통해 3달러를 만들었다. 이는 분명 델타 헤지가 충분치 않다는 것을 의미한다. 트레이더는 GSK의 혼성옵션의 모든 리스크로부터 완벽하게 면역되기 위해서 그의 델타 헤지의 액면금액만큼 달러를 사야 할 필요가 있을 것이다. 이는 FX 헤지로 트레이더가 이 거래의 시작시점에서 델타차원에서 매도한 모든 GSK 주식에 대하여 26달러를 받기 위해 13파운드를 매도할 것임을 뜻한다. 만기에 트레이더는 매도했던 13파운드를 19.5달러(= 13 × 1.5)에 재매입할 수 있다. 이 FX 헤지의 총수익은 6.5달러이며, 9.5달러에 대한 델타 헤지와 FX 헤지 모두로부터 만들어지는 이익은 혼성옵션의 손실과 일치한다.

혼성옵션의 FX 노출의 헤지를 요약하면, 여러분이 델타 헤지로 주식을 매도할 때, 주식의 표시 화폐를 매도하고, 델타 헤지와 동일한 액면금액에 대해 혼성화폐를 매수해야 한다는 것이다. 만약 델타 헤지가 주식을 매수하는 것이라면, FX 헤지는 또한 주식의 표시 화폐를 매수하고, 델타 헤지와 동일한 액면금액의 혼성화폐를 매도하는 것이다. 분명히 FX 헤지는 정적인 것이 아니며, 델타의 조정에 따라 FX 헤지도 함께 조정되어야 한다. 다시 말해, 주가의 움직임과 FX 움직임에 대한 완벽한 헤지를 위해 여러분은 언제든지 델타 헤지와 동일한 액면금액의 FX 헤지를 해야 한다.

위에서 혼성옵션의 FX 노출을 어떻게 헤지하는가를 보았다. 하지만 거

72) $\delta = 1$을 사용하는 것은 논쟁을 위한 것이다. 일반적으로 델타는 옵션 거래의 시작시점에서 매우 작을 것이다. 옵션이 점점 ITM이 되고 만기에 가까워져 가면서 1로 수렴해간다. 헤지의 이익이 옵션의 손실과 일치하는지는 지극히 주식과 FX의 변동성에 의존한다. 이는 이 예시에서 다뤄지지는 않을 것이다.

래의 시작시점에 혼성옵션에 대해 지불된 프리미엄에 대한 FX 헤지에 대한 설명이 빠져 있다. 콜옵션의 경우, 지불된 프리미엄에 대한 FX 헤지는 델타 헤지의 액면금액에 대한 FX 헤지와 방향을 달리한다. 풋옵션의 경우, 혼성옵션에 대해 지불된 프리미엄에 대한 FX헤지는 델타 헤지의 액면금액에 대한 FX 헤지와 같은 방향이다. 여기에서 트레이더가 프리미엄에 대한 FX 노출을 헤지하고 싶어하는 이유는 트레이더가 혼성화폐를 사기 위해 지역화폐를 먼저 매도해야 하고, 이 혼성화폐로 된 혼성옵션을 매수하기 위해서이다. 이는 실제로 여전히 헤지되어야 할 FX 포지션이 있음을 뜻한다. 반직관적으로, 트레이더가 혼성옵션을 매도한 경우에는 프리미엄에 대한 FX 헤지를 할 필요가 없다. 이는 트레이더가 혼성화폐로 프리미엄을 받을 것이고 가격과 이 옵션의 델타를 결정하기 위해 쓰인 모델은 식 (20.1)이기 때문이다. 식 (20.1)은 혼성화폐에서의 자금조달을 가정하고 있다. 즉, USD가 위의 예에 해당한다. 트레이더가 혼성옵션을 매수했을 때 지불된 프리미엄에 대해 FX 헤지를 수행해야 할 필요가 있는 한 가지 이유는 옵션을 실제로 사기 위해 수행한 FX를 상쇄하고, 식 20.1이 표현하고 있는 모델로써 혼성화폐의 자금조달을 가능하게 한다. 그러므로 총 FX 헤지는 표 20.1에서와 같이 요약될 수 있다.

표 20.1 • 혼성옵션에 대한 FX 헤지

혼성옵션 포지션	델타 액면에 대한 FX	시작시점 혼성옵션의 프리미엄에 대한 FX 헤지
혼성 콜 매수	혼성화폐 매수를 위한 지역화폐 매도	혼성화폐 매도를 위한 지역화폐 매수
혼성 콜 매도	혼성화폐 매도를 위한 지역화폐 매수	없음
혼성 풋 매수	혼성화폐 매도를 위한 지역화폐 매수	혼성화폐 매도를 위한 지역화폐 매수
혼성 풋 매도	혼성화폐 매수를 위한 지역화폐 매도	없음

chapter 21

아웃퍼포먼스 옵션

아웃퍼포먼스 옵션(outperformance option)[73]은 한 주식이 다른 주식에 대해 상승했거나, 하락했거나의 차이를 지급하는 것이다. 분명, 아웃퍼포먼스 옵션은 두 개의 다른 자산, 예를 들어 주식과 오일가격 사이로 구조화될 수 있다. 이 경우 오일가격에 대한 주식가격의 성과를 측정한다. 아웃퍼포먼스 옵션은 가격 산출과 리스크 측정이 복잡해 보이지만, 혼성옵션과 비교해봄으로써 쉽게 이해할 수 있다는 점에서 매력적이다. 다음 절에서 아웃퍼포먼스 옵션의 예를 보기로 하자.

21.1 아웃퍼포먼스 옵션의 예

내년도에 BMW의 주가가 폭스바겐(VW)의 주가보다 더 좋은 수익률을 올릴 것이라고 믿는 투자자가 있다고 하자. 따라서 그는 BMW vs VW의 1년 만기 아웃퍼포먼스 옵션을 매수할 것이다. BMW의 주가가 40유로이고, VW의 주가가 70유로라고 하자. 이 투자자는 BMW vs VW 아웃퍼포먼스 옵션을 700만 유로의 액면금액만큼 사들이기로 했다. 이 옵션의 수익구조를 시연하기 위해서는 두 가지 다른 가격 추세를 고려해야 한다. 먼저, BMW의 주가가 1년 뒤에 50유로이고, VW는 63유로라고 가정해보자. 이 경우 아웃퍼포먼스 옵션의 수익은 700만 유로의 35%이다. 이는 BMW가 25% 상승했고, VW가 10% 하락했기 때문에 BMW의 주가 수익률이 35% 높기 때문이다. 둘째로, 1년 뒤에 BMW의 주식가격이 50유로이고, VW는 91유로라고 하자. 이 경우 VW가 BMW의 주가 수익률보다 5% 앞섰기 때문에 아웃퍼포먼스 옵션의 수익은 0이 된다.

아웃퍼포먼스 옵션의 수익구조에 대해 생각할 수 있는 다른 방법은 아웃퍼포먼스 옵션의 보유자가 0과 BMW 주가의 명목상승률에서 VW 주가의 명목 상승/하락률을 빼준 값 중 큰 값을 지불받는 것으로 설명하는 것이다. 이렇게 보는 것은 아웃퍼포먼스 옵션이 혼성옵션과 크게 다를

73) 역주: 아웃퍼포먼스는 성능, 기량 등이 뛰어나다는 뜻이다.

바 없는 구조라는 것을 직관적으로 알게 해준다. 이는 기초자산의 화폐로 표시된 혼성 콜옵션의 수익구조가 지역 화폐로 표시된 주식의 명목상승률에서 혼성화폐의 명목 상승/하락률을 빼준 값과 일치하기 때문이다. 화폐를 혼성옵션 기초자산의 표시 화폐인 자산으로 인식한다면 여러분은 혼성옵션의 정의와 아웃퍼포먼스 옵션의 정의가 정확하게 일치한다는 것을 깨달을 것이다. 다시 말해, 혼성옵션은 주식의 성과가 특정 화폐 단위로 측정되는 아웃퍼포먼스 옵션의 유형인 것이다.

두 주식에 대한 아웃퍼포먼스 옵션을 바라보는 다른 관점은 투자자가 다른 주식에 비해 성과가 좋지 않을 것이라고 생각하는 주식에 대해 거래의 시작시점 두 주가의 비율로 스왑을 하는 것이라고 보는 것이다.

21.2 혼성옵션으로 서술된 아웃퍼포먼스 옵션

21.1절에서 아웃퍼포먼스 옵션이 혼성옵션과 다를 바 없다는 것을 알았다. 하지만 행사가격이 정의된 실제 아웃퍼포먼스 옵션을 혼성옵션과 비교하는 것이 쉽지 않을 수도 있다. 이것은 혼성옵션에 대해 여러분이 관심있는 것은 오로지 혼성화폐로 표시된 옵션의 수익구조이기 때문이며, 아웃퍼포먼스 옵션을 혼성옵션과 비교하기 위해서는 여러분이 이 수익구조를 기초자산의 화폐로 변환해야 할 필요가 있기 때문이다.

아웃퍼포먼스 옵션을 실제로 가격 산출하기 전에 먼저 시간 t에 대하여 BMW 대 VW의 수익률을 명확하게 나타내는 것이 좋겠다.

$$C_t^{out} = \max\left[\left(\frac{BMW_t}{BMW_0} - \frac{VW_t}{VW_0}\right), 0\right] \cdot N \tag{21.1}$$

여기서 시점 t의 BMW 주가를 BMW_t로, VW의 주가를 VW_t로 표시하기로 한다. 또 N은 아웃퍼포먼스 옵션의 액면금액이고, 위의 예에서는 700만 유로였다. 식 (21.1)에 아래를 곱해줌으로써,

$$\frac{BMW_0}{VW_t} \cdot \frac{VW_t}{BMW_0}$$

식 (21.1)은 다음과 같이 다시 표현해볼 수 있다.

$$C_t^{out} = \max\left[\left(\frac{BMW_t}{VW_t} - \frac{BMW_0}{VW_0}\right), 0\right] \cdot VW_t \cdot \frac{N}{BMW_0} \qquad (21.2)$$

C_t^{out}에 대한 가격을 결정할 수 있는지를 보기 위해 아래처럼 가격을 산출할 수 있어야 한다.

$$C_t^{out,VW} = \max\left[\left(\frac{BMW_t}{VW_t} - \frac{BMW_0}{VW_0}\right), 0\right] \qquad (21.3)$$

그러나 식 (21.3)을 좀 더 자세히 관찰함으로써 $C_t^{out,VW}$가 수익이 다른 화폐로 표시되는 BMW 콜옵션과 다를 바 없다는 것을 알 수 있다. 그 화폐는 명확하게 VW 주식의 것이다. 이 화폐에서 시점 t의 BMW 주식의 가치는 $\frac{BMW_t}{VW_t}$이며, 시작시점 VW 화폐로 표시되는 BMW 주식가치는 $\frac{BMW_0}{VW_0}$이므로, 식 (21.3)이 VW 화폐로 표시된 BMW ATM 콜옵션의 수익구조라는 것을 알 수 있다. 이번에는 식 (21.3)이 새롭게 정의된 주식 $F_t = \frac{BMW_t}{VW_t}$ (부록 A 참조)에 대한 콜옵션으로 보인다.

$$\frac{dF_t}{F_t} = \sigma_{out} dW_t \qquad (21.4)$$

여기서

$$\sigma_{out}^2 = \sigma_{BMW}^2 + \sigma_{VW}^2 - 2\rho\sigma_{BMW}\sigma_{VW} \qquad (21.5)$$

블랙-숄즈 공식은 식 (21.4)와 식 (21.5)에 정의된 F_t 과정에 대한 콜옵션의 가격을 준다. 여기에서 행사가격은 F_0이다.

아웃퍼포먼스 옵션을 혼성옵션과 비교하기 어렵게 만드는 것은 여러분이 혼성옵션에 대해 혼성화폐로 표시된 혼성옵션의 가치에만 관심있는 반면, 아웃퍼포먼스 옵션에 대해서는 VW의 화폐로 표시된 옵션의 가격을 적합한 유로 가격으로 전환해야 한다는 것이다. 즉 BMW vs VW의 아웃퍼포먼스 옵션의 경우, 이 아웃퍼포먼스 옵션의 실제 가치를 구하기 위해 $C_t^{out,VW}$에 VW_t를 곱해줘야 한다. 그리고 여기에 옵션의 수 (N/BMW_0)를 곱해줘야 여러분은 식 (21.2)에 서술된 아웃퍼포먼스 옵션의 수익구조를 정확히 얻을 수 있다.

21.3 아웃퍼포먼스 옵션의 상관관계 포지션

식 (21.5)는 아웃퍼포먼스 옵션의 보유자가 두 자산간의 상관관계에 대해 숏 포지션을 취하고 있다는 것을 보여준다. 다시 말해, 아웃퍼포먼스의 두 주식이 역의 상관관계를 가질수록 아웃퍼포먼스 옵션의 가치가 더 올라간다. 이는 아웃퍼포먼스 옵션의 보유자가 두 주식이 서로 다른 방향으로 움직일 때, 즉 성과가 좋은 주식이 더 성과가 좋고, 그렇지 않은 주식이 하락할 때, 더 높은 수익을 받게 된다는 것을 직관적으로 알 수 있다.

21.4 아웃퍼포먼스 옵션의 헤지

아웃퍼포먼스 옵션의 델타 헤지는 혼성옵션의 헤지와 상당히 유사하다. 먼저, 식 (21.4)에 따라 여러분은 VW 화폐로 표시된 혼성 BMW 콜의 델타를 쉽게 발견할 수 있다. 그러므로 만약 트레이더가 VW에 대한 BMW 아웃퍼포먼스 옵션을 매수하고 있다면, 그는 기본적으로 VW 화폐로 표시된 혼성 BMW 콜옵션에 롱 포지션인 것이며, 이때 액면금액은 $VW_t \cdot \frac{N}{BMW_0}$이다. 식 (21.4)의 파라미터들은 트레이더가 매도해야 할 BMW의 유로 액면금액을 계산할 수 있는 델타 δ_{out}을 제공한다.

$$\frac{\delta_{out} \cdot VW_t \cdot \frac{N}{BMW_0}}{BMW_t} \tag{21.6}$$

표 20.1에 따르면, 트레이더는 그 뒤에 BMW에 대한 델타 헤지를 했던 것과 동일한 액면금액만큼 VW화폐를 매수할 필요가 있다. VW화폐를 매수하는 것은 분명 트레이더가 VW주식을 매수할 필요가 있고, 따라서

BMW에 대한 델타 헤지와 일치하는 액면금액의 유로를 실제로는 지급(매도)하고 있다는 것을 의미한다. 그러나 아웃퍼포먼스 옵션의 프리미엄에 대한 헤지는 혼성옵션에 대한 헤지와 다르게 작용한다. 식 (21.4)는 아웃퍼포먼스 옵션의 자금조달이 고정적이어야 한다는 것을 보여주고 있으며, 이는 주고받는 달러 금액이 같아야 한다는 것을 의미한다. 이는 아웃퍼포먼스 옵션을 완전히 헤지하기 위해 트레이더는 또한 유로를 매수하고 프리미엄에 대한 VW 화폐를 매도해야 한다는 것을 의미한다. 즉 VW 주식을 매도하고 아웃퍼포먼스 옵션에 대해 지불된 프리미엄에 대한 유로를 매수한다는 것이다. 표 21.1은 BMW vs VW 아웃퍼포먼스 옵션의 완벽한 헤지를 요약하고 실제 현금 유로의 가치가 합산하면 0이라는 것을 보여준다. 아웃퍼포먼스 옵션을 헤지할 때, 트레이더는 항상 표 21.1의 VW에 대한 두 헤지를 상쇄시킬 것이다. 표 21.1에서 VW에 대한 두 헤지는 명확함을 위해 별도로 보여주고 있다. 각 열은 아웃퍼포먼스 옵션의 헤지의 다른 관점들을 보여준다.

표 21.1 • 아웃퍼포먼스 옵션에 대한 헤지와 순 유로 현금흐름

주식	매수/매도 금액	유로 현금흐름
아웃퍼포먼스 옵션	1	$-C_T^{out,VW} \cdot VW_t \cdot \frac{N}{BMW_0}$
BMW 주식	$-\frac{\delta_{out} \cdot VW_t \cdot \frac{N}{BMW_0}}{BMW_t}$	$+\delta_{out} \cdot VW_t \cdot \frac{N}{BMW_0}$
VW 주식	$+\frac{\delta_{out} \cdot VW_t \cdot \frac{N}{BMW_0}}{VW_t}$	$-\delta_{out} \cdot VW_t \cdot \frac{N}{BMW_0}$
VW 주식	$-\frac{C_T^{out,VW} \cdot VW_t \cdot \frac{N}{BMW_0}}{VW_t}$	$C_T^{out,VW} \cdot VW_t \cdot \frac{N}{BMW_0}$
	순현금흐름	0

chapter 22

베스트 옵션과 워스트 옵션

Exotic Options Trading

베스트 옵션(*best of option*)은 투자자가 미리 정해진 여러 주식들 중 가장 성과가 좋은 주식의 수익을 취하는 것이다. 즉, 투자자는 미리 정해진 여러 주식들 중 가장 성과가 좋은 주식에 콜 매수포지션이다. **워스트 옵션**(*worst of option*)은 투자자가 여러 주식들 중 가장 성과가 나쁜 주식의 수익을 취하는 것이다. 즉, 투자자는 미리 정해진 여러 주식들 중 가장 성과가 나쁜 주식에 풋 매수포지션이다. 베스트 옵션과 워스트 옵션의 가격 산출은 전형적으로 몬테카를로 과정을 통해 이루어진다. 물론 이 두 옵션에 대한 폐쇄형식 해법(closed form solution)도 있다. 하지만 이 두 옵션들이 실제로는 몬테카를로 과정으로 가격 산출되고 있으므로, 이 장에서는 이 옵션들과 관련된 리스크들을 설명하는 것에 초점을 갖추고자 한다. 베스트 옵션과 워스트 옵션의 주요 리스크는 베스트와 워스트의 기초자산들 사이의 상관관계이다. 다행히도, 상관관계 리스크는 아웃퍼포먼스 옵션으로부터 쉽게 유도해낼 수 있다.

22.1 베스트 옵션에 대한 상관관계 리스크

만기 1년짜리로 VW vs BMW 베스트 옵션을 매수한 투자자가 있다고 하자. 이는 1년 뒤에 투자자가 VW과 BMW 중 백분율 성과가 좋은 것을 취한다는 것을 의미한다. 즉, 투자자는 VW 또는 BMW 중 1년 뒤에 더 좋은 성과를 낸 종목의 콜옵션 보유 포지션이다. 수학적으로, 만기의 수익구조는 아래와 같다.

$$C_T^{Best\ of\ VW/BMW} = \max\left[\frac{VW_T - VW_0}{VW_0}, \frac{BMW_T - BMW_0}{BMW_0}, 0\right] \quad (22.1)$$

이 베스트 옵션에 내재된 상관관계 리스크를 이해하기 가장 좋은 방법은 이 옵션을 VW에 대한 ATM 콜옵션과 VW에 대한 BMW의 아웃퍼포먼스 옵션의 합이라고 보는 것이다. 안타깝게도 이런 설명은 오직 VW 주가가 1년 뒤에 하락하더라도 그 하락률이 BMW의 수익률보다 좋을 것이라는 가정하에서만 해당된다. 즉 만약 VW 주가가 1년 뒤에 하락했고,

BMW의 수익률이 더 좋았다면, VW에 대한 ATM 콜옵션과 VW에 대한 BMW의 아웃퍼포먼스 옵션의 합은 수익을 지급하지만, 베스트 옵션은 아무것도 지불하지 않는다.[74] 그럼에도 불구하고, 이 설명은 베스트 옵션의 매도자가 상관관계에 대해 롱인지 숏인지를 결정하는 데 매우 유용하다. 수학적으로, VW에 대한 ATM 콜옵션과 VW에 대한 BMW의 아웃퍼포먼스 옵션의 합의 설명은 아래와 같이 볼 수 있다.

$$\begin{aligned} C_T^{Best\ of\ VW/BMW} &= \max\left[\frac{VW_T - VW_0}{VW_0}, \frac{BMW_T - BMW_0}{BMW_0}, 0\right] \\ &\leq \max\left[\frac{VW_T - VW_0}{VW_0}, 0\right] \\ &\quad + \max\left[\left(\frac{BMW_T}{VW_T} - \frac{BMW_0}{VW_0}\right), 0\right] \end{aligned} \tag{22.2}$$

VW에 대한 ATM 콜옵션과 VW에 대한 BMW의 아웃퍼포먼스 옵션의 합이 주는 수익이 베스트 옵션보다 크지만, VW에 대한 롱 ATM 포워드와 VW에 대한 BMW의 아웃퍼포먼스 옵션의 합은 BMW와 VW 사이의 베스트 옵션의 수익보다 작다. 수학적으로는 베스트 옵션의 수익구조가 두 설명들로 요약되고, 다음과 같다.

$$\begin{aligned} &\max\left[\frac{VW_T - VW_0}{VW_0}, 0\right] \\ &- \max\left[\frac{VW_0 - VW_T}{VW_0}, 0\right] + \max\left[\left(\frac{BMW_T}{VW_T} - \frac{BMW_0}{VW_0}\right), 0\right] \\ &\qquad \leq C_T^{Best\ of\ VW/BMW} \\ &\qquad \leq \max\left[\frac{VW_T - VW_0}{VW_0}, 0\right] \\ &\qquad\quad + \max\left[\left(\frac{BMW_T}{VW_T} - \frac{BMW_0}{VW_0}\right), 0\right] \end{aligned} \tag{22.3}$$

아웃퍼포먼스 옵션이 숏 상관관계이기 때문에, 식 (22.3)의 각 변은 숏 상

[74] 역주: VW · ATM콜은 만기에 0이지만, BMW 아웃퍼포먼스 옵션은 수익이 있을 것이다. 만약 둘 다 시작시점에 비해 (–) 수익률이라면, 베스트 옵션의 수익은 0이다.

관관계이다. -1의 상관관계에서 식 (22.3)의 첫 번째 부분은 상관관계 1일 때의 세 번째 부분보다 크다. 또한 상관관계가 -1일 때, $C_T^{Best\ of\ VW/BMW}$는 식 (22.3)의 첫 번째 부분과 일치한다. BMW와 VW의 상관관계가 1일 때, $C_T^{Best\ of\ VW/BMW}$는 식 (22.3)의 셋째 항과 일치한다. 이는 $C_T^{Best\ of\ VW/BMW}$의 가치가 상관관계가 하락할 때 증가한다는 것을 의미한다. 즉, 베스트 옵션의 구성원들 간 상관관계가 낮을수록 이 베스트 옵션의 가치는 커진다.

22.2 워스트 옵션의 상관관계 리스크

1년 만기로 VW와 BMW 중 워스트 옵션을 매수한 투자자를 고려해보자. 이는 1년 뒤에 투자자가 VW와 BMW의 하락률이 큰 것을 기준으로 수익을 받는다는 것을 의미한다. 즉, 투자자는 VW 또는 BMW 중 1년 뒤 성과가 나쁜 종목에 대한 풋옵션을 매수하는 것이다. 수학적으로는, 만기 수익구조가 아래와 같다.

$$C_T^{Worst\ of\ VW/BMW} = \max\left[\frac{VW_0 - VW_T}{VW_0}, \frac{BMW_0 - BMW_T}{BMW_0}, 0\right] \quad (22.4)$$

워스트 옵션과 연관된 상관관계 리스크를 측정하기 위해 22.1절과 같은 분석이 필요하다. 워스트 옵션의 수익구조는 VW에 대한 숏 포워드 포지션과 BMW에 대한 VW의 아웃퍼포먼스 옵션을 합한 것에 일치하는 낮은 값을 갖고, 롱 ATM 풋 포지션과 BMW에 대한 VW의 아웃퍼포먼스 옵션을 합한 것과 일치하는 높은 값을 갖는다. 수학적으로 이는 다음과 같이 표현될 수 있다.

$$
\begin{aligned}
&\max\left[\frac{VW_0 - VW_T}{VW_0}, 0\right] \\
&- \max\left[\frac{VW_T - VW_0}{VW_0}, 0\right] + \max\left[\left(\frac{VW_T}{BMW_T} - \frac{VW_0}{BMW_0}\right), 0\right] \\
&\qquad\qquad\qquad \le C_T^{worst\ of\ VW/BMW} \\
&\qquad\qquad\qquad \le \max\left[\frac{VW_0 - VW_T}{VW_0}, 0\right] \\
&\qquad\qquad\qquad + \max\left[\left(\frac{VW_T}{BMW_T} - \frac{VW_0}{BMW_0}\right), 0\right]
\end{aligned} \tag{22.5}
$$

다시, 상관관계가 -1일 때 식 (22.5)에서의 첫 번째 부분은 상관관계가 1일때의 세 번째 부분보다 크다. 또한 상관관계가 -1일 때, $C_T^{Worst\ of\ VW/BMW}$는 식 (22.5)의 첫 번째 부분과 일치한다. BMW와 VW의 상관관계가 1일 때, $C_T^{Worst\ of\ VW/BMW}$는 식 (22.5)의 세 번째 부분과 일치한다. 이는 $C_T^{Worst\ of\ VW/BMW}$의 가치가 상관관계가 하락할 때 증가한다는 것을 의미한다. 그러므로, 워스트 옵션의 보유자는 또한 숏 상관관계이다. 즉 워스트 옵션의 구성원 사이의 상관관계가 낮을수록, 워스트 옵션의 가치는 높아진다.

22.3 하이브리드

아직까지는 하이브리드(hybrids)에 대해 명료하게 논의한 바가 없지만, 하이브리드를 만들어내기 위한 주요 상품들은 이미 논의가 되었다. 하이브리드가 그 스스로 이색적인 구조인 것이 아니고, 구조를 이색적으로 만들 수 있는 다른 자산군들(classes)로 기초자산을 이룬 것이라는 것을 이해하는 것이 중요하다. 예를 들어, 베스트 옵션과 워스트 옵션은 같은 자산군으로부터의 기초자산 성과만을 비교할 필요는 없다. 다른 자산군으로부터의 기초자산 성과를 비교해볼 수 있다. 아웃퍼포먼스 옵션이나 심지어 바스켓 옵션조차도 그렇다. 이는 24장에서 다뤄질 것이다.

chapter 23

분산스왑

Exotic Options Trading

최근 몇 년 동안 분산스왑(variance swap)은 일반적인 옵션에 비해 기초자산 주식이나 지수의 변동성에 대한 관점을 표현하는 좀 더 나은 방법이었기 때문에 인기가 점점 많아졌다. 특정 기초자산의 변동성에 배팅을 할 때, 옵션들은 옵션의 행사가 근처에 베가와 감마가 집중되는 단점을 갖고 있다. 이는 만약 주식가격이 옵션의 기간 동안 행사가격으로부터 멀어진다면, 기초자산의 움직임은 옵션의 이익과 관련해 상관 없어진다. 이는 베가가 마찬가지로 사라지기 때문이며, 내재변동성의 변화는 옵션의 수익성에 영향을 주지 않는다. 그러므로 옵션을 통해 기초자산의 변동성에 순수하게 배팅을 수행하는 것은 여러분이 옵션의 전체 기간에 대해 기초자산의 변동성에 대해 맞았다고 해도 여전히 돈을 잃을 수 있기 때문에 완벽과는 먼 얘기다. 예를 들어, 옵션 매수를 통해 싼 변동성의 이점을 취하기를 원하는 트레이더가 있다고 하자. 이후 주식은 그것이 매우 변동적이었던 후에 변동적인 속성을 잃은 채로 행사가격으로부터 멀어졌다고 하자. 이는 옵션의 기간 동안 옵션의 실현변동성이 트레이더가 시작시점에 그의 옵션을 매수했을 때의 내재변동성보다 훨씬 높다는 것을 말한다. 이 경우 트레이더는 변동성에 대해 맞는 선택을 했음에도 손실을 볼 것이다. 옵션에 대한 변동성 노출의 이런 지역적 특징을 피하기 위해 분산스왑이 소개되었다.

분산스왑은 기초자산의 **연환산** 분산과 거래의 시작시점에 동의된 연환산 분산의 행사가격 차이를 지급하는 계약이다. 이것의 만기 수익구조는 아래와 같다.

$$\left(\sigma_R^2 - \sigma_K^2\right) \times N \tag{23.1}$$

여기서

- σ_R은 분산스왑의 기간 동안 연환산 실현변동성
- σ_R^2은 분산스왑의 기간 동안의 연환산 실현 분산
- σ_K는 연환산 변동성 행사가격
- σ_K^2는 연환산 분산 행사가격
- N은 분산스왑의 액면금액

어떠한 스왑이든지 시작시점의 현금흐름은 0이다. 즉 분산스왑의 가격을 산출할 때, 여러분은 만기시점의 이 스왑 기대수익구조를 0으로 만들어주는 분산 행사가격 σ_K^2를 풀어내야 한다.

다음 절에서는 옵션들을 통해 어떻게 분산스왑을 복제하는지 볼 것이다. 또 언제든지 베가가 주식가격에 대해 고정적이고 시간경과에 따라 선형적으로 감소하며 분산스왑의 감마는 시간경과에 대해 고정적이고 감마가 주식가격에 대해 가변적이지만 감마캐시는 고정적이라는 것을 볼 수 있을 것이다. 이것은 한 옵션의 행사가격 주변에서 집중된 감마와 완전히 대비되는 것이다.

23.1 분산스왑의 수익구조 예시

한 트레이더가 BMW에 대해 20%의 내재변동성 수준과 500만 유로의 액면금액을 가진 1년 만기 분산스왑을 매도했다고 가정하자. 1년 뒤에 실현된 변동성이 18%였다고 하자. 이 경우 트레이더는 아래의 금액을 받을 것이다.

$$-(0.18^2 - 0.20^2) * 5\,000\,000 = 38\,000 \qquad (23.2)$$

23.2 옵션으로 분산스왑 복제하기

분산스왑은 그것을 옵션으로 복제함으로써 더 쉽게 이해할 수 있다. 이 절에서 각 행사가격에 대해 $1/K^2$의 비중을 가진 옵션으로 구성된 옵션 포트폴리오에 $2/T$를 곱해주면 분산스왑의 수익구조를 복제한다는 것을 알 수 있다.

각 행사가격이 $1/K^2$의 비중을 가진 옵션의 포트폴리오 $\Pi(S_t)$를 가정해보자. OTM 옵션들이 가장 유동적인 까닭에, 한계지점 S^c보다 낮은 행사가격을 가진 이 포트폴리오의 모든 옵션들은 풋옵션들이고, 한계지점

S^c보다 높은 행사가격을 가진 이 포트폴리오의 모든 옵션들은 콜옵션들이다. S^c는 ATM 근처의 수준이 될 것이다. 부록 B에서 만기 T에 이 포트폴리오 $\Pi(S_t)$의 가치가 다음과 같다는 것을 증명하고 있다.

$$\Pi(S_T) = \int_0^{S^c} \frac{1}{K^2} \max[K - S_T, 0]\, dk + \int_{S^c}^{\infty} \frac{1}{K^2} \max[S_T - K, 0]\, dk$$
$$= \frac{S_T - S^c}{S^c} - \ln\left(\frac{S_T}{S^c}\right) \tag{23.3}$$

부록 B는 또한 시점 t에 대한 포트폴리오 Π의 가치가 아래에 일치한다는 것을 보여준다.[75]

$$\Pi(S_t) = \int_0^{S^c} \frac{1}{K^2}\left[Ke^{-r(T-t)}N(-d_2) - S_t N(-d_1)\right] dk$$
$$+ \int_{S^c}^{\infty} \frac{1}{K^2}\left[S_t N(d_1) - Ke^{-r(T-t)}N(d_2)\right] dk$$
$$= \frac{S_t - S^c}{S^c} - \ln\left(\frac{S_t}{S^c}\right) + \frac{\sigma^2(T-t)}{2} \tag{23.4}$$

여기서 σ는 연환산 내재변동성이고, 각각의 다른 행사가격에 대해 똑같이 적용된다고 가정하자. 스큐가 존재하기 때문에 이것을 실전과 같다고 할 수는 없다. 이것은 23.8절에서 명확하게 알아볼 것이다. $\Pi(S_t)$의 분산 노출은 식 (23.4)를 σ^2으로 미분하여 얻을 수 있다. 분산 노출 φ는 아래 값과 같다.

$$\varphi = \frac{\partial \Pi(S_t)}{\partial \sigma^2} = \frac{T-t}{2} \tag{23.5}$$

식 (23.5)는 이미 포트폴리오 $\Pi(S_t)$의 분산노출이 고정적이고 주가와 독립적이라는 것을 보여준다. 그러나 시작시점 $t = 0$일 때의 분산노출이 변동성 포인트 제곱당 1유로라는 것을 확인하기 위해 여러분은 포트폴리오 $\Pi(S_t)$의 $2/T$의 양을 가지고 있을 필요가 있다.

---

75) 이는 K에 대하여 0에서 S^c까지의 $1/K^2$ 풋옵션 가치의 적분과 S^c에서 무한대까지의 $1/K^2$ 콜옵션 가치의 적분을 합한 것으로 볼 수 있다.

식 (23.4)는 식 (23.6)이 분산스왑의 수익구조를 복제한다는 것을 증명하기 쉽게 해준다.

$$\frac{2}{T}\Pi(S_t) = \frac{2}{T}\left[\frac{S_t - S^c}{S^c} - \ln\left(\frac{S_t}{S^c}\right)\right] + \frac{\sigma^2(T-t)}{T} \tag{23.6}$$

게다가, 트레이더가 $t = 0$에서 $\Pi(S_t)$의 $2/T$를 매수했다면 공정가치는 다음과 같다.

$$\frac{2}{T}\Pi(S_0) = \frac{2}{T}\left[\frac{S_0 - S^c}{S^c} - \ln\left(\frac{S_0}{S^c}\right)\right] + \sigma^2$$

만약 트레이더가 위 포트폴리오를 완벽하게 델타 헤지한다면, 포트폴리오 내의 옵션들의 기간 동안, 연환산 실현변동성은 σ_R이며, $2\Pi(S_0)/T$의 실제가치는 아래와 같다.

$$\frac{2}{T}\Pi(S_0) = \frac{2}{T}\left[\frac{S_0 - S^c}{S^c} - \ln\left(\frac{S_0}{S^c}\right)\right] + \sigma_R^2 \tag{23.7}$$

이는 트레이더의 만기시점 수익구조가 아래와 같다는 것을 의미한다.

$$\sigma_R^2 - \sigma^2 \tag{23.8}$$

식 (23.8)은 σ_K가 모든 다른 행사가격에 대해 고정되어 있다고 가정된 포트폴리오 개별 옵션들의 내재변동성 σ와 일치할 때의 정확한 수익구조 공식이다. 내재변동성이라는 것이 미래 실현변동성에 대해서 트레이더가 할 수 있는 최상의 추정인 까닭에, 내재변동성은 공정 분산 행사가격으로 정해져야만 한다. 또 다른 방법은 만약 σ_K가 내재변동성 σ와 일치한다면, 분산스왑은 행사가당 옵션들의 $2/(T \cdot K^2)$ 수만큼에 의해 복제될 수 있다.

23.3 분산스왑의 그릭스

분산스왑의 그릭스는 식 (23.6)으로부터 쉽게 유도될 수 있다. 식 (23.7)이 포트폴리오 $\Pi(S_t)$의 모든 옵션들이 델타 헤지되었다는 것을 가정하고 있기 때문에 분산스왑의 델타는 식 (23.6)으로부터 유도될 수 없다. 그러나 내재변동성이 행사가격에 대해 고정되어 있다는 가정하에 분산스왑의 델타는 분산 수익구조가 주식가격에 독립적이므로 0이다. 분산스왑이 이른바 스큐 델타를 갖고 있다는 사실은 23.8절에서 논의될 것이다.

분산스왑의 베가, 감마, 세타에 대한 표현식을 얻기 위해 단지 식 (23.6)을 각 변수들로 미분해주면 된다. 내재변동성과 관련한 분산스왑의 민감도, 즉 분산스왑의 베가 ν는 아래와 같다.

$$\nu = \frac{\partial \left[\frac{2}{T} \Pi(S_t) \right]}{\partial \sigma} = 2 \cdot \frac{\sigma(T-t)}{T} \tag{23.9}$$

식 (23.9)는 분산스왑 매수 포지션의 베가가 항상 양(+)이라는 것을 보여주고, 또 내재변동성의 변화에 따라 베가 역시 변한다는 것을 말해준다.

내재변동성의 변화에 따른 베가 변화의 속도는 ν를 σ로 미분한 값으로부터 유도될 수 있다. 베가가 내재변동성에 대해 고정적이지 않다는 사실은 볼록성(convexity)이라고 불리며, 이는 23.9절에서 상세하게 알아볼 것이다. 분산 σ^2에 대한 분산스왑의 노출 ϕ는 아래와 같다.

$$\phi = \frac{\partial \left[\frac{2}{T} \Pi(S_t) \right]}{\partial \sigma^2} = \frac{T-t}{T} \tag{23.10}$$

식 (23.10)은 분산스왑의 분산노출이 시간경과에 따라 선형적으로 감소하고, 만기에서는 0, 시작시점에서는 1이라는 것을 보여준다.

시간과 관련한 분산스왑의 민감도, 즉 분산스왑의 시간 감쇄(time decay) 또는 세타 θ는 아래와 같다.

$$\theta = \frac{\partial \left[\frac{2}{T} \Pi(S_t) \right]}{\partial t} = -\frac{\sigma^2}{T} \tag{23.11}$$

식 (23.11)은 분산스왑의 시간 감쇄가 시간 경과에 대해 고정적이라는 것을 보여준다. 또한 분산스왑의 세타는 분산에 대해 선형종속적이다. 이는 만기의 누적세타가 전체분산과 일치한다는 것을 의미한다. 만약 주식이 분산스왑의 기간 동안 움직이지 않는다면, 이 분산스왑의 매도자가 전체 분산 행사가격 수준에 분산스왑 액면금액 N을 곱한 값을 모은 것이라는 것을 기대할 수 있을 것이다. 주식가격에 대해 분산스왑의 델타의 변화비율, 즉 분산스왑의 감마는 다음과 같다.

$$\gamma = \frac{\partial^2 \left[\frac{2}{T}\Pi(S_t)\right]}{\partial^2 S_t} = \frac{2}{T \cdot S_t^2} \tag{23.12}$$

식 (23.12)는 분산스왑의 감마가 시간경과에 대해서 고정적이라는 것을 보여준다. 또한 감마가 주식가격에 대해서는 고정적이지 않다는 것을 보여준다. 그러나 $\gamma \cdot S_t^2/100$으로(식 4.2 참조) 정의된 감마캐시는 주식가격과 시간 모두에 대해 고정적이다. **감마캐시가 시간경과와 주식가격에 대해 고정적이라는 사실은 분산스왑 매수 포지션에 대해 주어진 백분율 변화에 대한 수익이 주식가격이나 움직임의 발생시기와는 무관하게 항상 같다는 것을 의미한다. 이는 옵션 매수 포지션에 대해 주식가격이나 움직임이 발생하는 시간 모두가 수익에 상당한 영향을 미치는 단일옵션과 크게 다른 점이다. 게다가, 만일 주식가격이 행사가격에 가깝고 옵션 만기에 가까워져 있다면, 움직임에 의한 이익은 옵션이 만기에서 멀고, 주식가격이 행사가격에 근접해있지 않을 때보다 훨씬 크다.**

여러분은 3장에서 유도된 수익공식이 분산스왑에 대해 역시 유효하다는 것을 예상할 수 있다. 이는 세타를 식 (23.11)로 치환하고 감마를 식 (23.12)로 바꾸어 얻은 다음 공식을 통해 확인할 수 있다.

$$\frac{1}{2}\gamma\sigma^2 S_t^2 + \theta = 0 \tag{23.13}$$

23.4 델타가 없는 감마의 미스터리

분산스왑이 감마를 가지고 있으나 델타를 가지지 않는 것은 역설적이다. 이는 변동성이 측정되는 시간 구간들 사이에 델타캐시를 누적하지만, 각 시간 구간 후에는 0으로 재설정을 하기 때문이다. 각 시간 구간 내의 델타캐시는 감마캐시에 백분율 움직임을 곱해줌으로써 구할 수 있다. 그 시간 구간들은 분산스왑 거래 시작시점에 동의된 것들이다. 또 종가간(close to close) 변동성, 즉 일일변동성으로 초기에 정의된 것이다. 다음의 예는 변동성이 측정되는 시간 구간들이 어떻게 델타캐시와 감마캐시의 관계에 영향을 주는지 명확하게 해준다.

BMW에 대해 $\sigma_K = 32$, 즉 연환산 변동성이 32%인 2일짜리 분산스왑을 매수한 투자자가 있다고 가정하자. BMW는 그 이틀 동안 1% 움직였다. 1년을 256일이라고 가정하면 연환산 실현 변동성은 16이고, 분산스왑이 32에 샀기 때문에 투자자의 손익분기점 변동성은 하루당 2%이다.

분산스왑의 감마캐시가 100만 유로라고 가정하자. 감마캐시가 100만이고 손익분기변동성 $z =$ 하루당 2%일 때 세타는 20,000유로가 된다. 게다가, 식 (3.2)에서 절대 손익분기점 변동성이 $y = zS_t$와 일치하는 까닭에 식 (3.2)와 식 (4.2)는

$$\theta = \frac{\gamma \cdot z^2 S_t^2}{2} = \frac{\gamma_c \cdot z^2}{200} = 20\,000 \qquad (23.14)$$

분산스왑의 델타가 각 영업일의 끝에 0으로 재설정되지만, 여러분은 이 영업일 중에 분산스왑이 델타를 갖고 있다는 것을 발견할 것이다. 이는 각 영업일의 시작시점에 분산스왑의 이익은 움직임의 방향성에 대해 독립적이라는 것을 의미한다. 그러나 주식이 영업일 중에 움직일 때마다 분산스왑의 이익은 움직임의 방향에 의존하기 시작한다. 예를 들어 BMW 분산스왑의 매수자가 첫 번째 영업일의 중간시점에서 BMW가 0.5% 하락할 때 그 포지션을 순간포착한다면, 그는 자신이 500,000유로의 숏 델타캐시 포지션을 갖고 있음을 발견할 것이다. 즉, BMW가 이미 0.5% 하락할 때 분산스왑의 보유자는 주식이 하락할 때 그것이 재반등할 때보다 많은 이익을 얻는다. 이는 분산스왑의 보유자가 가능한 한 큰 움직임을 원하기 때문에 논리적이다. 주가가 또 0.5% 하락해 1% 하락으로 첫 영업일을 마칠 때 분산스왑의 이익은 다음과 같이 계산할 수 있다.

1.

$$\frac{1^2}{200} \cdot \gamma_c = 5000$$

또는

2. 첫 0.5% 움직임으로부터의 감마 이익 + 두 번째 0.5% 움직임에 대한 500,000 델타캐시의 이익(델타 이익) + 두 번째 0.5% 움직임(첫 번째 0.5% 움직임과 동등한) 감마이익, 수학적으로는 다음과 같다.

$$\frac{0.5^2}{200} \cdot \gamma_c + 0.5 \times 5 \cdot 10^5 + \frac{0.5^2}{200} \cdot \gamma_c = 5000$$

두 번째 영업일 움직임으로부터의 이익은 또한 감마캐시가 시간과 주식 가격에 대해 고정적이므로 5,000유로이다. 즉, 투자자는 두 가지 각각의 움직임에서 10,000유로를 벌었지만 세타에서 40,000유로를 잃어 30,000유로의 총손실을 입었다.

23.5 실현된 분산 변동성 vs 표준편차

분산 스왑의 수익구조에 정의된 변동성(σ_R)은 일반적인 표준편차로 정의된 것이 아니다. 분산스왑의 수익구조에 있는 변동성은 로그수익률의 제곱근에 연환산 인수를 곱해주는 것이다. 수학적으로는 아래와 같다.

$$\sigma_R^2 = \sum_{i=1}^{N_d} \left[\ln \left(\frac{S_i}{S_{i-1}} \right) \right]^2 \cdot \frac{256}{N_d} \tag{23.15}$$

여기서

- S_i는 i번째 날의 주식 종가
- $256/N_d$는 연환산 인수
- N_d는 분산스왑의 기간 동안 날짜 수

분산 수익구조의 변동성이 식 (23.15)에 따라 정의된 이유는 모든 움직임이 주가추세와 상관없이 분산 수익구조에 기여한다는 것을 확실히 하기 위함이다. 만약 주식이 특정 추세를 갖고 있다면, 표준편차는 줄어든다. 예를 들어, 10일 연속으로 1%씩 상승한 주식의 표준편차는 0이다. 즉, 로그수익률의 표준편차는 주식이 어떠한 추세를 갖고 있더라도 각 수익률로부터 구해진 평균수익률을 빼줌으로써 보충한다. 수학적으로 로그수익률의 표준편차(s_d)는 다음과 같이 정의된다.

$$s_d = \sum_{i=1}^{N_d} \left[\ln\left(\frac{S_i}{S_{i-1}}\right) - \frac{\sum_{i=1}^{N_d} \ln\left(\frac{S_i}{S_{i-1}}\right)}{N_d} \right]^2 \cdot \frac{256}{N_d} \qquad (23.16)$$

23.6 분산스왑의 이벤트 리스크 vs 단일옵션의 이벤트 리스크

분산스왑의 이벤트(event) 리스크가 단일옵션이 만기와 행사가격에 가까운 때를 제외하고는 단일옵션의 이벤트 리스크보다 훨씬 크다는 것은 이미 다룬 바 있다. 그 이유는 단일옵션의 감마캐시가 행사가격 주변에 집중되어 있는 반면에, 분산스왑은 고정적인 감마캐시를 갖기 때문이다. 이는 큰 움직임이 발생하면 수익영향이 단일옵션보다는 분산스왑이 훨씬 크다는 것을 의미한다. 단일옵션이 영향을 받기 위해서는 우선 상대적으로 행사가격에 근접해 있을 필요가 있다. 심지어 그때 단일옵션은 매우 큰 움직임에 대해서 행사가격으로부터 멀어지기 때문에 감마를 매우 빨리 잃는다. 분산스왑의 또 다른 매우 큰 특징은 특정 움직임에 대한 수익 영향이 옵션의 기간 동안 움직임이 언제 발생하는지에 의존하지 않는다는 것이다. 만기로부터 1년 정도 떨어져 있는 시기에 10% 움직임이 있었다는 것은 만기 하루 전에 10% 움직임과 동일한 수익 영향을 준다. 이는 분산스왑의 감마캐시가 고정되어 있다는 사실과 조합된 수익 공식에서 쉽게 볼 수 있다. 수익공식은 다음과 같이 기술되어 있다. 이 공식에서 z는 기초자산 주식 가격의 백분율 움직임이다.

$$\frac{\gamma_c \cdot z^2}{200}$$

움직임에 대한 수익이 분산스왑의 경우 시간 독립적이라는 사실은 움직임의 타이밍이 수익성에 중대하게 영향을 끼치는 단일옵션과는 상당히 대조적이다. 이는 단일옵션의 감마가 시간 경과에 따라 매우 크게 변하는 간단한 이유가 된다. 옵션이 ATM이라고 가정하면, 만기까지 1년이나 남은 상태에서 10% 움직이는 것은 만기 하루 전에 10% 움직이는 것에 비해 수익성이 매우 떨어진다. 게다가, 하루짜리 옵션의 감마는 1년짜리 옵션의 배수이다.

23.7 베가 노출과 분산 액면금액 사이의 관계

분산스왑을 거래하는 것의 기본은 분산 액면금액보다는 분산 스왑의 베가 노출에 관한 동의이다. 분산스왑의 베가 노출과 관련된 분산 액면금액을 계산하기 위해서, 변동성 변화에 베가를 곱해준 값이 분산의 변화에 분산 액면금액 N을 곱해준 값이 일치하는 것에서 분산 액면금액을 유도해야 한다. 즉, 분산 액면금액이 N이고, 분산 행사가격이 σ_K^2이고, 변동성 변화분이 y일 때, 여러분은 다음과 같은 식을 풀기 원할 것이다.

$$\left[(\sigma_K + y)^2 - \sigma_K^2\right] \times N = vega \times y \times 100 \tag{23.17}$$

식 (23.17)의 우변에 있는 100은 변동성이 백분율로 표현되기 때문이다. y가 작은 숫자이기 때문에, $(\sigma_K + y)^2$에 대한 테일러 급수 확장[76]은 식 (23.17)을 다음과 같이 줄일 수 있다.

76) 만약 $f(y)$가 함수이면, 테일러 급수는 함수 $f(y)$를 다음과 같이 쓸 수 있다.

$$f(y) = f(0) + f'(0)y + \frac{f''(0)y^2}{2!} + \frac{f'''(0)y^3}{3!} + \cdots\cdot\cdot$$

$$\sigma_K^2 \cdot N + 2\sigma \cdot y \cdot N - \sigma_K^2 \cdot N = vega \cdot y \cdot 100$$
$$\Downarrow$$
$$N = \frac{vega}{2\sigma} \cdot 100 \qquad (23.18)$$

23.8 스큐 델타

이전 절에서 살펴본 분산스왑의 유도와 결론은 내재변동성이 행사가격에 고정적이라는 가정에 기초한다. 5장은 스큐의 효과가 낮은 행사가격에 대해 높은 내재변동성의 결과를 가져옴으로써 이런 가정이 유효한 것이 아니라는 것을 보여주고 있다. 이 스큐 효과는 σ_K가 ATM 변동성보다 크다는 것을 의미한다. 보다 중요하게, 이것은 분산스왑이 결국 델타를 갖고 있다는 것을 의미하며, 이는 분산스왑의 매수자가 시장이 하락할 때, 시장변동성이 커지고, ATM 내재변동성이 커짐으로써 이익을 얻게 되기 때문이다. 스큐 효과로부터 야기된 분산스왑의 델타는 **스큐 델타**(*skew delta*)로 더 잘 알려져 있다. 분산스왑의 스큐 델타는 다음의 예를 통해 쉽게 계량되고, 명확해질 수 있다.

BMW에 대한 1년 만기 분산스왑을 $\sigma_K = 20$에 매도한 트레이더가 있다고 하자. 이때 그가 매도한 베가는 25,000유로이다. 스큐는 BMW 주가가 매 1%씩 하락할 때마다 ATM 내재변동성이 0.2%씩 증가하는 것으로 확인할 수 있다. 트레이더가 25,000유로의 숏 베가이기 때문에, BMW 가격의 매 1% 하락 움직임은 분산스왑의 5,000유로 손실로 해석할 수 있다(σ_K는 20.20까지 상승할 것이고, $0.2 \times 25{,}000 = 5{,}000$유로 손실이 된다). 스큐의 결과로 발생된 분산스왑의 역동성에 대한 노출을 헤지하기 위해, 트레이더는 그의 스큐 델타로써 역할하는 BMW의 500,000유로치 델타 캐시를 매도해야만 한다. 이 스큐 델타는 BMW 주가가 1% 하락하는 결과로 발생하는 분산스왑의 손실을 정확히 상쇄한다. 이는 1% 하락시 그가 5,000유로를 스큐 델타에서 벌 것이기 때문이다($500{,}000 \times 0.01 = 5{,}000$).

23.9 베가 볼록성

분산스왑의 베가는 내재변동성에 대해 고정적이지 않다. 즉, 내재변동성이 변할 때마다 분산스왑의 베가 노출은 변한다. 이는 식 (23.9)의 ν를 σ로 미분하여 알 수 있다.

$$\frac{\partial \nu}{\partial \sigma} = \frac{\partial^2 \left[\frac{2}{T}\Pi(S_t)\right]}{\partial^2 \sigma} = 2 \cdot \frac{(T - t)}{T} \tag{23.19}$$

식 (23.19)는 내재변동성이 상승하면, 분산스왑의 베가 노출이 증가한다는 것을 보여준다.[77] 같은 이유로 내재변동성이 하락하면 분산스왑의 베가는 마찬가지로 감소한다. 스큐 때문에, 시장이 하락하면 ATM 내재변동성이 올라가고, 이는 베가 노출이 커진다는 것으로 재해석할 수 있다. 이는 기초자산이 하락할 때 베가 노출이 상승한다는 것을 의미하며, 반대의 경우도 마찬가지다.[78] 이 원칙은 베가 볼록성(vega convexity)으로 불린다. 즉, 시장이 하락하면 분산스왑의 베가가 상승하고, 시장이 올라가면 분산스왑의 베가가 하락한다. 이는 식 (23.18)에서 보여지기도 한다. 어떤 날이라도 내재변동성이 상승하면, 베가는 분산 액면에 대해 상승해야 한다.

77) Vomma는 양(+)이다.

78) Vanna는 음(−)이다.

chapter 24

Dispersion

Dispersion(이산)은 문자 그대로 넓게 흩어짐을 의미한다. 트레이딩에서, dispersion은 여러분이 바스켓 구성원의 변동성들에 대항하여 바스켓 변동성을 거래한다는 것을 의미한다. 바스켓의 변동성 숏이고 바스켓 구성원들의 변동성 롱인 것이 dispersion이라고 불리는 이유는 이 거래가 구성원들이 역의 상관관계, 즉 −1일 때 돈을 벌 수 있기 때문이다. 이는 두 개의 구성원 A와 B가 동일한 비중을 가진 바스켓을 가정해봄으로써 확인할 수 있다. 만약 A와 B가 모두 변동성이 크고 (이 경우 변동성 롱일 때, 수익을 낼 수 있음) A와 B가 완벽하게 역으로 상관관계에 있다고 하자. 즉 A의 움직임이 B에 대해 반대이며, 사실상 이는 바스켓이 움직이지 않는다는 것을 의미한다. 그러므로 바스켓에 대해 변동성 숏인 것은 마찬가지로 돈을 벌게 한다. 이번 장은 dispersion 거래를 좀 더 자세하게 논의해보고, 그 구성원으로부터 어떻게 바스켓 변동성이 유도되는지를 볼 것이다. 또 롱 dispersion이 단순히 숏 상관관계이기보다는 숏 상관관계와 롱 변동성을 합한 것이라는 점을 보여줄 것이다.

24.1 바스켓 옵션 가격 산출

바스켓 옵션은 전형적으로 몬테카를로 과정으로 가격을 산출한다. 그러나 dispersion의 이론을 좀 더 잘 이해하기 위해서는 바스켓 옵션을 가격 내기 위해 블랙-숄즈 공식을 사용할 줄 아는 것이 필수적이다. 안타깝게도 바스켓 옵션은 그 구성원들이 로그분포되어 있다 해도 그 자신은 로그분포되지 않는다. 그러므로 바스켓 옵션을 정확하게 가격내기 위해 블랙-숄즈 공식을 사용하는 것은 불가능하다. 그럼에도 불구하고, 여러분은 $\ln\left(\sum_{i=1}^{n} w_i S_{i,t}\right)$을 추정하기 위해 로그분포된 $\ln\left(\prod_{i=1}^{n} S_{i,t}^{w_i}\right)$를 사용할 수 있다. 이러한 추정은 여러분으로 하여금 블랙-숄즈 공식을 통해 바스켓 옵션의 가격을 산출할 수 있게 해준다. 이 방법이 바스켓 옵션에 대한 정확한 가격을 제공하지는 않겠지만, 바스켓 옵션에 관한 특성들을 유도할 수 있는 기회를 주며, 그 특성들은 dispersion 거래를 이해하는 데 중추적인 역할을 한다.

24.2 구성원들로부터 유도된 바스켓 변동성

n개의 구성원 $S_{i,t}$을 가진 바스켓 B_t를 가정해보자. 각 구성원의 비중은 w_i이다. 수학적으로 이 바스켓은 다음과 같이 보일 것이다.

$$B_t = \sum_{i=1}^{n} w_i S_{i,t}, \qquad \sum_{i=1}^{n} w_i = 1 \tag{24.1}$$

만약 각 구성원 $S_{i,t}$의 ATM 내재변동성이 σ_i[79]이라면, 통계는 바스켓의 ATM 내재변동성 σ_b가 다음에 의해 결정된다는 것을 보여준다.[80]

$$\sigma_b^2 = Var\left[\ln\left(\sum_{i=1}^{n} w_i S_{i,t}\right)\right] \tag{24.2}$$

$$\approx Var\left[\ln\left(\prod_{i=1}^{n} S_{i,t}^{w_i}\right)\right] \tag{24.3}$$

$$= \sum_{i=1}^{n}\sum_{j=1}^{n} w_i w_j Cov\left(\ln\left(S_{i,t}\right), \ln\left(S_{j,t}\right)\right)$$

$$= \sum_{i=1}^{n}\sum_{j=1}^{n} w_i w_j \sigma_{ij}$$

$$= \sum_{i=1}^{n}\sum_{j=1}^{n} w_i w_j \sigma_i \sigma_j \rho_{i,j}$$

$$= \sum_{i=1}^{n} w_i^2 \sigma_i^2 + \sum_{i=1}^{n}\sum_{j=1, j\neq i}^{n} w_i w_j \sigma_i \sigma_j \rho_{i,j} \tag{24.4}$$

---

79) 이런 서술은 단지 간편함을 위한 것이다. 안타깝게도, 내재변동성이 시간에 대해 독립적이라면, 실제로는 당연히 그렇지 않은데, 기만하는 것일 수도 있다. 내재변동성은 차라리 $\sigma_i(T-t)$라고 가정하는 것이 나을 것이다. 다만 간편함을 위해 $(T-t)$를 제거한 것이다.

80) 식 (24.2)는 젠센 부등식을 함축적으로 이용하게 한다. 다시 한번 젠센 부등식은 다음과 같다.

$$\sqrt[n]{\prod_{i=1}^{n} \left(S_{i,t}\right)^{w_i}} \leq \frac{1}{n}\sum_{i=1}^{n} w_i S_{i,t} \qquad \sum_{i=1}^{n} w_i = 1$$

그러므로 $Var\left[\ln\left(\sum_{i=1}^{n} w_i S_{i,t}\right)\right]$를 추정하기 위해 $Var\left[\ln\left(\prod_{i=1}^{n} S_{i,t}^{w_i}\right)\right]$를 사용하도록 하자.

여기에서

- σ_{ij}는 $\ln(S_i)$와 $\ln(S_j)$의 공분산이다.
- σ_i는 S_i의 내재변동성이다.
- ρ_{ij}는 $\ln(S_i)$와 $\ln(S_j)$의 상관관계이다.

24.3 Dispersion 거래

실전에서 dispersion을 거래하기는 매우 쉽다. 10개의 동등한 비중을 가진 주식으로 구성된 바스켓을 가정해보자. 투자자가 구성원들에 대해 롱 변동성이면서 바스켓에 대해 숏 변동성이기를 원한다고 하자. 이를 투자자가 달성할 수 있는 방법은 바스켓의 구성 종목들에 대한 베가를 비중대로 매수하고, 바스켓 자체의 베가를 매도하는 것이다. 투자자는 옵션을 매수하거나 분산스왑(23장 참조)을 매수함으로써 베가를 매수할 수 있다. 바스켓에 대해 숏 베가가 되기 위해서 그는 바스켓에 대한 옵션들을 매도하거나 바스켓에 대한 분산스왑을 매도해야 한다. 이 투자자는 바스켓에 대해 1백만 유로의 베가 숏이기를 원하고, 따라서 각 주식에 대해 100,000유로 롱이기를 원한다. 주식들의 가중평균 내재변동성이 25이고, 바스켓의 내재변동성이 17이라고 가정하자. 이 경우 투자자는 주식들의 가중평균 내재변동성과 바스켓의 내재변동성간 스프레드가 넓어질수록 돈을 벌 수 있을 것이다.[81]

24.4 상관관계의 조건으로 dispersion 쿼트

Dispersion은 전형적으로 상관관계의 용어로 쿼트(quote)[82]된다. 식

81) 24.5절은 가중평균 변동성과 지수의 내재변동성 사이의 스프레드가 넓어지는 것이 롱 dispersion 포지션에서 항상 돈을 만드는 것은 아니라는 것을 설명하고 있다. 즉 전체 변동성이 하락할 때, 심지어 스프레드의 넓어짐으로 인해 손실을 입을 수도 있다. 롱 dispersion포지션이 스프레드의 넓어짐으로부터 수익을 내기 위해 지수의 베가 포지션이 주식들의 누적 베가 포지션보다 클 때의 비율로 dispersion이 거래된다. 이는 24.6절에서 논의된다.

82) 역주: quote는 흔히 호가, 즉 값을 부른다는 뜻으로, 시장에서 가격을 매길 때 쓰는 용어다.

(24.2)는 구성원의 변동성과 바스켓 내 주식들 사이의 상관관계로 지수나 바스켓의 변동성을 표현할 수 있다는 것을 보여준다. 하나의 상관관계 숫자로 dispersion을 측정하기 위해서 여러분은 $\rho_{i,j}$가 모든 i와 j에 대해 상수이고 ρ_b와 일치한다는 것을 가정해야 한다. 식 (24.2)로부터 여러분은 이 상관관계 ρ_b을 다음과 같이 유도할 수 있다.

$$\rho_b = \frac{\sigma_b^2 - \sum_{i=1}^n w_i^2 \sigma_i^2}{\sum_{i=1}^n \sum_{j=1, j \neq i}^n w_i w_j \sigma_i \sigma_j} \tag{24.5}$$

24.5 Dispersion은 변동성과 상관관계의 조합을 거래한다는 의미이다

투자자가 dispersion 매수라고 가정하자. 즉, 그는 바스켓의 주식들에 대해 그 비중에 따라서 롱 베가 포지션이다. 또 바스켓 그 자체에 대해 숏 베가 포지션이다. 수학적으로는 투자자의 포지션이 다음과 같다.

$$\sum_{i=1}^n w_i \sigma_i - \sigma_b \tag{24.6}$$

식 (24.2)는 이 포지션이 다음과도 같다는 것을 보여준다.

$$\sum_{i=1}^n w_i \sigma_i - \sigma_b = \sum_{i=1}^n w_i \sigma_i - \sqrt{\sum_{i=1}^n \sum_{j=1}^n w_i w_j \sigma_i \sigma_j \rho_{i,j}} \geq 0 \tag{24.7}$$

식 (24.7)은 롱 dispersion이 개별 주식에 대해 롱 변동성임을 의미한다는 것을 보여준다. 이는 $-1 \leq \rho_{i,j} \leq 1$이기 때문에 명확해지므로 다음과 같다.

$$\begin{aligned} \sum_{i=1}^n w_i \sigma_i &= \sqrt{\sum_{i=1}^n \sum_{j=1}^n w_i w_j \sigma_i \sigma_j} \\ &\geq \sqrt{\sum_{i=1}^n \sum_{j=1}^n w_i w_j \sigma_i \sigma_j \rho_{i,j}} \end{aligned}$$

즉, 모든 것이 동일하다면(상관관계와 비중이 변하지 않는다면), 개별주식의 변동성들이 상승할 때 롱 dispersion 포지션은 수익이 난다. 롱 dispersion 포지션이 개별주식 변동성에 대해 롱 포지션이라는 것을 알기 때문에, 식 (24.7)은 이제 dispersion이 일반적으로 측정되는 고정 상관관계 ρ_b로 다시 표현될 수 있다. 이를 통해 롱 dispersion 포지션에 대해 어떤 민감도가 있는지 알 수 있다.

$$\sum_{i=1}^{n} w_i\sigma_i - \sigma_b = \sum_{i=1}^{n} w_i\sigma_i - \sqrt{\sum_{i=1}^{n} w_i^2\sigma_i^2 + \sum_{i=1}^{n}\sum_{j=1,j\neq i}^{n} w_i w_j \sigma_i \sigma_j \rho_b} \tag{24.8}$$

식 (24.8)은 롱 dispersion 포지션이 숏 상관관계임을 보여준다. 즉 상관관계가 하락하면, 롱 dispersion은 수익을 낸다.

요약하면, 롱 dispersion 포지션은 무엇보다 먼저 상관관계 숏 포지션이다. 이는 개별 구성원들이 역 상관관계일수록 롱 dispersion 포지션의 이익이 커진다는 것을 의미한다. 롱 dispersion 포지션은 또한 개별 주식 변동성에 롱 노출 포지션이라는 것을 인지하자. Dispersion 포지션이 오직 숏 상관관계 포지션을 갖게 하기 위해, 트레이더는 일반적으로 지수나 바스켓의 베가와 동일한 사이즈로 주식 누적베가를 거래하지는 않는다. 다음 절에서는 dispersion의 각 베가가 오직 상관관계에 대한 노출을 갖게끔 비율을 만드는지 보여줄 것이다.

24.6 비율조정된 베가 dispersion

앞 절에서 언급한 바와 같이, dispersion은 실제로 숏 상관관계 거래가 아니다. 게다가, 상관관계의 감소가 개별 주식들의 변동성 감소에 의해 상쇄될 수도 있다. 이런 이유로 트레이더는 일반적으로 그들이 개별 주식의 베가와 비교한 지수의 베가를 거래하는 사이즈의 비율을 정한다. 단독 상관관계 포지션을 구축하고 잔여 롱 변동성 포지션을 버리기 위해 요구된 비율을 결정하는 것은 간단하고 직관적이어서 이해하기 쉽다. 게다가 이 비율은 가중평균 주식변동성 수준과 지수변동성 수준의 비율과 다를 바 없다. 가중평균주식 변동성이 25이고 지수변동성이 17인 24.3절의 예를 가정해보자. 효과적으로 오직 숏 상관관계 포지션을 구축하기 위해 여러분은 1:$\frac{25}{17}$비율의 dispersion을 거래해야 한다. 이는 여러분이 누적 개별 주식 포지션과 비교하여 지수의 베가에 대해 25/17배 숏을 취해야 한다는 것을 의미한다. 즉 누적 개별 주식 포지션이 100만 유로 베가이면, 지수의 147만 유로 베가 숏포지션이 실제적인 순수 숏 상관관계 포지션을 준다는 것이다. 분산스왑을 통해 dispersion을 거래할 때 여러분은 올바른 비율을 넣기 위해 주의해야 한다. 분산스왑을 통한 dispersion이 아래 포지션과 동등하기 때문에

$$\sum_{i=1}^{n} w_i \sigma_i^2 - \sigma_b^2 \tag{24.9}$$

비율은 우선 베가가 아닌 분산 액면으로 표현되어야 한다. 분산액면이 거래되어야 하는 비율은 그때 가중평균 개별 주식변동성과 지수변동성 사이의 비율의 제곱에 의해 유도된다. 이는 가중평균 개별 주식변동성이 25이고 지수변동성이 17, 누적 개별 주식 분산액면이 2억 유로라면, 지수에 대한 분산액면은 2억 × $(25/17)^2$ = 4억 3,253만 유로가 되어야 한다.

24.7 Dispersion에 내재된 스큐 델타 포지션

모든 dispersion 포지션은 스큐 델타 포지션을 내재하고 있다. 이는 지수의 스큐가 거의 항상 개별 주식들의 스큐보다 가파르다는 사실로부터 유래한다. 이는 전체시장은 시장이 하락할 때 좀 더 변동적이고 시장이 올라갈 때 덜 변동적인 반면, 개별 주식은 하방과 마찬가지로 상방에 대해서는 변동성이 클 수도 있기 때문이다. 지수가 개별 주식들보다 가파른 스

큐를 갖고 있다는 사실은 다른 변수들이 동일하다고 할 때, 비율화된 dispersion 매수 포지션은 시장이 올라감에 따라 수익을 내고, 시장이 하락함에 따라 손실을 입는다는 사실의 결과가 된다. 게다가, 시장이 상승할 때마다 롱 비율화된 dispersion 내의 숏 지수 내재변동성은 개별 주식들의 내재변동성보다 더 하락한다. 이는 지수의 스큐가 개별 주식의 스큐보다 가파르기 때문이다. 시장이 하락할 때 가파른 지수 스큐는 역의 결과를 낳는다. 즉, 숏 지수 포지션은 롱 개별 주식변동성이 내는 수익보다 더 큰 손실을 입는다. 요약하자면, **롱 dispersion은 지수나 바스켓의 스큐가 개별 주식 구성원의 스큐보다 가파른 까닭에 사실상 롱 델타이다.** 이는 dispersion 매수 포지션이 스큐 델타 매수 포지션을 내재하고 있다는 의미인데, 이 스큐 델타는 예를 들어 지수에 대한 델타 매도를 통해 헤지할 수 있다.

chapter 25

구조화 금융상품의 설계

Exotic Options Trading

이 장에서는 각기 다른 리테일 투자자와 어떻게 하면 각 투자자들의 니즈에 알맞은 구조를 금융학적으로 설계할 수 있는지를 논의할 것이다. 이 장에서 논의된 구조화 상품들은 전형적으로 복잡하지도 않을 뿐더러 이색적인 것도 아니다. 하지만 금융 설계된 리테일 상품들이 투자자 수요의 중요한 부분이기 때문에, 이 장은 구조화채권이 다른 투자자 특성의 금융수요를 달성하기 위해 어떻게 구조화될 수 있는지를 보여줄 것이다. 기본적으로 세 가지 유형의 리테일 투자자가 있다. 그의 돈을 원금보장이 되는 상품에 투자하기를 원하는 위험회피형(risk averse) 리테일 투자자, 주식시장에 대해 일정부분 노출을 원하지만 여전히 균형잡히고 리스크에 대해 심사숙고하는 리테일 투자자, 그리고 금융 구조화를 통해 그의 예측에 대해 레버리지를 일으키고 싶어 하는 리테일 투자자가 있다.

25.1 원금보장형 상품들

원금이 보장되는 상품은 주식시장에 약간의 노출을 원하는 리스크 회피형 투자자에게 적합한 상품이다. 원금보장상품의 원칙은 투자자가 무이자 할인채(zero coupon bond)를 매수하고, 무이자 할인채의 현재가치가 100% 미만이기 때문에, 100%와 할인채의 현재가치 사이의 차이를 주식시장에 노출시키는 옵션을 매수하는 것이다. 즉 원금보장형 상품으로, 투자자는 콜이나 풋옵션에 투자하기 위해 쿠폰을 포기하는 것이다. 예를 들어, BMW에 대해 긍정적인 전망을 하는 리스크 회피형 투자자는 채권에서 나오는 쿠폰을 받는 대신에, 콜옵션에 참여하는 구조를 매수하기 위해 쿠폰을 투자하는 원금보장형 상품을 매수할 수 있다.

분명 투자자가 BMW에 대해 부정적인 전망을 갖고 있다면, 그는 쿠폰을 포기함으로써 풋옵션에 참여하는 구조를 매수할 것이다. 위험회피형 투자자가 내년도 BMW의 주가전망을 부정적으로 생각한다고 가정하자. 이 투자자는 BMW가 하락하면 가치가 올라가는 원금보장형 구조를 매수하고 싶을 것이다. 이때 1년 만기 할인채가 95.5%의 가치를 갖고 있다고 하자. 또 BMW에 대한 1년 만기 ATM 풋의 가치가 5.625%라고 하자. 투자자는 무이자 할인채를 매수하고 80% 참여((100 – 95.5)/5.625)하는 ATM 풋을 매수할 수 있을 것이다. 투자자가 1,000만 유로를 투자하려 하고 BMW 주가가 40유로에 거래되고 있다고 하자. 이는 투자자가 1,000만 유로 가치의 무이자 할인채를 매수하고, 800만 유로 가치의 BMW ATM 풋을 매수한다는 것을 의미하며, 이는 원금보장형 구조화채권이 200,000개의 ATM 풋을 내재하고 있다는 것이다. 투자자가 ATM 풋에 오직 80% 참여를 하고 있기 때문에, 투자자는 BMW의 하락에 대해 80%만큼만 이익을 얻는다. 이는 1년 뒤 BMW가 50% 하락한다면, 투자자가 투자된 액면금액의 40%를 수익으로 남긴다는 것이다. 그러므로 1년 뒤에 1,400만 유로를 받게 될 것이다. 즉 1,000만 유로를 무이자 할인채에서 받고 내재된 풋으로부터 400만 유로를 받는다. 1년 뒤 수익구조는 그림 25.1과 같다.

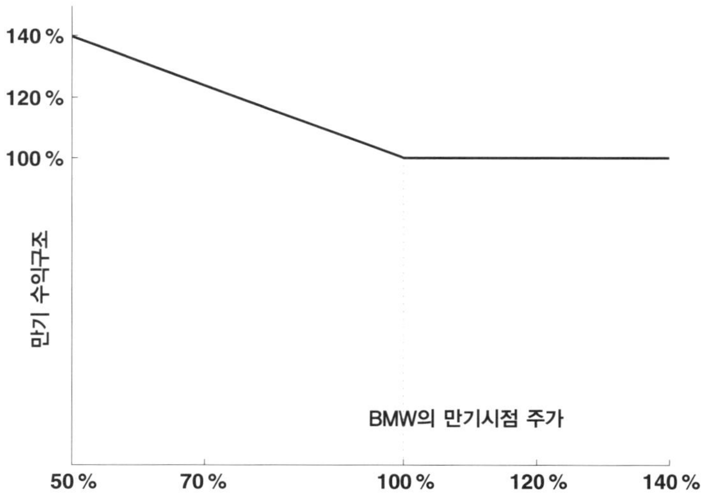

그림 25.1 ● 하락형 원금보장 구조화채권의 만기 수익구조(투자자는 BMW 주가하락의 80% 이익을 갖게 됨)

25.2 원금보장형 상품에 매력적인 시장환경

시장환경에 따라 옵션의 참여율, 다시 말해 주식시장에 대한 노출 수위가 커질수록 원금보장형 상품이 보다 매력적으로 보일 수 있다. 이는 두 가지 방법으로 도달된다. 무이자 할인채의 현재가치가 낮거나(옵션에 투자할 수 있는 가용 프리미엄이 커지고 따라서 주식시장에 대한 참여율이 커진다) 또는 옵션프리미엄이 낮은(이 경우 역시 주식시장에 대한 참여율을 증가시킨다)경우이다. 분명한 건 할인채의 현재가치는 이자율이 높을수록 낮아진다는 것이다. 옵션 프리미엄은 우선 내재변동성이 낮을수록 낮아진다. 주가하락에 배팅하는 원금보장형 상품이 풋을 내재하고 있기 때문에 기초자산의 배당수익이 낮을 때 옵션 프리미엄이 낮아진다. 주가상승에 배팅하는 원금보장형 상품은 무이자 할인채와 콜옵션의 참여를 더한 것이다. 그러므로 참여율은 배당률이 클수록 커진다. 요약하면, 주가상승에 배팅하는 원금보장형 상품을 보다 매력적으로 만들어주는, 즉 콜옵션의 참여율이 높아지는 시장환경은 다음과 같다.

- 이자율이 높을수록 무이자 할인채의 현재가치가 낮아지고, 이에 따라 주가상승에 배팅하는 원금보장형 상품에 내재된 콜옵션의 참여율에 투자할 수 있는 프리미엄이 커진다.
- 기초자산의 내재변동성이 낮을수록 콜옵션의 프리미엄이 낮아진다. 주가상승에 배팅하는 원금보장형 상품에 대한 콜옵션 참여율이 높아질 수 있다.
- 배당률이 높을수록 콜옵션 프리미엄이 낮아지고, 그러므로 주가상승에 배팅하는 원금보장형 상품에 내재된 콜옵션의 참여율이 높아진다.

주가하락에 배팅하는 원금보장형 상품들은 아래에 요약된 바와 같은 시장환경에서 매력적일 수 있다.

- 이자율이 높을수록 무이자 할인채의 현재가치가 낮아지고, 이에 따라 주가하락에 배팅하는 원금보장형 상품에 내재된 풋옵션의 참여율에

투자할 수 있는 프리미엄이 커진다.

- 기초자산의 내재변동성이 낮을수록 풋옵션의 프리미엄이 낮아진다. 주가하락에 배팅하는 원금보장형 상품에 내재된 풋옵션 참여율이 높아질 수 있다.
- 배당률이 낮을수록 풋옵션 프리미엄이 낮아지고, 그러므로 주가하락에 배팅하는 원금보장형 상품에 내재된 풋옵션의 참여율이 높아진다.

25.3 조심스러운 주식 투자자를 위한 노출 상품

15장에서 논의된 바 있는 리버스 컨버터블은 리스크에 대해 약간의 선호를 가진 조심스러운 주식 투자자가 매수할 만한 전형적인 투자 유형이다. 리버스 컨버터블은 15장에서 이미 논의된 바 있으므로 이 절에서는 약간의 리스크 선호를 가진 조심스러운 주식투자자들이 투자할 만한 또 다른 변형을 보여줄까 한다. 이 상품은 가끔 에어백(*airbag*)이라는 이름으로 불리며, 리버스 컨버터블과 마찬가지로 이 구조화채권은 Down & In Put이나 일반 풋을 통해 주식시장에 노출된다. 추가적인 특징으로 이 구조화채권의 쿠폰은 주가의 특정 낮은 수준에 대해 조건부이며, 따라서 리버스 컨버터블보다 높은 쿠폰을 제공한다. 사실, 이 구조화채권은 조건부 쿠폰이 투자자가 하락시 풋이나 Down & In Put으로 인해 투자손실을 입는 것뿐만 아니라, 기초자산이 지나치게 가치하락하면 그의 쿠폰도 잃을 수 있다는 것을 의미하므로, 하방에 대해 일정부분 레버리지를 일으킨 셈이 된다. 이 조건부 쿠폰은 대개 Down & Out Put으로 가격을 낸다. 다음 예에서 그 가격 산출이 보인다.

BMW에 대해 조건부 쿠폰이 달려 있는 1년 만기 리버스 컨버터블을 매수하길 원하는 투자자가 있다고 하자. 1년 만기 100/80% 녹인 리버스 컨버터블이 만기에 쿠폰 7.5%를 지불한다고 하자. 투자자는 구조화채권의 기간 동안 언제라도 BMW의 주가가 최초기준가격의 85% 미만으로 하락한 적이 있는 경우에 그의 쿠폰을 잃을 각오가 되어 있다. 쿠폰이 조건부이기 때문에 이 구조화채권의 쿠폰은 7.5%보다 높다. 여러분이 공정가치를 100%로 만드는 쿠폰을 풀어내는 리버스 컨버터블과 달리, 조건부 쿠폰이 달린 리버스 컨버터블은 쿠폰을 직접적으로 풀어내지 않고, 무이자 할인채의 상환과 행사가격이 0%인 Down & Out Put[83]의 리베이트를 통해 간접적으로 풀어낸다. 이 리베이트는 무이자 할인채의 100%를 초과하는 상환금액과 일치한다. 즉, 100%를 초과하는 상환금액과 Down & Out Put의 리베이트는 조건부 쿠폰이 달린 리버스 컨버터블의 가치를 100%로 만드는 변수로 사용된다. 조건부 쿠폰이 10%라는 것은 다음의 구조가 100%의 가치를 갖고 있다는 것을 의미한다.

- 100%가 아닌 110%를 지급하는 1년 만기 무이자 할인채의 가격(트레이더 매도) **−(마이너스)**
- 1년 만기 100/80% Down & In Put의 가격(트레이더 매수), 이때 트레이더는 배리어 근처의 델타 변화 때문에 100/77% Down & In Put으로 가격을 낼 것이다. 리버스 컨버터블과 같이, Down & In Put은 쿠폰을 강화하는 데 쓰인다. **−(마이너스)**
- 리베이트가 10%인 0/85% Down & **Out** Put의 가격(트레이더 매수). 이때 트레이더는 배리어 근처에서의 델타 변화 때문에 0/83% Down & Out Put으로 가격을 낼 것이다(트레이더는 BMW 주가가 하락하여 배리어를 치면 리베이트가 생기기 때문에 돈을 번다). 배리어를 시프트시켜 Down & Out Put을 가격 산출하면 가격은 감소한다. 즉 트레이더는 낮은 프리미엄을 주고 이 옵션을 매수하는 것이다. 리베이트는 지급이 연기되어 전체 구조의 만기에 지급된다. 그리고 투자자는 언제든 85%가 터치되었을 경우 만기에 100%만 받게 된다(즉, 리베이트 10%는 취소된다). 리베이트와 무이자 할인채의 100% 초과분이 같고, 그러므로 조

83) 행사가격이 0%인 Down & Out Put이라는 것은 녹아웃이 될 때에만 리베이트를 지급하는데, 행사가격이 0%이므로 무조건 리베이트를 지급한다는 것을 의미한다.

건부 쿠폰을 풀어내는 데 있어, Down & Out Put의 리베이트와 무이자 할인채의 상환금액이 연결되어 있다는 것을 이해하는 것이 중요하다.

조건부 쿠폰이 달린 리버스 컨버터블의 수익구조는 그림 25.2에서 볼 수 있다. 점선은 Down & In Put이 실제로 녹인되었을 경우에만 발생한다. 조건부 쿠폰이 높을 수 있는 시장 환경은 이자율이 높고, 기초자산의 내재변동성과 배당률이 클 경우이다.

조건부 쿠폰이 달린 리버스 컨버터블에도 많은 변형이 있다. 예를 들어 하방에 대해 Down & In Put으로 보호하는 대신에, 여러분은 투자자가 BMW의 하방에 대해 완전히 노출되는 구조화채권을 생각해볼 수 있다. 10% 쿠폰은 여전히 BMW가 최초기준가격의 85%를 터치하지 않는 한 조건부로 있다. Down & In Put을 통한 보호를 포기하고 BMW 주가의 하방에 대해 참여함으로써, 투자자는 110% 초과하여 최대 135%까지 상방에 대해 참여할 수 있게 된다. 이 구조는 다음과 같이 가격산출할 수 있다. 또한 100%의 가치를 갖고 있다. 구조는 복잡해보이지만, 여전

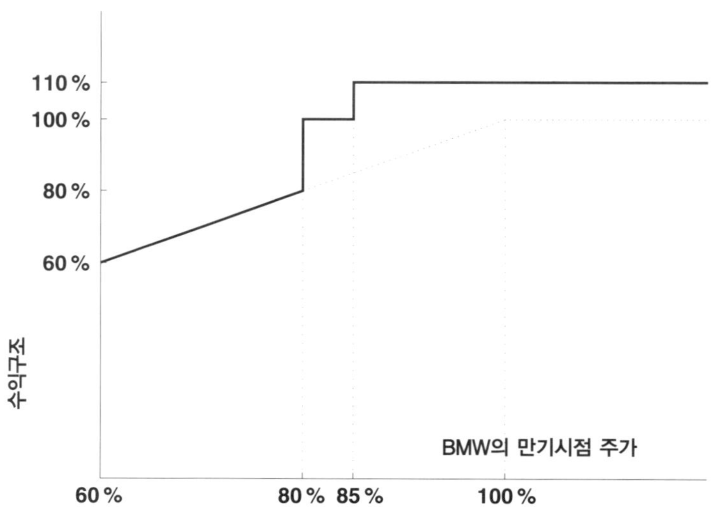

그림 25.2 • 10%의 조건부 쿠폰을 가진 리버스 컨버터블의 만기 수익구조(쿠폰은 BMW가 85% 초과일 때 유효하며, 투자자는 BMW에 대한 100%/85% 녹인 풋을 매도했음)

히 옵션들의 시리즈와 배리어 옵션으로 가격을 산출할 수 있다. 그러나 가격은 꽤 뒤얽혀 있고, 새로운 옵션 수익구조를 만들어내기보다는 기존의 옵션의 금융공학적 조합으로 혁신적인 구조를 창조해낼 수 있는 가능성을 보여주고 있다. 그러므로 아래의 가격산출은 이론에 더해지기보다는 연습으로 보는 것이 나을 것이다.

- 트레이더가 매도하는 0% 행사가격 콜. 이 0% 행사가격 콜은 100%에서 배당률을 뺀 값으로, 투자자는 하방과 상방에 대해 모두 노출된다.
- 트레이더는 풋이 85%에 녹아웃되는 110/100% 풋스프레드를 매도한다. 110/100% 풋스프레드가 85%에 녹아웃되고, 0% 행사가격 콜과 함께 투자자는 주가가 한 번도 85%를 터치한 적이 없으면, 10%의 쿠폰을 받는다. 그렇지 않으면 투자자는 하방에 대해 완전히 노출된다.
- 트레이더가 135% 콜을 매수한다. 투자자가 상방에 대해 참여하는 것은 135%로 제한된다.
- 트레이더가 100/110% 콜스프레드를 매수한다. 그러나 콜은 Down & In Call이고 BMW 주가가 85%를 터치할 때 넉인된다. 이는 투자자가 BMW의 주가가 85%를 터치하면 첫 10% 상방에 참여하지 않는다는 것을 의미한다. 85%를 터치하지 않은 경우, 110/100% 풋스프레드와 조합된 0% 행사가격 콜은 투자자가 하방에 대해 완전히 노출되어 있는 동안 10% 쿠폰을 받는다는 것을 의미한다. 즉 투자자의 수익은 85%에서 100%까지는 0% 행사가격 콜에서 얻는 수익보다 10%씩 높다. 그러므로 이 100/110% 콜스프레드는 오직 85%가 터치되었을 경우에만 살아 있을 필요가 있다. 그래서 이 콜은 Down & In Call인 것이다.

  이론적으로, 여러분은 100/85% Down & In Call에 하방으로 배리어 시프트를 적용할 수 있을 것이다. 그러나 배리어 근처에서의 가치 변화는 작을 것이고, 델타 변화에 따른 노출은 또한 부분적으로 110/85% Down & In Call 숏 포지션에 의해 상쇄될 것이다.

그림 25.3은 조건부 쿠폰이 달린 리버스 컨버터블의 위 변형의 수익구조

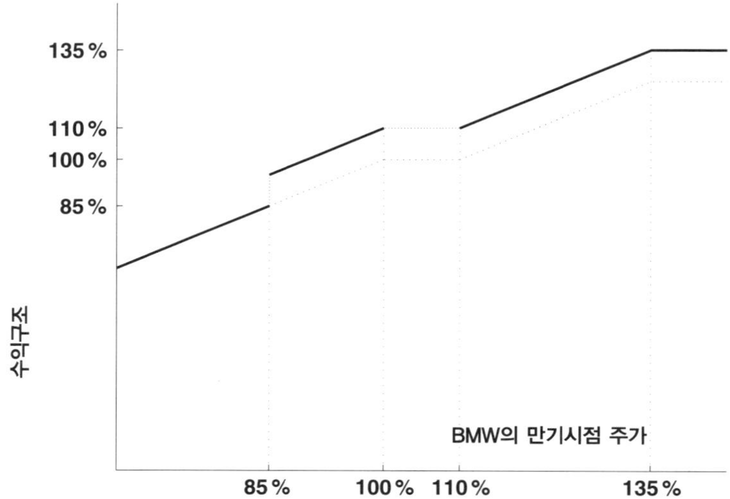

그림 25.3 ● 10%의 조건부 쿠폰을 가진 리버스 컨버터블의 만기 수익구조(쿠폰은 BMW가 85% 초과일 때 유효하며, 투자자는 하락에 100% 참여하고, 상승시 110%에서 135%까지 100% 참여함)

를 보여준다. 점선은 85%가 터치되었을 때 투자자의 수익구조를 보여준다. 이 경우, 투자자는 조건부 쿠폰을 잃게 되고, 따라서 10%씩 평행이동되는 것이다.

25.4 리스크 추구 투자자를 위한 레버리지 상품

리스크 추구 투자자는 그의 주식 또는 시장 예측에 대한 레버리지를 목적으로 모든 쿠폰을 포기할 수 있는 준비가 되어 있다. 이런 투자자가 투자할 만한 완벽한 구조화채권은 투자자가 채권을 사고, 그가 낙관적인 전망을 할 경우 추가적으로 콜에 참여하기 위해 풋을 매도하는 구조이다. 반대로 투자자가 부정적인 전망을 하고 있을 때에는 추가적으로 풋에 참여하기 위해 콜을 매도하면 된다.

예를 들면 BMW에 대해 낙관적인 투자자가 있고, 그래서 상방에 대한 그의 노출을 키우기 위해 1년 만기 ATM 풋을 매도했다고 하자. 즉 투자자는 1년 만기 무이자 할인채를 매수하고, 1년 만기 ATM 풋을 매도했으며, 1년 만기 ATM 콜의 X%를 매수했다. X는 전체 구조가 100%의 가치를 가지고 있다고 할 때 역산하여 구할 수 있다. X%가 150%라면, 이는 투자자가 BMW 주가의 상방에 1.5배 참여한다는 것을 의미한다. "Supertracker"라고도 하는 이 구조화채권의 수익구조는 그림 25.4에서 볼 수 있다.

이제 BMW에 대해 부정적인 투자자를 고려해보자. 그는 하방에 대해 참여율이 커진 구조화채권을 매수할 것이다. 이 경우, 투자자는 1년 만기 무이자 할인채를 매수하고, 1년 만기 ATM 콜을 매도하며, 1년 만기 *X%* ATM 풋을 매수할 것이다. *X%*가 233%일 때, 하방 참여율을 키운 전체 구조화채권은 100%의 가치를 갖고 있어야 한다.[84] 하방 참여율을 키운

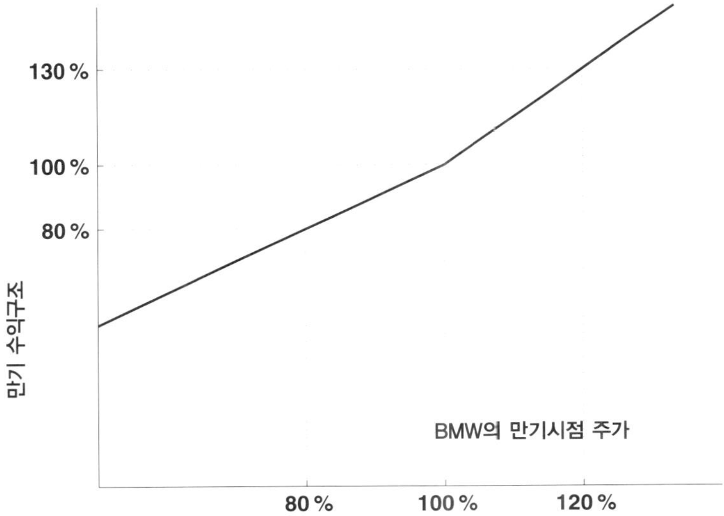

그림 25.4 • 기어링된 상승형 구조화 채권의 만기 수익구조(투자자는 하락에 100% 노출되며, 상승에 150% 참여함)

84) 상방과 하방으로 참여율을 높인 각각의 구조화채권들에 쓰인 숫자들은 1년짜리 무이자 할인채의 가격이 97%, 1년 만기 ATM 콜이 4%, 1년 만기 ATM 풋이 3%라고 가정한 것이다.

구조화채권의 수익구조는 그림 25.5에서 확인할 수 있다.

위의 예는 하락형 구조화채권이 상승형 구조화채권와 같은 선을 따라 작용한다는 것을 보여주는데, 여기에서 상승형 구조화채권이 갖고 있지 않은 투자자에 대한 신용 리스크를 하락형 구조화채권은 갖고 있다는 차이가 있다. 만기에 투자자가 100% 빚을 지고 있고, 풋이 결코 100%보다 커질 수 없기 때문에, 상승형 구조화채권은 투자자에게 전혀 신용 리스크를 갖고 있지 않다. 그러나 하락형 구조화채권에 대해 투자자는 BMW 주가가 200% 이상 상승할 경우, 그 가치가 100%보다 커질 수 있는 ATM 콜을 매도하기 때문에 투자자가 오직 100%만을 빚지고 있으므로 이 하락형 구조화채권은 투자자에게 일정부분 신용 리스크를 갖고 있는 것이다. 이런 이유로 하락형 구조화채권은 일반적으로 200% 콜을 투자자가 매수하는 구조를 내재하고 있다. 이는 하락형 구조화채권의 풋 참여율을 조금 낮게 만드는 요인이다.

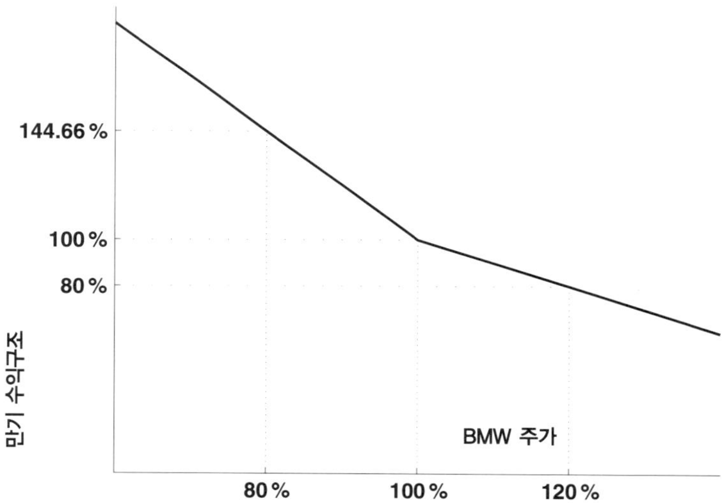

그림 25.5 • 기어링된 하락형 구조화 채권의 만기 수익구조(투자자는 상승에 100% 노출되고, 하락에 233% 참여함)

Appendix A

혼성옵션과 아웃퍼포먼스옵션의 분산

Exotic Options Trading

혼성옵션의 분산이 다음과 같다는 것을 증명하는 것은 상대적으로 쉬운 편이다.

$$\sigma_{compo}^2 = \sigma_S^2 + 2\rho\sigma_S\sigma_{FX} + \sigma_{FX}^2 \tag{A.1}$$

여러분은 혼성화폐에 있는 기초자산의 움직임을 지역화폐와 FX의 기초자산으로 구성된 기하학적 바스켓 옵션의 움직임과 비교하기만 하면 된다. 이 바스켓 옵션의 공식은 다음과 같다.

$$F_t = S_{t,local}S_{t,FX} \tag{A.2}$$

여기서

$$\frac{dS_{t,local}}{S_{t,local}} = r_{local}dt + \sigma_S dW_{1,t} \tag{A.3}$$

그리고[85]

$$\frac{dS_{t,FX}}{S_{t,FX}} = \left(r_{compo} - r_{local}\right)dt + \sigma_{FX}dW_{2,t} \tag{A.4}$$

또 다음과 같기 때문에

$$\begin{aligned} Var\left[\ln\left(F_t\right)\right] &= Var\left[\ln\left(S_{t,local}S_{t,FX}\right)\right] \\ &= Var\left[\ln\left(S_{t,local}\right) + \ln\left(S_{t,FX}\right)\right] \\ &= \left(\sigma_S^2 + 2\rho\sigma_S\sigma_{FX} + \sigma_{FX}^2\right)t \end{aligned} \tag{A.5}$$

$$E\left[\ln\left(F_t\right)\right] = E\left[\ln\left(S_{t,local}S_{t,FX}\right)\right] \tag{A.6}$$

$$= r_{local}t + \left(r_{compo} - r_{local}\right)t \tag{A.7}$$

$$= r_{compo}t \tag{A.8}$$

혼성화폐의 주식 움직임은 식 (20.1)에 따라 모델을 짤 수 있다.

---

85) 식 (A.4)에 대한 직감을 얻기 위해, 0% 변동성의 FX 비율을 생각해보자. 그러므로 FX의 가치는 화폐 간의 무위험이자율의 차이로 인해서만 변하게 된다. 이 경우, $S_{t+dt,FX} = S_{t,FX}\frac{1+r_{compo}dt}{1+r_{local}dt}$. 테일러 급수는 이것이 다음과 일치한다는 것을 말해준다. $S_{t,FX}(1 + (r_{compo} - r_{local})dt)$.

다른 주식 Y_t가 다음과 같은 과정에 따라 움직인다고 가정하자.

$$\frac{dY_{t,local}}{Y_{t,local}} = r_{local}dt + \sigma_Y dW_{3,t} \tag{A.9}$$

여러분은 쉽게 $F_t = \frac{S_t}{Y_t}$ 과정의 분산이 다음에 일치한다는 것을 증명할 수 있을 것이다.

$$\sigma_F^2 = \sigma_S^2 + \sigma_Y^2 - 2\rho\sigma_S\sigma_Y \tag{A.10}$$

만약 배당수익률이 0이라면, F_t의 평균은 0이다. 즉,

$$\begin{aligned} Var\left[\ln\left(F_t\right)\right] &= Var\left[\ln\left(\frac{S_{t,local}}{Y_{t,local}}\right)\right] \\ &= Var\left[\ln\left(S_{t,local}\right) - \ln\left(Y_{t,local}\right)\right] \\ &= \sigma_S^2 + \sigma_Y^2 - 2\rho\sigma_S\sigma_Y \end{aligned} \tag{A.11}$$

그리고

$$\begin{aligned} E\left[\ln\left(F_t\right)\right] &= E\left[\ln\left(S_{t,local}\right)\right) - \ln\left(Y_{t,local}\right)\right] \\ &= 0 \end{aligned} \tag{A.12}$$

Appendix B

분산스왑 복제하기

Exotic Options Trading

분산스왑은 모두 다른 행사가격 K에 대한 $\frac{1}{K^2}$옵션 수에 의해 복제될 수 있다. OTM 옵션이 일반적으로 좀 더 유동성이 크기 때문에, 분산스왑은 콜과 풋 모두로 복제할 수 있다. 한계지점 S^c보다 높은 행사가격들은 모두 콜이고, S^c보다 낮은 행사 가격들은 모두 풋이다. 이제 만기에 이 복제 포트폴리오의 수익구조가 아래와 같다는 것을 증명하는 것은 쉽다.

$$\Pi(S_T) = \frac{S_T - S^c}{S^c} - \ln\left(\frac{S_T}{S^c}\right) \tag{B.1}$$

게다가, 두 가지 가능성이 있다. $S_T > S^c$, 풋의 가치가 없고 수익구조가 단지 모든 콜의 적분이거나, $S_T < S^c$, 모든 콜의 가치가 없고 수익구조가 단지 모든 풋의 적분인 경우이다. 먼저 $S_T > S^c$인 시나리오를 생각해보자.

$$\begin{aligned}
\Pi(S_T) &= \int_0^{S^c} \frac{1}{K^2} \max[K - S_T, 0]\, dk + \int_{S^c}^{\infty} \frac{1}{K^2} \max[S_T - K, 0]\, dk \\
&= \int_{S^c}^{S_T} \frac{1}{K^2}(S_T - K)\, dk \\
&= \int_{S^c}^{S_T} -\frac{1}{K} + \frac{S_T}{K^2} dk \\
&= \left[-\ln(K) - \frac{S_T}{K}\right]_{S^c}^{S_T} \\
&= \frac{S_T - S^c}{S^c} - \ln\left(\frac{S_T}{S^c}\right)
\end{aligned}$$

만약 $S_T < S^c$라면 다음과 같다.

$$\begin{aligned}
\Pi(S_T) &= \int_0^{S^c} \frac{1}{K^2} \max[K - S_T, 0]\, dk + \int_{S^c}^{\infty} \frac{1}{K^2} \max[S_T - K, 0]\, dk \\
&= \int_0^{S^c} \frac{1}{K^2}(K - S_T)\, dk
\end{aligned}$$

$$= \int_0^{S^c} \frac{1}{K} - \frac{S_T}{K^2} dk$$

$$= \left[\ln(K) + \frac{S_T}{K} \right]_0^{S^c}$$

$$= \frac{S_T - S^c}{S^c} - \ln\left(\frac{S_T}{S^c}\right)$$

분산스왑이 언제든지 각 행사가격에 대한 $1/K^2$ 수만큼의 옵션으로 복제될 수 있다는 것을 증명하기 위해, 여러분은 만기시 복제 포트폴리오의 가치인 $\Pi(S_T)$의 표현뿐만 아니라, 어떠한 t에 대한 표현도 필요할 것이다. 식 (23.4)는 $\Pi(S_T)$가 다음과 같이 표현될 수 있다는 것을 보여준다.

$$\Pi(S_t) = \int_0^{S^c} \frac{1}{K^2} \left[Ke^{-r(T-t)} N(-d_2) - S_t N(-d_1) \right] dk + \int_{S^c}^{\infty} \frac{1}{K^2} \left[S_t N(d_1) - Ke^{-r(T-t)} N(d_2) \right] dk = \frac{S_t - S^c}{S^c} - \ln\left(\frac{S_t}{S^c}\right) + \frac{\sigma^2(T-t)}{2} \quad \text{(B.2)}$$

식 (B.2)를 위한 증명은 제법 긴 것이다. 그럼에도 불구하고, 이 부록은 먼저 수학적으로 관심이 있는 독자들이 복제 방법의 타당성을 체크할 수 있도록 해주고, 참고용으로도 활용할 수 있다.

이 증명은 두 가지 파트로 쪼개어 볼 수 있다. 먼저 한계지점 S^c, $\Pi(S_t, S^c)$를 가진 $\Pi(S_T)$에서 한계지점 S_t, $\Pi(S_t, S_t)$를 가진 $\Pi(S_t)$를 빼준 값이 다음과 일치한다는 것을 보여준다.

$$\frac{S_t - S^c}{S^c} - \ln\left(\frac{S_t}{S^c}\right) \quad \text{(B.3)}$$

이 증명의 두 번째 파트는 $\Pi(S_t, S_t)$가 다음과 같다는 것을 보여준다.

$$\frac{\sigma^2(T-t)}{2} \quad \text{(B.4)}$$

첫 번째 파트와 두 번째 파트를 더하면 식 (B.2)의 표현에 일치하는 한계지점 S^c, $\Pi(S_t, S^c)$을 갖고 있고, 행사가격당 $1/K^2$ 수만큼의 옵션을 갖는 복제 포트폴리오와 같다.

간단함을 위해 두 파트는 이자율이 0이라고 가정하였다. 첫 번째 파트는 표준정규분포의 다음 특징을 사용하게 한다.

$$1 - N(d_1) = N(-d_1)$$
$$1 - N(d_2) = N(-d_2)$$

이 지식을 이용하면 첫 번째 파트를 증명하기가 쉽다.

$$\begin{aligned}
\Pi(S_t, S^c) - \Pi(S_t, S_t) &= \int_0^{S^c} \frac{1}{K^2}\left[K - KN(d_2) - S_t + S_t N(d_1)\right] dk \\
&\quad - \int_0^{S_t} \frac{1}{K^2}\left[K - KN(d_2) - S_t + S_t N(d_1)\right] dk \\
&\quad + \int_{S^c}^{\infty} \frac{1}{K^2}\left[S_t N(d_1) - KN(d_2)\right] dk \\
&\quad + \int_{S_t}^{\infty} \frac{1}{K^2}\left[S_t N(d_1) - KN(d_2)\right] dk \\
&= \int_{S_t}^{S^c} \frac{1}{K^2}\left[K - KN(d_2) - S_t + S_t N(d_1)\right] dk \\
&\quad - \int_{S_t}^{S^c} \frac{1}{K^2}\left[S_t N(d_1) - KN(d_2)\right] dk \\
&= \int_{S_t}^{S^c} \frac{1}{K^2}\left[K - S_t\right] dk \\
&= \frac{S_t - S^c}{S^c} - \ln\left(\frac{S_t}{S^c}\right)
\end{aligned}$$

두 번째 파트에 대한 증명은 꽤 어려운 것으로 분산스왑의 복제 포트폴리오에 숨겨진 복잡한 수학에 관심이 있는 독자들만을 위한 것이다. 증명은 d_1과 d_2를 각각의 포지션으로 대체하는 것으로 시작하여 연속적으로 통합을 위한 여러 번의 시프트를 적용하여야 한다.

$$
\begin{aligned}
\Pi(S_t, S_t) &\overset{\alpha=\sigma\sqrt{T-t}}{=} \int_0^{S_t} \frac{1}{K^2}\left[KN(-d_2) - S_t N(-d_1)\right] dk \\
&\quad + \int_{S_t}^{\infty} \frac{1}{K^2}\left[S_t N(d_1) - KN(d_2)\right] dk \\
&= \int_0^{S_t} \frac{1}{K^2}\left[KN\left(-\frac{\ln(\frac{S_t}{K})}{\alpha} + \frac{\alpha}{2}\right)\right. \\
&\quad \left. - S_t N\left(-\frac{\ln(\frac{S_t}{K})}{\alpha} - \frac{\alpha}{2}\right)\right] dk \\
&\quad + \int_{S_t}^{\infty} \frac{1}{K^2}\left[S_t N\left(\frac{\ln(\frac{S_t}{K})}{\alpha} + \frac{\alpha}{2}\right)\right. \\
&\quad \left. -KN\left(\frac{\ln(\frac{S_t}{K})}{\alpha} - \frac{\alpha}{2}\right)\right] dk \\
&\overset{K=S_t e^l}{=} \int_{-\infty}^{0} \left[S_t e^l N\left(\frac{l}{\alpha} + \frac{\alpha}{2}\right) - S_t N\left(\frac{l}{\alpha} - \frac{\alpha}{2}\right)\right] \frac{dl}{S_t e^l} \\
&\quad + \int_0^{\infty} \left[S_t N\left(-\frac{l}{\alpha} + \frac{\alpha}{2}\right) - S_t e^l N\left(-\frac{l}{\alpha} - \frac{\alpha}{2}\right)\right] \frac{dl}{S_t e^l} \\
&= \int_{-\infty}^{0} \left[N\left(\frac{l}{\alpha} + \frac{\alpha}{2}\right) - e^{-l} N\left(\frac{l}{\alpha} - \frac{\alpha}{2}\right)\right] dl \\
&\quad + \int_0^{\infty} \left[e^{-l} N\left(-\frac{l}{\alpha} + \frac{\alpha}{2}\right) - N\left(-\frac{l}{\alpha} - \frac{\alpha}{2}\right)\right] dl \\
&= \int_0^{\infty} \left[N\left(-\frac{l}{\alpha} + \frac{\alpha}{2}\right) - e^{l} N\left(-\frac{l}{\alpha} - \frac{\alpha}{2}\right)\right] dl \\
&\quad + \int_0^{\infty} \left[e^{-l} N\left(-\frac{l}{\alpha} + \frac{\alpha}{2}\right) - N\left(-\frac{l}{\alpha} - \frac{\alpha}{2}\right)\right] dl \\
&= \int_0^{\infty} \left[\left(1 + e^{-l}\right) N\left(-\frac{l}{\alpha} + \frac{\alpha}{2}\right)\right. \\
&\quad \left. - \left(1 + e^{l}\right) N\left(-\frac{l}{\alpha} - \frac{\alpha}{2}\right)\right] dl
\end{aligned}
$$

$$
\begin{aligned}
= & \int_0^\infty \left[\int_{-\infty}^{-\frac{l}{\alpha}+\frac{\alpha}{2}} \frac{(1+e^{-l})}{\sqrt{2\pi}} e^{-\frac{x^2}{2}} dx \right.\\
& \left. - \int_{-\infty}^{-\frac{l}{\alpha}-\frac{\alpha}{2}} \frac{(1+e^{-l})}{\sqrt{2\pi}} e^{-\frac{x^2}{2}} dx \right] dl \\
= & \int_0^\infty \left[\int_{-\infty}^{0} \frac{(1+e^{-l})}{\sqrt{2\pi}} e^{-\frac{\left(x-\frac{l}{\alpha}+\frac{\alpha}{2}\right)^2}{2}} dx \right.\\
& \left. - \int_{-\infty}^{0} \frac{(1+e^{-l})}{\sqrt{2\pi}} e^{-\frac{\left(x-\frac{l}{\alpha}-\frac{\alpha}{2}\right)^2}{2}} dx \right] dl \\
= & \int_0^\infty \left[\int_{-\infty}^{0} \left(e^{\frac{l}{2}}+e^{-\frac{l}{2}}\right) e^{-\frac{l}{2}} e^{-\frac{\left(x^2+\frac{l^2}{\alpha^2}+\frac{\alpha^2}{4}-\frac{2lx}{\alpha}+\frac{x}{\alpha}-l\right)}{2}} \right] \frac{dxdl}{\sqrt{2\pi}} \\
& - \int_0^\infty \left[\int_{-\infty}^{0} \left(e^{\frac{l}{2}}+e^{-\frac{l}{2}}\right) e^{\frac{l}{2}} e^{-\frac{\left(x^2+\frac{l^2}{\alpha^2}+\frac{\alpha^2}{4}-\frac{2lx}{\alpha}-\frac{x}{\alpha}+l\right)}{2}} \right] \frac{dxdl}{\sqrt{2\pi}} \\
\overset{x=-x}{=} & \int_0^\infty \left[\int_0^\infty \left(e^{\frac{l}{2}}+e^{-\frac{l}{2}}\right) e^{-\frac{x^2}{2}-\frac{l^2}{2\alpha^2}-\frac{\alpha^2}{8}} \right.\\
& \left. \times \left(e^{-\frac{xl}{\alpha}+\frac{x\alpha}{2}} - e^{-\frac{xl}{\alpha}-\frac{x\alpha}{2}}\right)\right] \frac{dxdl}{\sqrt{2\pi}} \\
\overset{l=2\alpha l,\ x=2x}{=} & \int_0^\infty \left[\int_0^\infty \left(e^{\alpha l}+e^{-\alpha l}\right) e^{-2x^2-2l^2-\frac{\alpha^2}{8}} \right.\\
& \left. \times \left(e^{\alpha x}-e^{-\alpha x}\right) e^{-4xl} \frac{4\alpha}{\sqrt{2\pi}} \right] dxdl \\
= & \int_0^\infty \left[\int_0^\infty \cosh(\alpha l)\sinh(\alpha x) e^{-2(x+l)^2} e^{-\frac{\alpha^2}{8}} \frac{16\alpha}{\sqrt{2\pi}} \right] dxdl \\
\overset{p=\frac{x+l}{2},\ q=\frac{x-l}{2}}{=} & \int_0^\infty \left[\int_{-p}^{p} e^{-8p^2} \cosh(\alpha(p-q))\sinh(\alpha(p+q)) \right.\\
& \left. \times e^{-\frac{\alpha^2}{8}} \frac{32\alpha}{\sqrt{2\pi}} \right] dqdp \\
= & \int_0^\infty \left[e^{-8p^2} e^{-\frac{\alpha^2}{8}} \frac{32\alpha}{\sqrt{2\pi}} \int_{-p}^{p} \cosh(\alpha(p-q)) \right.\\
& \left. \times \sinh(\alpha(p+q)) dq \right] dp
\end{aligned}
$$

$$
\begin{aligned}
&= \int_0^\infty \left[e^{-8p^2} e^{-\frac{\alpha^2}{8}} \frac{32\alpha}{\sqrt{2\pi}} \sinh(2\alpha p) \cdot p\right] dp \\
&= \frac{16\alpha}{\sqrt{2\pi}} \int_0^\infty \left[\left(e^{-8p^2+2\alpha p-\frac{\alpha^2}{8}} - e^{-8p^2-2\alpha p-\frac{\alpha^2}{8}}\right) p\right] dp \\
&= \frac{16\alpha}{\sqrt{2\pi}} \int_0^\infty \left[pe^{-\left(\sqrt{8}p-\frac{\alpha}{\sqrt{8}}\right)^2} - pe^{-\left(\sqrt{8}p+\frac{\alpha}{\sqrt{8}}\right)^2}\right] dp \\
&= \frac{16\alpha}{\sqrt{2\pi}} \int_0^\infty \left[pe^{-\frac{\left(4p-\frac{\alpha}{2}\right)^2}{2}} - pe^{-\frac{\left(4p+\frac{\alpha}{2}\right)^2}{2}}\right] dp \\
&\overset{p=\frac{z}{4}}{=} \frac{16\alpha}{\sqrt{2\pi}} \int_0^\infty \left[\frac{z}{4}e^{-\frac{\left(z-\frac{\alpha}{2}\right)^2}{2}} - \frac{z}{4}e^{-\frac{\left(z+\frac{\alpha}{2}\right)^2}{2}}\right] \frac{dz}{4} \\
&= \frac{\alpha}{\sqrt{2\pi}} \left(\int_{-\frac{\alpha}{2}}^\infty \left[\left(z+\frac{\alpha}{2}\right) e^{-\frac{z^2}{2}}\right] dz\right. \\
&\quad \left. - \int_{\frac{\alpha}{2}}^\infty \left[\left(z-\frac{\alpha}{2}\right) e^{-\frac{z^2}{2}}\right] dz\right) \\
&= \frac{\alpha}{\sqrt{2\pi}} \left(\int_{-\frac{\alpha}{2}}^\infty \left[ze^{-\frac{z^2}{2}}\right] dz - \int_{\frac{\alpha}{2}}^\infty \left[ze^{-\frac{z^2}{2}}\right] dz\right) \\
&\quad + \frac{\alpha}{\sqrt{2\pi}} \left(\int_{-\frac{\alpha}{2}}^\infty \left[\frac{\alpha}{2}e^{-\frac{z^2}{2}}\right] dz + \int_{\frac{\alpha}{2}}^\infty \left[\frac{\alpha}{2}e^{-\frac{z^2}{2}}\right] dz\right) \\
&= \frac{\alpha}{\sqrt{2\pi}} \left(\int_{-\frac{\alpha}{2}}^\infty \left[\frac{\alpha}{2}e^{-\frac{z^2}{2}}\right] dz + \int_{\frac{\alpha}{2}}^\infty \left[\frac{\alpha}{2}e^{-\frac{z^2}{2}}\right] dz\right) \\
&= \frac{\alpha}{\sqrt{2\pi}} \cdot \frac{\alpha\sqrt{2\pi}}{2} \\
&= \frac{\alpha^2}{2} = \frac{\sigma^2(T-t)}{2}
\end{aligned}
$$

Bibliography

Aarts, P. (1999). Pricing the basket option and exploring its volatility structure, *Math thesis Utrecht University*.

Demterfi, K., Derman, E., Kamal, M. and Zou, J. (1999). *More Than You Ever Wanted To Know About Volatility Swaps*, Quantitative Strategies Research Notes, Goldman Sachs.

Derman, E. (1992). *Outperformance Options*. Goldman Sachs & Co.

Durrett, R. (1996). *Probability: Theory and Examples*, 2nd ed. Duxbury Press, Belmont California.

Grimmett, G.R. and Stirzaker, D.R. (1992). *Probability and Random Processes*, 2nd ed. Clarendon Press, Oxford.

Hull, J.C. (1993). *Options, Futures, and other Derivative Securities*, 2nd ed. Prentice-Hall Inc.

Hull, J.C. (1997). *Options, Futures and other Derivatives*, Prentice-Hall Inc.

Lamberton, D. and Lapeyre, B. (1996). *Introduction to Stochastic Calculus Applied to Finance*, Chapman & Hall, London.

Roelfsema, M.R. (2000). *Exploiting the Dependencies between Index and Stock Options*, Delft University Press.

de Weert, F.J. (2002). Basket en skew arbitrage, *Math thesis Utrecht University*.

de Weert, F.J. (2006). *An Introduction to Options Trading*, John Wiley & Sons Ltd, Chichester.

Wilmott, P. (1998). *Derivatives: The Theory and Practice of Financial Engineering*, University Edition, John Wiley & Sons Ltd, Chichester.

찾아보기

역자약력

홍성관

서울대학교 경제학부를 졸업하고, 대우증권과 맥쿼리증권을 거쳐 현재 동부증권 장외파생 마케팅팀에서 근무하고 있다. 증권업계에 들어와 줄곧 장외파생상품과 관련된 업무를 담당해 오고 있다. 잡다한 글쓰기를 좋아해 블로그(http://blog.naver.com/oddc99)에 파생상품뿐만 아니라, 경제, 금융 전반에 걸친 글을 쓰고 있다. e-mail: dannyhong1980@gmail.com

이색옵션 트레이딩

2010년 7월 12일 | 제1판 1쇄 인쇄
2010년 7월 16일 | 제1판 1쇄 발행

지 은 이 | Frans de Weert
옮 긴 이 | 홍성관
발 행 인 | 김은중
발 행 처 | 서울경제경영출판사
편 집 | 우일미디어

주 소 | 120-808 서울특별시 서대문구 대현동 67-5 대현빌딩 6층
전 화 | 02)313-2682
팩 스 | 02)313-8860

등 록 | 1998년 1월 22일 제5-63호

ISBN 978-89-88106-70-9 93320 정가 20,000원